6135
sc. A

Biblioth. Subis.

LE CUISINIER MODERNE,

Qui aprend à donner toutes sortes de Repas en gras & en maigre, d'une manière plus délicate que ce qui en a été écrit jusqu'à present.

CHAPITRE PREMIER.

Des Potages Maigres.

Mitonnage pour toutes sortes de Potages maigres.

METTEZ le soir une marmite au feu avec de l'eau, mettez-y de gros pois secs, selon la grandeur de vôtre marmite; ajoûtez-y des carotes, panais, celeri, choux, porreaux, navets, ognons, & quelques clous de girofle. Faites boüillir vôtre marmite, & la laissez devant le feu, jusqu'au len-

Tome IV. A

lendemain matin, que le tout sera cuit. Retirez vôtre marmite, & la laissez reposer. Prenez, ensuite, des carotes que vous couperez en deux, avec des panais & des ognons entiers. Mettez le tout dans une casserole avec un morceau de beurre. Allumez un fourneau, mettez vôtre casserole dessus & la couvrez. Ayez soin de la remuer de tems en tems; & quand vos racines auront pris une belle couleur, moüillez-les de vôtre boüillon de pois. Vos racines étant moüillées, mettez-les dans une marmite avec leur boüillon, & achevez de remplir vôtre marmite avec vôtre boüillon de pois. Faites-la boüillir tout doucement, & l'assaisonnez; mettez-y un paquet de celeri, un de porreaux, un de racines de persil, une mignonnette: Si vous avez des carcasses de poissons, vous les pouvez mettre dans cet empotement: Toutes sortes de poissons sont bons pour ce Mitonnage, pourvû qu'ils ne sentent point la bourbe. Ce boüillon est bon pour toutes sortes de Potages maigres, & pour moüiller toutes sortes de coulis maigres, & Potages aux herbes, aux ognons, aux choux, & aux nentilles, c'est la mére nourrice de tous les Potages maigres, & pour moüiller des Potages aux navets; & le boüillon des oilles ne se peuvent faire autrement. Il n'y a que la difference des coulis qui en fait la distinction.

Potage aux Nentilles, à la Provençale, à l'huile.

Prenez des Nentilles bien épluchées; l'avez-les, & les mettez cuire avec du boüillon de pois. Etant à moitié cuites, mettez-y un verre de bonne ne huile, une douzaine de gousses d'ail, quelques ognons, & un qui soit piqué de clous de girofle, une cuillerée de bon jus maigre, & deux verres de vin de Champagne. Vos Nentilles étant cuites, tirez-les ognons qui sont dedans, & les dégraissez bien, & leur donnez le goût qu'il faut. Prenez garde qu'elles ne soient pas trop liées. Prenez, ensuite, des croûtes de pain, que vous couperez bien minces, & en garnissez le fond de vôtre plat : mettez-y une demi-cuillerée du clair de vos Nentilles avec un peu de jus. Faites-les bien mitonner, & attacher au fond de vôtre plat, avec un chapon de pain en même tems. Garnissez le bord de vôtre plat de pain frit, mettez-y vos Nentilles, & servez chaudement.

Potage aux Choux à l'huile, à la Provençale.

Faites blanchir des Choux, & les mettez dans une marmite sans les ficeller. Mettez-y une demi-douzaine d'ognons, autant de carotes, quatre gousses d'ail, un bon verre de bonne huile, & une cuillerée de jus maigre. Remplissez vôtre marmite d'un bouillon de pois, & faites bien cuire vos Choux. Etant cuits, tirez les carotes, les ognons, & les dégraissez bien. Prenez, ensuite, du pain à Potage qui soit chapelé ; levez les croûtes, & les mettez dans une casserole avec du bouillon aux Choux ; faites bien mitonner vôtre Potage, & étant mitonné, dressez-le dans un plat ; mettez les Choux autour de vôtre Potage, avec un chapon de pain dessus, & achevez de le moüiller de vôtre bouillon, & servez chaudement.

Potage de Soles.

Prenez des Soles qui soient d'une belle qualité, & bien fraiches, il faut les ratisser, & bien laver; si elles sont petites, prenez en deux pour farcir; si elles sont grandes, vous n'en prendrez qu'une pour mettre au milieu de vôtre Potage; tirez-en l'arrête du côté de la tête. Il faut prendre un peu de cette chair, & de la chair de carpes, quelques champignons, un peu de persil, & ciboules hachées, assaisonnez de poivre, de sel, fines herbes, & fines épices, deux ou trois jaunes d'œufs cruds, gros comme un œuf de mie de pain cuite dans de la crême: hachez bien le tout ensemble, & farcissez-en les Soles; frotez une tourtière ou plat d'argent, de beurre frais, assaisonnez de poivre, de sel, & arrangez les Soles dans la tourtière ou plat, les arrosez de beurre fondu, les assaisonnez dessus comme dessous, & les faites cuire au four ou sous un couvercle; qu'elles prennent une belle couleur. Faites frire trois à quatre Soles; étant frites, en ôtez les filets, & garnissez le Potage: prenez un pain à Potage, & en levez les croutes, & les faites mitonner dans une casserole; étant mitonnées, mettez dans vôtre plat le Potage, & vôtre coulis par-dessus, & vos Soles, & servez chaudement. Vous trouverez la manière de faire le couli, au Chapitre des Coulis.

Croûtes aux Nentilles.

Prenez un pain rond, le coupez en deux, & ôtez la mie, & mettez dans un petit plat vos croucroûtes, & les mitonnez d'un boüillon de poisson, ou de vôtre mitonnage, & les faites mitonner, qu'elles s'attachent au fond du plat; étant attachées, mettez par-dessus un coulis de Nentilles, & le servez chaudement pour un petit Potage. Vous trouverez la manière de faire ce coulis, au Chapitre des Coulis. Les Potages de Nentilles en maigre, se font tous de même; la différence qu'il y a, on léve les Croûtes d'un Pain, que l'on fait mitonner dans une casserole, & dresser dans le plat, avec le coulis ci-dessus.

Potage de Lait d'Amandes.

Prenez une livre ou deux d'Amandes, selon la grandeur de vôtre plat, & les ayant bien échaudées, pilez-les tout d'un tems, en les arrosant d'un peu d'eau; étant bien pilées, il faut avoir une casserole sur le feu avec de l'eau, qui soit tiéde, & fort peu de sel: vous verserez cette eau dans vôtre mortier, & passerez le tout par l'étamine deux ou trois fois; ensuite, mettez ce Lait dans une marmite qui soit bien nette, avec un bon morceau de sucre, & canelle en bâton, & faites cuire le tout petit à petit: pour dresser vôtre Potage, coupez de la mie de pain en tranches, & les arrangez proprement dans le plat; & quand elles seront sechées à l'air du feu, faites mitonner vôtre Potage du même Lait; & étant prêt à servir, arrosez-le autant qu'il est nécessaire. Une autrefois, faites boüillir environ deux pintes d'eau dans une marmite, & y mettant la mie d'un petit pain, avec des Amandes, & assaisonnez de sel, sucre, canelle, & le faites mitonner dans la marmite; ensuite, le passer à l'étamine, &

A 3   faites

faites mitonner des mies de pain, comme ci-devant, & achevez de le mettre avec vôtre coulis d'Amandes; étant passé, sucrez-le par-dessus. On le peut garnir, si l'on veut, avec des Amandes à la praline, ou des mies de pain frites, ou biscuit de Savoie.

Pour un Potage de santé, Bourgeois.

Faites cuire deux litrons de pois verds, secs, mettez-les dans une marmite, & la remplissez d'eau, & les faites cuire; étant cuits, passez le boüillon, & le mettez dans une passoire; remettez le tout dans la marmite, & y mettez huit à dix ognons, un paquet de carotes, & un de panais, quelques racines de persil, un couple de cuillerées de jus d'ognons, & assaisonnez de sel; faites boüillir le tout ensemble: mettez-y dans la saison, de la chicorée, & un paquet de celeri. Une autrefois, des laitues, une autrefois, des concombres; ensuite, vous-y mettez de l'ozeile, & du pourpier, & un bouquet de cerfeüil. Voyez que le boüillon soit d'un bon goût. Mitonnez des croûtes dans le plat que vous voulez servir: étant mitonnées, achevez de le moüiller de boüillon, & garnissez de la garniture, selon la saison, que vous jugez à propos, & mettez du boüillon par-dessus, & mettez un chapon de pain au milieu, & le servez chaudement.

Potage d'Ognons, au blanc.

Prenez deux à trois douzaines de petits Ognons, coupez-en les deux extremitées, & les mettez dans

MODERNE.

dans de l'eau, & les faites blanchir dans de l'eau boüillante; étant blanchis, tirez-les, & en levez les premiéres peaux; & ensuite, les empotez dans une petite marmite, & les moüillez d'un boüillon de vôtre mitonnage, & les faites cuire. Faites un coulis blanc de cette maniére: Prenez deux onces d'Amandes douces, & les pilez dans le mortier, les arrosant de tems en tems de lait; y ajoûtez trois à quatre jaunes d'œufs durs, & un peu de mie de pain trempée dans du boüillon, ou du lait: le tout étant bien pilé ensemble, tirez-le du mortier, & le mettez dans une étamine sur un plat avec deux ou trois cuillerées de boüillon de vôtre mitonnage; passez le tout à l'étamine, & le tenez chaudement dans une petite marmite. Prenez un pain, levez-en les croûtes, que vous ferez mitonner: étant mitonnées, garnissez le plat d'un cordon d'Ognons, & dressez-le dans vôtre plat, & mettez le coulis blanc dessus, & le servez chaudement. Une autrefois, vous pouvez mettre un coulis blanc comme au Potage de Soles.

Potages de Nentilles.

Mettez cuire des Nentilles avec un boüillon de pois. Prenez une casserole, & y mettez gros comme un œuf de beurre, un ognon coupé par tranches, une carote, un panais; mettez le tout dans une casserole avec un morceau de beurre, & le passez quelques tours sur le feu, qu'il prenne une belle couleur; étant un peu roux, moüillez-le d'un boüillon de poisson, ou de vôtre mitonnage, selon la quantité que vous voulez faire de coulis: assaisonnez-le de deux ou trois clous, d'un peu de basilic, de persil, ciboules entiéres, un couple de rocamboles, des champignons, si vous en avez, & quelques croûtes de pain ; laissez mitonner le tout ensemble. Les Nentilles étant cuites, pilez-les, & les vuidez dans la casserole où est le coulis, & les laissez mitonner ; ensuite passez le coulis à l'étamine, & le vuidez dans une marmite pour le tenir chaud, & y mettez une cuillerée d'argent de Nentilles entiéres, que vous aurez soin de garder : faites mitonner du pain, avec du boüillon de vôtre mitonnage : Voyez que le coulis de Nentilles soit d'un bon goût, le versez sur vôtre Potage, & le servez chaudement avec un chapon de pain dans le milieu.

Potage d'Ecrevices.

Mitonnez des croûtes d'un boüillon de vôtre mitonnage, & les laissez attacher au fond du plat, & mettez dessus un petit chapon de pain ; mettez un coulis d'Ecrevices par-dessus, & les servez chaudement. L'on trouvera la maniére de faire le coulis, au Chapitre des Coulis.

Potage à la Purée verte.

Mitonnez des croûtes d'un boüillon de vôtre mitonnage, & les laissez attacher au fond du plat: mettez un chapon de pain dans le milieu, mettez une Purée verte qui soit d'un bon goût, par-dessus, & les servez chaudement. L'on trouvera la maniére de faire la Purée verte, en maigre, au Chapitre des Coulis.

Po-

MODERNE.

Potage aux Choux.

Prenez des Choux de Milan, ou autres, les coupez par la moitié, & les faites blanchir ; étant blanchis, retirez-les, & les mettez dans de l'eau froide ; pressez-les bien, & les ficellez en deux ou trois paquets, & les empotez dans une marmite, de la grandeur qu'il faut pour le Potage qu'on veut servir, & y mettez une douzaine d'ognons, de carotes, panais, & racines de persil, & les moüillez d'un boüillon de pois, comme il est marqué à l'article du mitonnage, & les assaisonnez de clous, & de sel, & mettez la marmite sur un fourneau cuire ; étant à demi-cuits, mettez-y deux cuillerées de jus d'ognons, un morceau de beurre roussi, & l'achevez de faire cuire ; étant cuit, voyez qu'il soit d'un bon goût ; & prenez un pain à Potage, enlevez les croûtes, & les mettez dans une casserole, & les faites mitonner du boüillon de Choux ; étant mitonnées, dressez-les dans vôtre plat à Potage ; mettez-y dans le milieu un chapon de pain, tirez les paquets de Choux de la marmite, & en faites une bordure proprement autour du plat, pour garnir le Potage. Voyez que le boüillon ait bel œil & de bon goût ; en mettez ce qu'il en faut dessus, & le servez chaudement.

Potage de Cardes.

Prenez des Cardes que vous avez faits cuire pour des Entremets, garnissez des plus belles le bord de vôtre Potage, & des autres ; vous les coupez en filets, & les mettez dans une petite marmite, avec un coulis de carpes ou d'écrevisses ; prenez un pain à Potage, & en levez les croû-

croûtes, & les mettez dans une casserole, moüillez-les de vôtre boüillon de mitonnage maigre, & les faites mitonner; étant mitonnées, dressez-les dans le plat, que vous avez garnis de Cardes, & y mettez un croûton de pain dans le milieu, & l'arrosez de boüillon, ensuite, mettez vôtre coulis par-dessus, & servez chaudement. Vous trouverez la manière de faire ce coulis, au Chapitre des Coulis.

Potage au Lait.

Prenez de bon Lait, & le mettez dans une casserole ou marmite, avec du sucre, la quantité qu'il en faut, un morceau de canelle en bâton, & une feüille de laurier amer, un peu de sel, & le mettez sur un fourneau ; lorsqu'il veut commencer à boüillir, delayez six jaunes d'œufs frais, avec un peu de Lait, & les passez dans une étamine, & les tenez chaudement: coupez des mies de pain bien minces, & les faites sécher un feu. Arrangez au fond du plat les tranches de mie de pain séches, & les mitonnez du Lait boüilli; étant mitonnées, mettez vôtre liaison de jaunes d'œufs par-dessus, & servez chaudement. On peut garnir le Potage de biscuits ou de meringues. Lorsque vous ne voulez pas le lier d'une liaison de jaunes d'œufs, pilez une demi livre d'amandes douces, les arrosant de Lait ; étant bien pilées, passez-les dans une étamine avec du Lait boüilli, & un peu de sucre, & une écorce de citron verd; étant passées, mettez-les dans une casserole, & les faites chauffer, & les mettez dessus le Potage, le garnissez, & le servez de même que celui ci-devant.

Po-

MODERNE.

Potage de Citrouille, au Lait.

Coupez la Citrouille en dez, bien menus, & les passez à la casserole, avec de bon beurre, assaisonné de sel, persil en feüilles, & fines herbes; mettez-les dans un pot de terre, avec du Lait boüillant, & les dressez sur des croûtes mitonnées, & garnissez le Plat de pain frit.

Potage de Perches, au blanc.

Prenez trois à quatre Perches, vuidez-les, & les lavez; mettez-les cuire à l'eau & au sel; étant cuites, ôtez-en la peau proprement; gardez-en la plus belle, & ôtez la chair des autres: prenez deux douzaines d'amandes douces, pelez-les, & les pilez dans le mortier, les arrosant de tems en tems d'une goûte d'eau; étant bien pilées, mettez-y la chair des Perches que vous avez desossées, pilez bien le tout ensemble: coupez un ognon, un peu de panais par tranches, & les mettez dans une casserole, avec un peu de beurre, & les passez sur le fourneau quelques tours, & qu'il ne soit point roux; mettez-y un peu de persil, & ciboules entiéres, & le moüillez d'un boüillon de poisson, ou boüillon de pois qui n'ait point de couleur; mettez-y la grosseur d'un œuf de mie de pain, quelques champignons, si vous en avez, tant-soit-peu de basilic; faites mitonner le tout ensemble: ensuite, tirez-les, & y mettez vos filets de Perches, & amandes qui sont pilées, dans la casserole, & les passez dans un étamine; étant passées, vuidez-les dans une marmite ou terrine : mitonnez des croûtes d'un boüillon de vôtre mitonnage; étant mitonnées, prenez la Perche, & la dressez au milieu

milieu du Potage: garnissez le Potage d'un cordon de laitances de carpes, si vous en avez, ou de filets de Perches, & observez que vôtre coulis soit d'un bon goût, & qu'il soit chaud, & le mettez sur le Potage, & le servez chaudement. Le Potage de vives, & de brochets se font de la même manière que celui de Perches, qui est marqué ci-dessus. Vous pouvez faire un Potage de turbôts, carlets, plies, limandes, barbuës, de la même manière; il n'y a que les poissons qui distinguent.

Potage de Carpes farcies.

Prenez un couple de Carpes, qui ne soient pas trop grosses, écaillez-les, & en ôtez la peau, & les desossez; mettez la chair de la Carpe sur une table, avec un peu de persil, & de ciboules hachées, quelques champignons, du beurre frais; assaisonnez de sel, poivre fines herbes, & fines épices; hachez bien le tout ensemble; mêlez-y trois à quatre jaunes d'œufs cruds, & la grosseur de deux œufs de mie de pain cuite dans de la crème, ou du lait; hachez bien le tout, vuidez les carcasses des Carpes, & en coupez les bouts de la queuë; fourrez une tourtière de beurre, & y mettez un peu de sel; ensuite, y arrangez les deux carcasses de Carpes, & y mettez par-dessus la farce; trempez un couteau dans de l'œuf batu, & frottez avec le coûteau dessus, pour rendre bien uni la farce, & lui faites prendre la figure de la Carpe; prenez garde de ne point mettre de farce sur la tête, arrosez-les de beurre fondu, & les panez d'une mie de pain bien fine, & leur faites des marques par-dessus, avec la pointe du coû-

coûteau, & le mettez cuire au four, ou sous un couvercle, & faites mitonner des croûtes de pain du boüillon de mitonnage, & mettez du coulis de vôtre Carpe, & vous trouverez la maniére de le faire, au Chapitre des Coulis de Carpes.

Potage de Barbottes, autrement, apellées Lottes.

Prenez des Lottes, & les limonnez; étant bien limonnées, & bien blanches, mettez-les dans une casserole avec un verre de vin blanc, & l'assaisonnez de sel, poivre, clous, ognons coupés en tranches, & un morceau de beurre, & les moüillez d'eau, & les faites cuire; étant cuites, gardez-en les deux plus belles pour mettre dessus vôtre Potage, & levez les autres en filets, & en garnissez le bord de vôtre plat à Potage, & gardez les foies pour mettre dessus vôtre Potage; prenez un pain à Potage, & en levez les croûtes, & les mettez dans une casserole, passez vôtre boüillon de mitonnage maigre; moüillez vos croûtes, faites mitonner vôtre Potage: étant mitonnées, dressez-les dans leur plat, & mettez les deux Lottes que vous avez gardez par-dessus vôtre Potage, un coulis d'écrevices, ou bien un coulis de Carpes, ou bien un coulis blanc, dont vous trouverez la maniére de faire ces coulis, au Chapitre des Coulis.

Potage de Brochets, aux Huitres.

Prenez un Brochet, vuidez-le, & le coupez
par

par la moitié, mettez-le dans une casserole avec quelques tranches d'ognons ; assaisonnez de sel, poivre, clous, & le faites cuire, & le coupez par morceaux ; mettez dans une casserole un morceau de beurre, quelques tranches d'ognons, & carotes ; ensuite, mettez-y vôtre Brochet ; couvrez vôtre casserole, & la mettez dessus le feu tout doucement : quand il commencera à prendre couleur, moüillez-le de boüillon maigre ; ensuite, faites roussir une petite poignée de farine, & la mettez dans vôtre casserole où est vôtre Brochet, & l'assaisonné de basilic, quelques tranches de citron, & le faites cuire ; étant cuit, dégraissez-le bien : observez qu'il soit d'un bon goût ; passez-le à l'étamine, ou dans un tamis de soie ; étant passez, mettez-le dans une marmite, & le tenez chaudement. Prenez des Huîtres sufisamment pour garnir vôtre Potage, & les faites blanchis ; étant blanchies dans de l'eau, retirez-les l'une après l'autre, & les tenez dans une casserole chaudement, avec un peu de boüillon. Prenez un pain à Potage, & en levez les croûtes, & les mettez dans une casserole, & les moüillez de vôtre boüillon maigre, & les faites mitonner ; étant mitonnées, dressez-les dans leur plat, & garnissez le bord de vôtre Potage des Huîtres épluchées avec vôtre Brochet ; mettez-le dessus vôtre Potage, & vôtre coulis par-dessus, & servez chaudement, & observez que vôtre coulis soit d'un bon goût. Une autrefois, vous pouvez y mettre un coulis d'écrevices. Une autrefois, un coulis blanc. Vous trouverez la manière de le faire au Chapitre des Coulis. Vous pouvez faire un Potage d'Anguille dans ce même goût ; au lieu d'Huîtres, vous pouvez vous servir de filets d'Anguilguilles. Une autrefois, vous pouvez faire mariner vos Huitres, & les mettre dans une petite pâte, & les faire frire. Vous pouvez faire un Potage de Brochet aux navets de la même maniére que celui-ci, à la place d'Huitres, mettre des navets. Une autrefois, au lieu d'un coulis roux, vous pouvez vous servir de blanc. Vous trouverez la maniére de le faire au Chapitre des Coulis.

Potage de Macreuses, aux Choux.

Faites cuire les Macruses à demi à la broche, prenez des Choux pommé, & les coupez par la moitié, & les nettoyez proprement; faites-les blanchir, étant blanchis, tirez-les dans de l'eau froide, & les pressez bien, & en faites deux ou trois paquets, & les ficellez; emportez-les dans une marmite avec vos Macreuses, des carotes, panais, racine de persil, & d'ognons, & les mouillez de bouillon de vôtre mitonnage maigre, ou bouillon de pois, & les assaisonnez de sel, & les mettez cuire; étant cuits, voyez que le bouillon soit d'un bon goût, & faites mittonner des croûtes dans une casserole, ou dans le plat que vous voulez servir le Potage; le Potage étant mitonné, tirez les Macreuses de la marmite. Garnissez le Potage d'une bordure de Choux, & dressez les Macreuses dessus: passez du bouillon de Choux dans un tamis, mettez-le dessus, & le servez chaudement.

Potage de Macreuses, aux Navets.

Faites cuire les Macreuses de la même maniére qu'il est parqué ci-dessus; ratissez des Navets,

vets, & les coupez en dez, ou en long, & les faites blanchir à l'eau boüillante; étant blanchis, mettez-les dans une marmite avec du boüillon de vôtre mitonnage, avec vos Macreuses, & les mettez cuire; prenez un pain à Potage, & en levez les croutes, & les mettez dans une casserole avec vôtre boüillon de mitonnage, & les faites mitonner ; tirez les Macreuses de la marmite. Garnissez le Potage d'un cordon de Navets; dressez les Macreuses dessus. Voyez que le boüillon de Navets soit d'un bon goût, & le mettez par-dessus, & le servez chaudement.

Potage aux Moûles.

Il faut prendre de bonnes Moûles, les bien nettoyer, & les laver dans quatre ou cinq eaux. Etant bien lavées, il les faut mettre dans une marmite ou casserole, avec du persil, ciboules, clous, un bon morceau de beurre; couvrez-les, & les mettez dessus le feu, en remuant de tems en tems, & ensuite, ôtez-les, & les épluchez, laissez les plus belles dans la moitié de leur coquilles pour garnir vôtre Potage, & les autres, vous les mettrez dans vôtre coulis. Vous trouverez la maniére de faire ce coulis au Chapitre des Coulis. Prenez un pain à Potage, & en levez les croutes, & les mettez dans une casserole, & les moüillez de vôtre boüillon de mitonnage maigre, & les faites mitonner ; garnissez le bord de vôtre plat à Potage, de Moûles que vous avez gardez. Vôtre Potage étant mitonné, dressez-le dans son plat, & le mettez dans le milieu de vôtre Potage, un chapon de pain; arrosez-le avec un peu de vôtre boüillon, & mettez vôtre coulis par-dessus, & servez chaudement.

Potage

MODERNE.

Potage à l'Eau.

Pour bien faire un Potage à l'Eau, mettez dès le soir une marmite devant le feu avec de l'eau, & l'eau étant tiéde, mettez-y trois à quatre copes de pois, ou litrons, ou une douzaine de carotes, autant d'ognons, quelques panais, des racines de persil, quelques piés de celeri, quelques porreaux, la moitié d'un choux, quelques navets; vous le laisserez devant le feu jusqu'au l'endemain au matin, que vos pois seront cuits : étant cuits, retirez vôtre marmite du feu, & la laissez reposer; mettez dans une casserole une douzaine de carotes entiéres, autant d'ognons, quelques panais, quelques navets, & un morceau de beurre; allumez un fourneau, & mettez vôtre casserole dessus, & remuez de tems en tems avec une cuillere de bois, jusqu'à ce que vos racines ayent pris une belle couleur; ensuite, moüillez-les de vôtre bouillon de pois, étant moüillées, dégraissez-les bien, qu'il ni reste point de beurre; ensuite, mettez-les dans une marmite avec un paquet de celeri, un de porreaux, un de racines de persil, assaisonnez vôtre marmite de sel, & la mettez au feu, & la laissez mitonner tout doucement, afin que vôtre boüillon se trouve bien clair, & d'un bel œil; ensuite, prenez un pain à Potage chapelé, & en levez les croûtes, & les mettez dans une casserole; passez vôtre boüillon dans un tamis, qu'il soit d'un bon goût, & faites mitonner vôtre Potage; étant mitonné, dresse-le dans son plat, & garnissez le bord de vôtre plat à Potage, de racines, & mettez au milieu de vôtre Potage un crouton de pain, & achevez de le

Tome IV.   B   moüil-

moüiller de vôtre boüillon, & servez chaudement. Cette sorte de Potage, se peut servir dans un pot à oille, avec quelques filets de racines dedans; le Potage se peut garnir avec des filets de racines.

Potage de Macreuses, au coulis d'Ecrevices.

Plumez les Macreuses, & les épluchez bien; vuidez-les, & les troussez comme un Canard, & les faites cuire à demi à la broche, pour leur faire perdre leur huile; étant à demi cuites, tirez-les de la broche, & les empotez dans une petite marmite. Prenez un morceau de beurre, & le moüillez de bon boüillon de vôtre mitonnage; assaisonnez de sel, de poivre, fines herbes, épices, un ognon, & une tranche de citron, & les mettez cuire. Faites un couple de saucissons de cette manière: Prenez une grosse anguille, depoüillez-là, & prenez garde de ne point déchirer la peau: prenez la chair de l'anguille, & ôtez-en l'arrête, que vous mettez sur une table, avec des champignons, quelques mousserons, du persil, & de la ciboule hachée; assaisonnez de sel, de poivre, fines herbes, & fines épices, deux ou trois jaunes d'œufs cruds; hachez bien le tout ensemble, & en remplissez la peau de l'anguille, & en faites trois saucissons, les liant par les deux bouts; piquez-les avec une épingle, & les mettez cuire dans la marmite avec les Macreuses: mitonnez des croûtes de boüillon de poisson, de boüillon de Macreuse, dans le plat que vous voulez servir: le Potage étant mitonné, & les Macreuses cuites, titez les saucissons, &

& les Macreuses; coupez les saucissons par tranches, & en faites un cordon autour du Potage pour garniture: dressez proprement les Macreuses dessus le Potage; voyez que le coulis d'Ecrevices soit d'un bon goût, & qu'il ne soit point trop lié; mettez-le par-dessus, & le servez chaudement. Vous trouverez la manière de le faire au Chapitre des Coulis.

Potage de Moûles, au Coulis verds.

Prenez des Moûles, les lavez, & les nettoyez bien dans plusieurs eaux; étant bien propres, mettez-les dans une casserole, avec un morceau de beurre, du persil, quelques ognons coupez en tranches, couvrez-les, & les mettez sur le feu, ayez soin de les remuer de tems en tems; étant toutes ouvertes, épluchez-les, & en mettez une partie dans une petite casserole, pour remettre dans vos coquilles; mettez-y du beurre, du persil, ciboules hachées, de fines herbes, & fines épices; passez-les quelques tours sur le fourneau; ensuite, mettez-y un jus de citron, & en remplissez assez de coquilles, pour pouvoir garnir le bord de vôtre Potage, & les arrangez dans une tourtière; les panez de mie de pain, & faites-leur prendre couleur au four. Lorsque vous serez prêt à les servir, faites un Coulis de Moûles de cette façon, pour mettre sur vôtre Potage. Mettez dans une casserole, un morceau de beurre, un ognon coupé en tranches, quelques tranches de carotes, & de panais; passez le tout sur le feu quelques tours, & le moüillez de vôtre boüillon de mitonnage maigre; mettez-y un morceau de mie de pain, quelques champignons, cloux, persil en branches,

ches, & ciboules; faites échauder un quarteron d'amandes douces, en ôtez la peau, & les faites piler; étant bien pilées, pilez-y ensemble une bonne partie des Moûles que vous avez réservez. Vôtre Coulis étant d'un bon goût, tirez-en les racines, & y mettez vos amandes, & Moûles pilez ensemble, & les passez à l'étamine; ensuite, mettez-les dans une petite marmite, & y mettez quelques Moûles, avec un couple de tranches de citron. Couvrez vôtre marmite, & la tenez chaudement. Prenez un pain à Potage, levez-en les croûtes, & les mettez dans une casserole; mouillez-les du boüillon de vôtre mitonnage maigre, & les faites mitonner. Ce qui étant fait, mettez-les dans le plat à Potage que vous voulez servir, & mettez un chapon de pain dessus, arrosez de boüillon; faites prendre couleur à vos Moûles, & en garnissez le bord de vôtre Potage; étant garni, mettez vôtre Coulis de Moûles par-dessus, & servez chaudement.

Potage à l'Angloise.

Prenez des laitues, cerfeuil, pourpier, ozeille, celeri, concombres, une petite poignée de chaque sortes, selon la quantité que vous avez besoin, les bien éplucher, lavez-les, & empotez dans une marmite avec un bon morceau de beurre, & les laissez suer sur un bon feu, & puis mouillez-les de boüillon de pois ou d'eau: vous mettrez une douzaine de jaunes d'œufs dans une casserole, & les délayerez avec vôtre boüillon d'herbes: vous garnirez vôtre plat avec quelques bouquets, de pain coupé en dez, & frit, & quelques œufs frais pochez à l'eau, & un chapon de pain dessus. Il faut prendre garde que

que vôtre Potage ne tourne, & quand vôtre liaison sera cuite, vous la mettrez par-dessus vôtre Potage.

Potage aux Pois en purée, à l'Angloise.

Vous prenez des Pois verds, & les mettez cuire dans de l'eau de pluie, avec un peu de sel; quand vos Pois sont cuits, vous passerez bien les Pois avec son boüillon dans une marmite, & vous y mettrez quelques porreaux, coupez en dez, un peu de sauge, du thin, de la sarriette d'hyver, du persil, quelques ognons hachez. Il ne faut pas qu'il y ait aucune fines herbes, qui y domine trop, & quand vous serez prêt à servir, vous mettrez du pain coupé en dez frit, dans le plat que vous voulez servir, & vôtre boüillon par-dessus.

Potage d'Ecrevices.

Ayez des Ecrevices, à proportion de la grandeur de vôtre plat, faites-les cuire à l'eau, & au sel; étant cuites, ôtez toutes les petites pates, & les bouts des grosses, & épluchez la queuë; garnissez-en le bord de vôtre plat à Potage, la queuë au dedans; épluchez les restans de vos Ecrevices bien proprement, & faites piler toutes les coquilles. Prenez une carpe, l'ecaillez, la lavez, & la coupez en quatre morceaux; mettez dans une casserole, un morceau de beurre, quelques ognons en tranches, & y arrangez vôtre carpe; couvrez-là, & la mettez sur le feu; quand elle aura pris un peu de couleur, vous la moüillerez de vôtre boüillon maigre, & l'assaisonnerez de clous, citrons en tranches,

B 3

ches, basilic, persil, champignons, si vous en avez, un morceau de mie de pain de Potage: observez que vôtre coulis soit d'un bon goût; tirez-en la carpe, & les ognons, & y mettez vos coquilles d'Ecrevices pilées, & passez vôtre coulis par l'étamine; étant passé, mettez le dans une petite marmite, & le tenez chaudement; levez les croûtes d'un pain à Potage, les mettez dans une casserole, & les faites mitonner avec vôtre boüillon de mitonnage; étant mitonnées, dressez-les dans vôtre plat à Potage, & les garnissez de vos Ecrevices; & mettez un chapon de pain au milieu, & vôtre coulis par-dessus, & servez chaudement.

Potage de Melon.

Il faut le couper comme la citroüille, & le passer de même à la casserole, avec du beurre; faites-le cuire, assaisonné de sel, poivre, & un bouquet de fines herbes; passez-le par l'étamine avec le même boüillon, dont vous ferez aussi mitonner vos croûtes; & ayant dressé le tout, servez garni de Melon frit, & grains de grenades, si vous en avez.

Autre manière.

Vous pouvez faire un Potage avec le Melon, comme l'on fait celui de la citroüille au lait; à la reserve qu'il y faut mettre du sucre, & border le plat de macarons, de pralines, & de biscuits, & servir sans mitonner.

Potage de cus d'Artichaux.

Prenez deux ou trois douzaines de petits Artichaux, les plus égaux que vous pourrez trouver;

ver, les tourner proprement, & les mettre cuire dans une eau blanche, jusques à ce que le foin puisse s'en ôter; étant cuits, tirez-les de la marmite, & les mettez dans de l'eau fraiche, & les nettoyez; c'est-à-dire, d'en ôter le foin, & les parez tout autour avec un coûteau proprement: étant parez; mettez-les dans une casserole, avec un peu de boüillon de vôtre mitonnage, & les achevez de faire cuire à petit feu; observez qu'il faut qu'il y en ait un grand parmi, pour mettre au milieu du Potage. Mitonnez des croûtes dans le plat que vous voulez servir, ou bien dans une casserole; le Potage étant mitonné, garnissez le bord du Potage d'un cordon de petits Artichaux, & mettez le gros au milieu. Voyez que le Potage soit d'un bon goût; mettez par-dessus, un coulis d'écrevices à demi roux, & le servez chaudement. Vous trouverez la maniére de faire le coulis d'écrevices, à demi roux, au Chapitre des Coulis. Vous pouvez une autrefois (les Artichaux étant cuits, & parez) les farcir d'une farce de poisson, & les paner d'une mie de pain; ensuite, beurrez une tourtiére, arrangez-les dedans, & les faites cuire au four ou sous un couvercle, qu'ils prennent une belle couleur: étant cuits, garnissez-en le bord du Potage, & le servez de même que ci-dessus.

Potage de Tortuës.

Prenez des Tortuës, coupez-en la tête, & les mettez dans de l'eau, ayez une marmite devant le feu, ou sur le fourneau; mettez-y de l'eau, un morceau de beurre, quelques ognons, un bouquet de fines herbes, une tranche ou deux

deux de citron, & du sel; lorsque cela bouil, mettez-y les Tortuës, & les laissez cuire, jusqu'à ce qu'elles puissent quitter les coquilles. Étant cuites, tirez-les, & les ôtez de leur coquilles; ôtez en proprement la peau; prenez garde à l'amer, & levez-en les quartiers, les plus entiers que vous pourrez; coupez les en quatre, comme des cuisses de poulets en fricassée, passez des champignons dans une casserole, avec un peu de beurre frais, des truffes coupées par tranches, si vous en avez, un bouquet de fines herbes, assaisonnez de sel, & d'un peu de poivre; étant passées, moüillez-les d'un peu de boüillon de poisson, & y mettez vos quartiers de Tortuës, & les laissez mitonner à petit feu. Mettez-y une demi-douzaine de petits culs d'Artichaux; mitonnez des croûtes du boüillon de vôtre mitonnage dans le plat que vous voulez servir, ou dans une casserole. Prenez le dessus d'une coquille de Tortuë, faites une petite pâte claire comme pour des bignets, trempez la coquille dans la pâte, & la faites frire; étant frite, d'une belle couleur, & le Potage étant mitonné, dressez la coquille dans le milieu, voyez que le ragoût de Tortuës soit d'un bon goût, & le liez d'un coulis d'Ecrevices, à demi roux; garnissez le Potage d'un cordon de Tortuës en ragoût; voyez que le coulis soit d'un bon goût, & le mettez avec le reste du ragoût sur le Potage, & le servez chaudement. Vous trouverez la manière de faire le coulis, au Chapitre des Coulis. Une autrefois, vous pouvez vous servir d'un coulis de carpes ou d'un coulis blanc.

Po-

Potage aux Profitroles.

Prenez six petits pains de la grosseur d'un œuf, qu'ils soient tous bien chapelez ; faites-y un trou par-dessous, & en ôtez bien la mie, & les farcissez d'un hachi de carpes ; étant farcis, fermez le trou du même morceau de pain que vous avez ôté, & le ficellez ; mettez-les tremper un moment dans du lait ; étant trempez, tirez-les, & les laissez égoûter ; ensuite, les faites frire dans du beurre rafiné ; étant frit, tirez-les, & les mettez sur un plat égoûter ; faites mitonner des croûtes dans le plat que vous voulez servir : le Potage de bouillon de poissons, étant mitonné, dressez vos petits pains sur le Potage ; faites un ragoût de laitances de carpes, de queues d'écrevices, champignons, & truffes. Vous trouverez la manière de faire ce ragoût, au Chapitre des Ragoûts. Garnissez le Potage d'une bordure de laitances ; liez le ragoût d'un coulis d'écrevices ; voyez que le ragoût, & le coulis soient d'un bon goût, & le mettez par-dessus, & servez chaudement. Vous pouvez mettre sur ce Potage un coulis roux de carpes, un coulis blanc, ou d'écrevices, & n'y mettre autre chose que vos petits pains farcis.

Potage de Croûtes, au blanc.

Ayez un pain rond, coupez-le en deux, & en tirez la mie ; frottez les Croûtes d'un peu de beurre en dehors, & en dedans ; faites-les sécher dans le four, ou bien devant le feu : vos Croûtes étant sèches, prenez un morceau de mie de pain de Potage, & le coupez par tranches,

ches, & l'arrangez dans le fond de vôtre plat à Potage, & mettez vos deux Croûtons dessus, & les moüillez d'une cuillerée à pot de vôtre boüillon de mitonnage. Couvrez vôtre plat d'un autre plat, que vos Croûtes puissent mitonner sans qu'elles tombent; étant mitonnées, & prêt à servir, mettez un coulis blanc de brochet par-dessus, & servez chaudement. Une autrefois, un coulis de soles, ou coulis de carpes, ou de perches, ou purée verte.

Potage d'Ognons.

Pelez trois à quatre douzaines d'Ognons, les plus égaux en grosseur que vous pourrez trouver, & les faites blanchir; étant blanchis, laissez-les égoûter, & les empotez dans une petite marmite ou pot de terre, & les moüillez de vôtre mitonnage: vous trouverez la manière de le faire à la tête des Potages. Les croûtes étant mitonnées, mettez un chapon de pain dans le milieu, & garnissez le Potage de cordons d'Ognons; voyez que le boüillon, où ont cuit les Ognons, & le Potage, soit d'un bon goût. Mettez le boüillon, où ont cuit les Ognons, par-dessus, & le servez chaudement.

Autre Potage d'Ognons.

Prenez une douzaine d'Ognons, les pelez, & les coupez par tranches, ou en dez; mettez un morceau de beurre dans une casserole, & y mettez des Ognons, coupez par tranches, & les faites cuire sur le fourneau. Etant roux, poudrez-les d'un peu de farine, & les moüillez d'une purée claire, ou bien d'eau, & les assaisonnez de de sel, & un peu de poivre, & laissez boüillir le tout ensemble, pendant une demie heure. Etant cuits, goûtez le boüillon qu'il soit d'un bon goût, & y mettez une pointe de vinaigre. Mitonnez des croûtes, ou du pain en tranches, du même boüillon par-dessus avec les Ognons, & le servez chaudement.

Potage d'Houblons.

Faites blanchir les Houblons; étant blanchis, faites-en des paquets, & les mettez dans une marmite ou pot de terre, avec une purée claire, ou jus d'ognons, ou bien du boüillon de mitonnage; étant cuits, mitonnez des croûtes de vôtre boüillon de mitonnage; les croûtes étant mitonnées, garnissez le Potage d'une bordure de Houblons, & mettez par-dessus le boüillon où ont cuits les Houblons, & mettez un chapon de pain au milieu, & le servez chaudement. Vous pouvez, sur ce Potage, mettre un coulis d'écrevices, ou de carpes, ou coulis blanc, ou une liaison d'œufs, en servant.

Potage de Julienne.

Selon la saison, prenez des cœurs de laituës, & des pointes d'asperges, que vous faites blanchir avec une douzaine d'ognons blancs; étant blanchis, faites un paquet de pointes d'asperges, & un autre de cœurs de laituës, & les mettez dans une petite marmite, avec la douzaine d'ognons, & deux poignées de petits pois verds, & les moüillez du boüillon de vôtre mitonnage, & les mettez cuire à petit feu; étant à demi cuits, mettez-y une poignée de pourpier,

une

une poignée d'ozeille concaſſée, une pincée de cerfeüil; mitonnez des croûtes avec le boüillon de vôtre mitonnage, où de boüillon de racines; étant mitonné, dreſſez dans le plat que vous voulez ſervir le Potage; mettez-y un chapon de pain dans le milieu, & garniſſes le tour du Potage d'ognons, des pointes d'aſperges, & des cœurs de laitües: voyez que le boüillon, où ont cuit les herbes, ſoit d'un bon goût, mettez le tout par-deſſus le Potage, & ſervez chaudement.

Potage de Pourpier.

Ayez des Pourpiers, épluchez-les, & laiſſez leurs côtes de leurs longueurs, & qu'ils ſoient tendres, & les faites cuire dans une petite marmite, moitié boüillon de purée, & moitié jus d'ognons; étant cuits, mitonnez des croûtes de boüillon de mitonnage, que vous paſſez; étant mitonné, mettez-y un chapon de pain dans le milieu; garniſſez le Potage d'un cordon de Pourpier; voyez que le Potage, & le boüillon, où à cuit le Pourpier, ſoit d'un bon goût. Mettez le boüillon de Pourpier par-deſſus. Vous pouvez y ajoûter des feüilles de Pourpier, & le ſervez chaudement.

CHA-

CHAPITRE II.
Des Coulis Maigre.

Manière de faire le Jus d'Ognons.

PRenez des racines, les coupez le plus fin que vous pourrez, & des Ognons coupez par quartiers, & vous en coupez selon la quantité de Jus que vous avez à faire; prenez une casserole ronde, & y mettez un morceau de beurre; ensuite vos racines, & mettez-les sur un fourneau bien allumé, ayez soin de les remuer de tems en tems avec une cuillére de bois, & quand vous verrez que vos Ognons, & vos racines auront pris une belle couleur, un peu foncée, mouillez-les de vôtre bouillon de pois, assaisonnez-les de persil, ciboules, quelques clous, une branche de basilic, un peu de thin, quelques champignons, si vous en avez, & les laissez aller tout doucement: observez qu'il soit de bon goût; étant cuit comme il faut, passez-le, & vous en servez pour toutes sortes de ragoûts dont vous aurez besoin.

Autre Jus d'Ognons.

Coupez des Ognons en tranches, selon la quantité de Jus que vous avez à faire; prenez une casserole, & y mettez un morceau de beurre; ensuite, arrangez-y vos Ognons, & les met-

mettez au feu; ayez soin de les remuer de tems en tems; & quand vos Ognons auront pris une belle couleur, un peu foncée, moüillez-les de boüillon de pois, assaisonnez de sel, ce que vous jugerez à propos, du persil, ciboules, basilic, du thin, & clous, quelques champignons, si vous en avez, & le laissez aller tout doucement: observez qu'il soit de bon goût: étant cuit comme il faut, dégraissez-le, & passez-le, & vous vous en servez pour tout ce que vous aurez besoin; qui demande du jus maigre.

Coulis Général.

Prenez des carpes, les écaillez, & les lavez; prenez une casserole ronde, selon la quantité de Coulis que vous avez à faire; mettez-y un morceau de beurre, étendu dans la casserole, & arrangez-y des ognons coupez en tranches, vuidez vos carpes, & les fendez en deux, coupez-les par morceaux, & les arrangez dans vôtre casserole, & mettez dessus quelques racines en tranches; couvrez vôtre casserole, & la mettez sur le feu tout doucement; quand vous verrez qu'elle commencera à s'attacher, moüillez-là de bon boüillon de pois; vous trouverez à l'Article des Potages, de quelle manière se fait ce boüillon; assaisonnez ensuite vôtre Coulis de fines herbes, persil, ciboules, deux ou trois gousses d'ail. Prenez une casserole ronde, pareille, & de même que celle où vous avez mis vôtre poisson, & y mettez un morceau de beurre, & la mettez sur un fourneau; mettez-y de la farine, selon la quantité de Coulis que vous avez à faire; & la remuez bien avec une cuillére de bois, jusqu'à ce qu'elle prenne une couleur d'or; ensuite, passez

sez le jus de vos carpes dedans, & détrempez bien vôtre Coulis, pour qu'il ne reste point de grumelots. Prenez un citron, ôtez-en la peau, coupez-le en tranches, & le mettez dans vôtre Coulis avec de l'ail, basilic, du persil, ciboules, champignons, & truffes, si vous en avez, une boüteille de vin de Champagne, selon la quantité de Coulis que vous avez à faire; observez qu'il soit de bon goût, & de bel œil; s'il n'a pas assez de couleur, mettez-y de vôtre jus d'ognon, autant que vous jugerez à propos; laissez-le mitonner tout doucement; vous pouvez vous servir de toutes sortes de poissons pour un Coulis, pourvû qu'il ne sente point la bourbe, & vous servez de ce Coulis, pour toutes sortes d'Entrées en maigres. On en fait autant qu'on le juge à propos.

Coulis d'Ecrevices.

Prenez de petites Ecrévices, lavez-les, & les mettez cuire avec un peu d'eau, des ognons en tranches, branches de basilic, un peu de thin, & persil; assaisonnez de sel, & poivre; étant cuites, tirez-les, & les épluchez; étant épluchées, gardez les queües, & faites piler les coquilles; prenez une casserole, mettez-y un morceau de beurre, trois ou quatre tranches d'ognons, une carote coupée par tranches, & un panais; tournez deux ou trois tours de casserole sur le fourneau, & les moüillez de vôtre boüillon de poisson, ou de vôtre mitonnage, que vous trouverez au Chapitre des Potages; & y mettez un morceau de mie de pain, assaisonnez-le de persil, ciboules, branches de basilic, un demi citron coupé en tranches, dont vous aurez ôté l'écorce, un verre de vin de Champagne;

gne; vous y pouvez mettre aussi, un peu de vôtre Coulis maigre; observez que vôtre Coulis soit d'un bon goût, & tirez toutes vos racines avec l'écumoire, & y détrempez vos Ecrevices pilées, & les passez sur le champ dans une étamine. Vous pouvez vous servir de ce Coulis, pour toutes sortes d'Entrées en maigres, qui sont au Coulis d'Ecrevices, & vous vous servirez des queues épluchées, comme vous le jugerez à propos : il peut aussi vous servir, pour des Potages, en le tenant un peu plus clair.

Coulis d'Ecrevices, pour des Potages.

Faites piler des coquilles d'Ecrevices, le plus fin qu'il vous sera possible; prenez une casserole; mettez-y un morceau de beurre, quelques tranches d'ognons, carotes, & panais : passez cela quelques tours sur le feu; ensuite, moüillez-le de bon boüillon maigre; assaisonnez de persil, ciboules, basilic; ôtez la peau d'un demi citron, que vous couperez en tranches dans vôtre Coulis, & la mie d'un pain blanc de Potage; observez que vôtre Coulis soit d'un bon goût, tirez-en toutes vos racines avec l'écumoire; & ensuite, y délayez vos coquilles d'Ecrevices, & les passez sur le champ à l'étamine, si vous le mettez dans une petite marmite, & le tenez chaudement. Vous vous en servez pour toutes sortes de Potages au Coulis d'Ecrevices, & même pour des Entrées, en les tenant un peu plus liez.

Coulis de Moûles, pour des Potages.

Prenez des Moûles, & les faites bien nettoyer, & laver; ensuite, mettez-les dans une casse-

casserole avec quelques tranches d'ognons, une branche de basilic, & les mettez sur un fourneau ardent, avec un morceau de beurre, persil, quelques clous, & les tournez; étant cuites, épluchez-les, & en laissez pour garnir vôtre Potage, dans une des coquilles, & les autres, mettez-les à part; ensuite, passez vôtre boüillon de Moûles, & le mettez dans une casserole; marquez dans une autre casserole un morceau de beurre, quelques tranches d'ognons, carotes, & panais, & leur donnez quelques tours sur le fourneau; ensuite, moüillez-le de bon boüillon clair, assaisonnez de persil, ciboules, basilic, un demi citron coupez en tranches, que la peau en soit ôtée; mettez-y un morceau de mie de pain; pilez deux ou trois douzaines d'amandes échaudées; voyez si vôtre Coulis est de bon goût, & tirez vos racines du Coulis, & y déliez vos amandes pilées: observez que vôtre Coulis soit le plus blanc qu'il se pourra; ensuite, passez-le à l'étamine, & le mettez dans une petite marmite, & le tenez chaudement, avec vos Moûles sans coquilles, & une partie de leur eau dans vôtre Coulis.

Coulis d'une autre façon, pour des Potages de Moûles

Vos Moûles étant cuites, comme ci-dessus, & épluchées de même, mettez dans une casserole un morceau de beurre, un peu d'ognon, quelques morceaux de carotes & panais; passez cela deux ou trois tours sur le feu, moüillez-le de bon boüillon maigre; mettez-y vôtre boüillon

lon de Moûles, & l'assaisonné de persil, ciboules, basilic, un demi citron coupé en tranches, sans peau ; mettez-y un morceau de mie de pain bien blanc ; prenez des Moûles la quantité qu'il vous faudra, pour remplir les coquilles de Moûles, pour garnir vôtre Potage ; mettez-les dans une casserole, avec un morceau de beurre, un peu de ciboules, & persil haché, un peu de basilic, un peu de poivre, & un jus de citron ; passez-les sur le feu un moment pour leurs faire prendre du goût ; ensuite, mettez dans chaque coquille deux ou trois Moûles, s'ils y peuvent tenir, avec un peu de leur sausse ; ensuite, rangez-les dans une tourtière, & les panez de mie de pain bien fine, & les mettez au four, ou sous un couvercle de tourtière pour les faire prendre couleur ; ils vous serviront pour garnir toutes sortes de Potages des Moûles : prenez des Moûles une certaine quantité, que vous pourrez avoir, & les faites piler dans un mortier : observez que vôtre Coulis soit d'un bon goût, & en tirez vos racines ; déliez vos Moûles dans vôtre Coulis, & le passez à l'étamine, & le mettez dans une petite marmite avec le reste de vos Moûles ; épluchez-les & les tenez chaudement. Ce Coulis vous servira pour toutes sortes de Potages aux Moûles, d'une autre façon.

Coulis verds de Pois.

Prenez de gros Pois verds, & les mettez dans une marmite avec de l'eau chaude ; assaisonnez de verds de ciboules, persil en branches, un peu de sel, & les mettez à cuire ; prenez une poignée d'épinars, autant de verds de cibou-

ciboules, & une poignée de persil; faites blanchir le tout à l'eau boüillante, après avoir été bien épluché & lavé, étant blanchis, mettez-le à l'eau fraiche; ensuite, faites-le presser & piler: prenez une casserole, & y marqué un morceau de beurre, quelques morceaux d'ognons, carotes, & panais; passez-le deux ou trois tours sur le fourneau; ensuite, moüillez-le de boüillon de Pois; assaisonnez-le de ciboules, persil, une branche de basilic, & le laissez cuire; voyez si vôtre Coulis est de bon goût; & tirez les racines, levez vôtre verds du mortier, & y faites piler vos Pois. Vos Pois étant pilez, déliez-les dans vôtre Coulis, & ensuite, vôtre verds, & le passez à l'étamine, & le mettez dans une petite marmite chaudement; & vous en servirez pour toutes sortes de Potages.

Coulis verds, de Pois nouveaux.

Prenez des Pois verds, & les mettez cuire avec un morceau de beurre, du verds de ciboules, & persil; ayez soin de les tourner dans la casserole de tems en tems. Vos Pois étant cuits, faites-les piler, mettez un morceau de beurre dans une casserole, avec quelques tranches d'ognons, carotes, panais, & faites donner quelques tours sur le fourneau; ensuite, moüillez-le de vôtre boüillon de Pois, & l'assaisonné de verds de ciboules, persil, & le laissez mitonner: voyez qu'il soit de bon goût; tirez vos racines de la casserole, & y délayez vos Pois, & les passez à l'étamine, & les mettez dans une petite marmite, & les tenez chaudement; observez qu'il faut faire cuire une poignée de petits Pois à part, avec un peu de boüillon ou d'eau, où bien les étuver avec un petit morceau de beurre. Vos Pois étant cuits, vous les mettez dans vôtre Coulis, pour marquer que c'est un Coulis de Pois nouveaux; ce Coulis peut vous servir pour toutes sortes de Potages & croûtes, & pour des Entrées, en le tenant plus épais.

Coulis de Soles, pour des Potages.

Prenez des Soles, & les faites écailler, & vuider; ensuite, lavez-les bien proprement, étant lavées, mettez-les cuire avec du boüillon de Pois, assaisonnez d'ognons, persil, fines herbes, clous, & faites cuire vos Soles. Vos Soles étant cuites, tirez-les, & en levez les filets, & les faites piler; ensuite, marquez dans une casserole un morceau de beurre, avec quelques tranches d'ognon, carotes, panais, & leur faites donner quelques tours sur le fourneau; moüillez-les de vôtre boüillon de Soles, & de vôtre boüillon de Pois; mettez-y un morceau de mie de pain; observez que vôtre Coulis soit d'un bon goût; ensuite, levez vos Soles pilées du mortier, & y faites piler deux ou trois douzaines d'amandes douces, échaudées; ensuite, tirez vos racines de la casserole, & y délayez vos Soles pilées dans ce Coulis, & vos amandes pilées, passez-le à l'étamine, & le mettez dans une petite marmite, & le tenez chaudement: ce Coulis vous peut servir pour toutes sortes de croûtes, & Potages au blanc, & pour des Entrées, en n'y mettant point d'amandes, & en le tenant un peu plus épais.

MODERNE. 37

Coulis de Nentilles.

Prenez des Nentilles, les épluchez, & lavez; ensuite, mettez-les cuire dans une marmite avec de l'eau chaude, assaisonnez de sel, ognons un couple de carotes, & les mettez cuire; marquez dans une casserole, un couple d'ognons en tranches, quelques morceaux de carotes, & panais, & passez le tout sur le fourneau, & le moüillez de vôtre boüillon de pois, & de vôtre jus maigre; assaisonnez de clous, fines herbes, & persil, un morceau de croûte de pain; faites piler vos Nentilles, & en tenez quelques-unes pour mettre dans vôtre Coulis: vos Nentilles étant pilées, observez que vôtre Coulis soit d'un bon goût, & en tirez vos racines; ensuite, déliez vos Nentilles dans vôtre Coulis, & le passez à l'étamine; mettez-le dans une petite marmite, & y mettez vos Nentilles entières, & le tenez chaudement, & vous en servez pour toutes sortes de croûtes, & Potages aux Nentilles.

Coulis de Perches.

Prenez des Perches, & les faites écailler, vuider, & laver bien proprement; étant lavées, mettez-les cuire avec du boüillon de pois, assaisonnez d'ognons, & persil; vos Perches étant cuites, prenez la chair, & la faites piler, & en gardez une ou deux, pour mettre sur vôtre Potage; vous marquez dans une casserole quelques tranches d'ognons, carotes & panais par tranches, & leur faites faire deux ou trois tours sur le fourneau; ensuite, moüillez-les de vôtre boüillon de Perches, & de vôtre boüillon de Pois; assaisonnez-les de champignons, persil,

C 3 ci-

ciboules, fines herbes, clous & y mettez un morceau de mie de pain, & le laissez mitonner. Vous levez du mortier vos Perches pilées, & vous y faites répiler deux douzaines d'amandes douces, échaudées, ensuite, ôtez vos racines du Coulis, & observez qu'il soit de bon goût, & y déliez vos Perches pilées, & après, vos amandes, & le passez à l'étamine, & mettez-le dans une petite marmite, & le tenez chaudement. Ce Coulis peut vous servir pour toutes sortes de Potages au blanc; celui des Lottes ne se fait pas autrement.

Coulis de Carpes.

Prenez une Carpe, l'écaillée & lavée, ensuite, vuidez-là, & la fendez en deux, coupez-là par morceaux; prenez une casserole, & y mettez un morceau de beurre étendu; mettez-y quelques tranches d'ognons; ensuite, que vôtre Carpe couvre vôtre casserole, & la mettez sur un fourneau, d'abord que vous verrez qu'elle commencera à s'attacher, moüillez-la de vôtre boüillon maigre, & une cuillerée de jus; assaisonnez-là d'un peu de fines herbes, champignons, persil, tranches de citrons; mettez, ensuite, un morceau de beurre dans une casserole avec un peu de farine, selon la quantité que vous en voudrez, & le faites prendre un peu de couleur: étant tant-soit-peu colloré, moüillez-le de vôtre boüillon de Carpes, & mettez le tout ensemble, & ayez soin de le bien dégraisser: si vous avez des coquilles d'Ecrevices, faites-les piler, & les mettez dedans; observez que vôtre Coulis soit d'un bon goût, & le passez à l'étamine, & vous en servez pour ce que vous aurez besoin;

foin; c'est-à-dire, pour toutes sortes de Potages.

Coulis de Brochets.

Ayez un Brochet, vuidez-le, lavez-le, & le faites cuire à l'eau, au sel, & un couple de verres de vin blanc, ognons, bazilic; étant cuit, tirez-le, & en ôtez les écailles, & faites piler la chair; étant pilée, mettez dans une casserole un morceau de beurre, des panais coupez en tranches, & ognons; passez le tout quelques tours sur le feu, & le moüillez de boüillon de poisson, ou de vôtre mitonnage, & l'assaisonnez de clous, basilic, & y mettez un morceau de mie de pain à potage: observez que vôtre Coulis soit d'un bon goût, & tirez les racines, & les ognons, & y mettez la chair pilée de vôtre Brochet, & le passez à l'étamine; étant passé, mettez-le dans une petite marmite, & le tenez chaudement, & servez-vous-en pour des potages de Brochets, des croûtes, & pour ce que vous jugerez à propos; en observant que vôtre Coulis ne soit pas trop épais, & le tenant le plus blanc qu'il vous sera possible. Vous pouvez vous servir de quelques amandes douces, échaudées, & pilées, pour le rendre plus blanc. On peut y ajoûter des coquilles d'Ecrevices pilées.

Boüillon de Poisson.

Ayez des Carpes, écaillez-les, lavez-les, & vuidez-les, vous les fendrez en deux, & les couperez par morceaux. Mettez dans une casserole du beurre, ognons coupez en tranches, & y

ar-

arrangez vos Carpes; ensuite, mettez-les sur le fourneau à petit feu; & quand elles commenceront à prendre couleur, c'est-à-dire, quand vous verrez que leur jus aura pris une couleur d'or, dans le fond de vôtre casserole, moüillez-les du boüillon de pois. Le boüillon ne doit pas avoir beaucoup de couleur, quand c'est pour des potages blancs; assaisonnez-les de sel, cloux, basilic; & observez que vôtre boüillon soit d'un bon goût; passez-le au travers d'un tamis, & le tenez chaudement pour vous en servir quand vous en aurez besoin. Faute de Carpes, vous vous servirez de tels Poissons que vous pourrez avoir. Ce boüillon vous servira pour tout ce qui demande du boüillon de Poisson; vous en faites autant, & si peu, suivant la quantité que vous en aurez besoin.

Sausse aigre.

Mettez dans une casserole trois ou quatre jaunes d'œufs, un peu de fleurs de muscade, un verre de vinaigre, un peu d'eau, un bon morceau de beurre; assaisonnez de sel, poivre, si le beurre n'est pas salé, faites cuire vôtre Sausse en la remuant avec une cuillére de bois, & prenez garde qu'elle ne tourne: si vous voulez avoir la Sausse plus grande, vous employerez d'avantage d'œufs. Vous y pouvez mettre aussi un morceau de beurre manié, cela la soûtiendra mieux. Une autrefois, vous pouvez y mettre des anchois. Cette Sausse sert ordinairement pour des perches, ou pour d'autres poissons, & on la sert dans une saussiére, ou dessus le poisson. *Saus-*

Sauſſe au Perſil.

Faites blanchir une petite poignée de Perſil à l'eau boüillante; étant blanchie, hachez-la bien finement, & la mettez dans une caſſerole avec un morceau de bon beurre, une pincée de farine, & moüillée d'un peu d'eau; aſſaiſonnée de ſel, poivre, muſcade rapée, & la faites cuire, en la remuant avec une cuillére de bois; vous vous ſervez de cette Sauſſe pour toutes ſortes de poiſſons, qui demandent Sauſſe au Perſil.

Sauſſe aux Huîtres.

Mettez dans une caſſerole de bon beurre, une pincée de farine; aſſaiſonnez de ſel, poivre, un peu de muſcade rapée, une pincée de farine; faites blanchir des Huîtres dans leur roux; étant blanchies, mettez une partie de leur eau, & un peu d'eau, & liez vôtre Sauſſe; étant liée, mettez-y vos Huîtres, & vous ſervez de cette Sauſſe, pour tout ce qui demande Sauſſe aux Huîtres. Une autrefois, vous y pouvez mettre une Sauſſe aux anchois: hachez du perſil blanchi, hachez, ſi vous le jugez à propos, des queuës de chevrettes.

Sauſſe hachée.

Hachez un petit ognon bien fin, & le mettez dans une caſſerole, & un morceau de beurre; mettez vôtre caſſerole ſur le feu, & paſſez vôtre ognon: quand vous verrez qu'il eſt preſque cuit, poudrez-le de farine moderément, ſelon la grandeur que vous voulez avoir vôtre

Sauſſe ; moüillez-là d'un jus d'ognon, & de boüillon de poiſſon, ſi vous en avez ; ajoûtez-y des champignons hachés, ou mouſſerons, ſi vous en avez ; mais ſi on en a pas de frais, on en peut avoir de ſecs, que l'on fait tremper à l'eau chaude, des truffes, & morilles de même ; quand ils ſont refaits, on hâche, de chaques ſortes de ces fournitures bien fines, & on les met dans la Sauſſe hachée, avec des câpres hachées, deux ou trois anchois lavés, & hachés : obſervez que vôtre Sauſſe hachée ſoit d'un bon goût, & achevez de la lier de coulis maigre ; ſi elle ne l'eſt pas aſſez, ou bien un morceau de beurre manié dans de la farine. Vôtre Sauſſe étant d'un bon goût, ſervez-vous-en pour toutes ſortes de poiſſons, qui demandent une Sauſſe hachée, ou pour des pâtés de poiſſons, pour des œufs pochés à l'eau, ou à la friture.

Sauſſe à l'Eſpagnole.

Mettez dans une caſſerole deux ou trois ognons coupez en tranches, une carote coupée de même, du perſil, ou racine de perſil, un peu de baſilic ; mettez-y un demi verre d'huile ; mettez vôtre caſſerole ſur le feu, & paſſez vos racines, juſqu'à ce qu'elles ayent priſes un peu de couleur. Poudrez-les, enſuite, d'un peu de farine, & les moüillez d'un jus maigre, & boüillon de poiſſon, une demi boüteille de vin de Champagne, ou autres bon vin blanc, trois ou quatre gouſſes d'ail, la moitié d'un citron coupé en tranches, après en avoir ôté l'écorce. Ajoûtez-y une cuillerée de coulis maigre, pour achever de la lier ; & vôtre coulis étant cuit,

ob-

observez qu'il soit d'un bon goût, & bien d'é-
graissé; passez-le dans un tamis de soie, & vous
en servez pour toutes sortes de poissons, qui
demandent une Sauſſe à l'Eſpagnole.

Sauſſe à l'Italienne.

Mettez dans une caſſerole des champignons
hachés, truffes, ſi vous en avez, perſil haché,
& ciboules, deux ou trois gouſſes d'ail, la moitié d'un citron, coupé en tranches, après en
avoir ôté l'écorce, un couple de verre de vin
de Champagne, un peu de jus maigre, & un
peu de vôtre Sauſſe à l'Eſpagnole, & la faites
cuire. Etant cuite, tirez-en les tranches de citron, & les gouſſes d'ail, & obſervez que vôtre
Sauſſe ſoit d'un bon goût, & vous en ſervez pour
tous les poiſſons qui demandent Sauſſe à l'Italienne.

CHA-

CHAPITRE III.
Des Saumons.

Saumon en Surprise, en gras.

AYez un Saumon, vuidez-le, & écaillez-le; prenez garde de rompre la peau. Détachez la peau des deux côtez, depuis la tête, jusqu'à trois ou quatre pouces de la queuë. Prenez-en la chair, que vous détachez de dessus l'arrête, & coupez en filets, avec des filets de carpes, de soles, & de brochets; filets de jambon cuit, filets de langues, filets de cervelats, filets de truffes, & de champignons. Les rognures de toutes vos chairs de poissons, hachez-les, avec un morceau de lard blanchi, une tétine de veau; assaisonnez de sel, poivre, fines épices, & fines herbes; ajoûtez-y trois ou quatre jaunes d'œufs; dont vous foüetterez les blancs en nége. Assaisonnez vos filets, avec sel, poivre, fines herbes, fines épices, & les mettez avec vôtre farce, & y mettez une demi bouteille de vin de Champagne, ou autres bons vin blanc, avec un couple de jus de citron; afin que cela se mêle plus aisément. Ensuite, remettez le tout dans vôtre Saumon, que vous reformerez en sa première figure, & le couserez bien, afin qu'il n'en sorte rien. Prenez une serviette, que vous couvrirez de bardes de lard, de la grandeur de vôtre Saumon, que vous mettrez

MODERNE. 45

trez dessus, & le couvrirez dessus comme dessous, de bardes de lard, & l'enveloperez dans la serviette, & aurez un court-bouillon, fait de cette manière. Prenez une poissonnière de la grandeur de vôtre Saumon, dans laquelle vous mettrez cinq ou six bouteilles de bon vin blanc, quelques cuillerées de bons jus de veau, & y mettrez vôtre Saumon; observez qu'il trempe, & qu'il ne cuise trop, & qu'il reste le plus entier qu'il sera possible; assaisonnez le court-bouillon avec sel, poivre, basilic, thin, laurier, & ognons. Etant cuit, dressez-le dans son plat, & mettez dessus un ragoût de cus d'écrevices, truffes, champignons, crêtes, ris de veau, petits œufs, & servez chaudement pour Entrée. Vous pouvez le garnir d'écrevices, de pigeons au soleil, ou glacez, ris de veau glacez, laitances de carpes, foies gras, un coulis d'écrevices par-dessus, ou bien une essence de jambon.

Saumon en surprise, en maigre.

Ayez un Saumon, vuidez-le, écaillez-le, & prenez garde de rompre la peau; détachez la peau de la chair, depuis la tête jusqu'à trois ou quatre pouces de la queuë des deux côtez, & en tirez la chair en aussi longues piéces que vous pouvez. Après quoi, vous les coupez en petits filets, ou en dez, avec des filets de soles, filets de brochets, filets d'Anguilles, queuës d'écrevices. Mettez dans une casserole, un morceau de beurre, de la ciboule, du persil, & le mettez sur le feu, & y mettez une bonne pincée de farine, & le mouillez d'une demi bouteille de

vin

vin de Champagne, ou autres vin blanc, assaisonnez de sel, poivre, fines herbes, fines épices, échalotes, quelques rocamboles. Ensuite, mettez vos filets de poissons dedans, avec un jus de citron : que le tout soit d'un bon goût, & remettez le tout dans vôtre Saumon, afin qu'il ait sa premiére figure ; cousez-le bien, afin que rien n'en sorte ; faites-le cuire dans un grand plat ovale, de la longueur de vôtre Saumon, ou bien dans une casserole faite exprès : la garnissez dans le fond, de basilic, tranches d'ognons, & beurre ; ensuite, mettez-y vôtre Saumon, & couvrez-le dessus comme dessous. Vous pouvez le paner, en l'arrosant de beurre frais. Etant cuit, tirez les ognons, & fines herbes, & le glissez dans son plat, & mettez dessus un ragoût d'écrevices, ou coulis d'écrevices, ou une sausse hachée, s'il n'est pas pané, vous le mettrez dessus, s'il est pané, vous le mettrez dessous. Lorsque vous le faites cuire dans son plat, il n'y a point de risque de le casser, & il est beaucoup mieux. Vous pouvez faire cuire le Saumon en surprise en gras, de la même maniére, en le garnissant de quelques bardes de lard, il est beaucoup meilleur qu'au court-boüillon : vous mettrez dessus les ragoûts que vous jugerez à propos. Vous pouvez faire des truites, des brochets, des carpes, &c. de même.

Saumon en gras, au Coulis d'Ecrevices.

Prenez un Saumon, & l'écaillez bien, vuidez-le, lavez-le, piquez-le moitié lard, moitié jambon;

MODERNE.

bon; ensuite, étendez une serviette sur vôtre table, & y mettez des bardes de lard, de la longueur de vôtre Saumon; mettez-y vôtre Saumon, & mettez dans le corps de vôtre Saumon un bon morceau de beurre; couvrez vôtre Saumon de bardes de lard, & le pliez dans la serviette; prenez une poissonnière, coupez-y des ognons en tranches, & y mettez vôtre Saumon, assaisonnez de sel, poivre, basilic, thin, laurier, clous, mettez-y six bouteilles de vin blanc; achevez de le mouiller d'eau bouillante, & le faites cuire tout doucement; étant cuit, tirez-le égouter, & le dépliez; ôtez-en les bardes; dressez-le dans son plat, & mettez dessus un Coulis d'Ecrevices, avec les queües; vous pouvez le garnir de belles Ecrevices, en épluchant les queües, & les faites prendre du goût, & en garnissez le bord de vôtre plat, & piquez vôtre Saumon d'hâtelets, & servez chaudement pour grande Entrée. Une autrefois, vous pouvez mettre un ragoût composez de ris de veau, crêtes, champignons, truffes, & garnir de ris de veau glacez, & des Ecrevices, avec des pigeons glacez, ou bien au soleil, cela dépend de l'Officier qui travaille: vous pouvez aussi faire cuire vôtre Saumon sans le piquer de lard, en le faisant cuire tout de même, & le même ragoût; vous pouvez le couper en deux, & faire cuire la partie que vous voudrez en gras, & l'autre au court-boüillon, ou bien sur le gril.

Saumon en gras, d'une autre façon.

Prenez une hure de Saumon, & l'écaillez, & la lavez; étant lavée, mettez-la dans une braisière fiére avec des bardes de lard, tranches de veau, & tranches de jambon; pliez vôtre hure de Saumon dans une serviette, & la mettez dans la braisiére, & la moüillez de deux bouteilles de vin blanc; achevez de la moüiller d'eau, & l'assaisonné de sel, poivre, fines herbes, ognons, mettez-la cuire tout doucement; étant cuite, tirez-la égoûter, & la dressez dans son plat, mettez par-dessus un ragoût de ris de veau, crêtes, champignons, & truffes, ou bien une essence de jambon, ou un coulis d'écrevices, & servez chaudement pour Entrée.

Hure de Saumon, à la Hollandoise.

Prenez une Hure de Saumon, écaillez-la, & la lavez bien proprement; ensuite, mettez de l'eau au feu, prenez vôtre Saumon, & le mettez sur la feüille qui entre dans la poisonniére, & la mettez dedans; ensuite, mettez une casserole avec un peu de vinaigre, au feu, assaisonnez vôtre Saumon de sel dessus, quelques tranches d'ognons, thin, basilic, du persil en branches; ensuite, mettez vôtre vinaigre tout chaud dessus, & achevez de le moüiller d'eau boüillante, & le laissez cuire tout doucement; voyez que le boüillon du Saumon soit d'un bon goût; vôtre Saumon étant cuit, faites une sauce avec un morceau de bon beurre, un peu de farine, & un peu d'eau, un filet de vinaigre, quelques anchois, un peu de muscade; ensuite, des grenailles, autrement, chevrettes épluchées; mettez la sausse sur le feu, & la liez; étant prêt à servir, dressez vôtre Saumon sur son plat; voyez que vôtre sausse soit d'un bon goût, & la la mettez sur le Saumon, & servez chaudement pour Entrée.

Saumon au court-boüillon, au bleu.

Prenez un Saumon, vuidez-le, & en ôtez les oüies, & le lavez bien; ensuite, mettez-le dans une serviette, si vous n'avez point de feüilles, & le mettez dans la poissonniére; assaisonnez de sel, poivre, fines herbes, clous, ognons, persil; prenez une boûteille de vinaigre, & la faites chauffer; étant chaude, mettez-la sur vôtre Saumon; ensuite, faites chauffer trois boûteilles de vin, & les mettez aussi dessus, & achevez de le moüiller d'eau boüillante, & le faites cuire, & y mettez un bon morceau de beurre; observez que vôtre court-boüillon ait du goût, & faites-le cuire; étant cuit, tirez-le égoûter, & faites plier une serviette sur le plat où vous le voulez servir, & le dressez dessus, garnis de persil, & servez chaudement pour Entrée ou pour plat de rôt.

Saumon au court-boüillon, à la Hollandoise.

Prenez un Saumon, vuidez-le, & en ôtez les oüies, & le lavez bien; mettez une poissonniére avec de l'eau au feu, où vôtre Saumon se puisse cuire, assaisonnez de sel, ognons, & persil; ensuite, quand vôtre eau boüillira, vous y mettrez vôtre Saumon qui est sur la feüille; & quand vôtre Saumon boüillira, mettez-y une demi-boûteille de vinaigre, & le laissez cuire; vôtre Saumon étant cuit, & prêt à servir, tirez-le égoûter, & le dressez sur une serviette, pliez

Tome IV. D dans

dans le plat où vous le voulez servir, & quand vous le voudrez servir avec une sauſſe, vous l'écaillerez.

Fricandeaux de Saumon, piqués & glacés.

Prenez un tronçon de Saumon, de huit à neuf pouces de longs, écaillez-le, & le fendez en deux, ôtez en l'arrête, & le parez, étant parez, faites-le piquer de petit lard : étant piquez, mettez une casserole sur le feu, avec deux boüteilles de vin blanc; mettez-y un ognon coupé par tranches, du sel, du laurier, persil, basilic, le tout en branches, & quand vôtre vin boüillira, mettez-y vos Fricandeaux, & quand ils seront à moitié cuits, tirez-les; ensuite, prenez un morceau de roüelle de veau, quelques tranches de jambon, un ognon coupé par morceaux, mettez le tout dans une casserole; ensuite, moüillez-le de boüillon, & le faites cuire; quand vôtre viande est à moitié cuite, mettez-y vos Fricandeaux de Saumon, & leur laiſſez faire quelques boüillons; ôtez-les, ensuite, & les tenez chaudement. Vôtre viande étant cuite, paſſez le boüillon, & le remettez dans la casserole : observez que la casserole doit être aſſé grande pour y pouvoir mettre vos deux Fricandeaux; ensuite, laiſſez réduire ce boüillon jusqu'à ce qu'il soit réduit en caramel, & mettez-y vos deux Fricandeaux, le lard dans la glace, & le mettez sur des cendres chaudes, afin qu'il se glace doucement; étant prêt à servir, mettez une sauſſe à l'Italienne dans le plat, ou un coulis d'écrevices, & vos Fricandeaux par-deſſus : observez qu'ils soient de belles

MODERNE. 51

les couleurs, & de bon goût, & servez chaudement pour Entrée.

Tranches de Saumon grillées.

Mettez griller les Tranches de Saumon, assaisonnez de sel, poivre, & frotées de beurre; faites une sauce de cette maniére. Prenez un morceau de beurre, & le mettez dans une casserole avec une pincée de farine, une ciboule entiére, & un anchois, assaisonnez de sel, de poivre, & de muscade, & la mouillez d'un peu d'eau, & d'un peu de vinaigre, & la tournez sur le fourneau, étant liée à propos, mettez-y une demi cuillerée à pot de coulis d'écrevices, & la remettez sur le fourneau, afin qu'elle chauffe; voyez que la sauce soit d'un bon goût, & la dressez dans un plat, & mettez les tranches de Saumon dessus, & les servez chaudement pour Entrée.

Saumon en quaisse.

Prenez une tranche de Saumon, & en ôtez la peau, & la coupez par petites tranches fort minces; hachez du persil, ciboules, champignons, si vous en avez, & mettez votre persil, & ciboules dans une casserole, avec un morceau de beurre, assaisonnez de poivre, & de sel, ensuite, mettez-y votre Saumon, mais ne le mettez point sur le feu, & le tournez deux ou trois fois pour le faire prendre du goût dans l'assaisonnement; faites une quaisse de papier, & y arrangez vos tranches de Saumon, & mettez le reste de l'assaisonnement dessus, & les panez de

D 2   mie

mie de pain fines, & les faites cuire au four de belles couleurs. Vôtre Saumon étant cuit, mettez-y un jus de citron en servant, & servez chaudement pour petite Entrée, ou hors d'œuvre.

Autres tranches de Saumon grillées.

Ayant coupé le Saumon par tranches, faites fondre de bon beurre dans une casserole; assaisonnez-le avec sel, poivre, & feuilles de laurier. Ensuite, mettez vos tranches de Saumon dans cet assaisonnement pour y prendre goût: après-quoi, vous les mettrez griller doucement, à petit feu. Faites une sausse blanche de cette manière. Prenez de bon beurre frais, la quantité qu'il vous en faut; mettez-le dans une casserole, avec une pincée de farine, & un couple d'anchois haché, & en ôtez l'arrête, & les lavez. Ajoûtez-y quelques câpres, assaisonnées d'un peu de sel, poivres, muscades, ciboules entieres, un peu d'eau, & de vinaigre. Le Saumon étant grillé, tournez vôtre sausse sur le fourneau: voyez qu'elle soit de bon goût, & en tirez dehors les ciboules, dressez vôtre Saumon sur son plat, mettez la sausse sur vos tranches de Saumon, & servez chaudement pour Entrée.

Saumon à l'Espagnole.

Ayez des tranches de Saumon, la quantité que vous jugerez à propos pour un plat, mettez-les dans une casserole; assaisonnez-les de sel, de poivre, deux ou trois gousses d'ail hachées, un demi verre d'huile, une demi bouteille de vin de Champagne pour deux tranches,

un

un couple de verre d'eau. Faites cuire vôtre Saumon, feu dessus, & dessous; étant cuit, tirez-en tout le boüillon dans une casserole, & le dégraissez bien; mettez de bon coulis pour le lier, ou bien de la sausse à l'Espagnole, que vous trouverez au Chapitre des Sausses. Faites boüillir vôtre Saumon, & le tenez chaudement. Etant prêt à servir, dressez vos tranches de Saumon: observez que la sausse soit assez liée, & d'un bon goût, & la mettez par-dessus vos tranches de Saumon, & servez chaudement. On peut accommoder de même l'esturgeon, truites, brochets, lottes & autres poissons que bon vous semblera; il n'y a qu'à se servir du coulis, & du jus maigre, & le faire tous de même. Quand vous les voudrez servir en maigre, vous n'avez qu'à vous servir du jus & du coulis maigre.

CHAPITRE IV

Des Truites.

Truites au court-bouillon.

PRenez les Truites les plus grosses, vuidez-les, & les mettez cuire au court-bouillon, faites chauffer du vinaigre, & le mettez par-dessus vos Truites, avec du sel, poivre, cloux; mettez dans une casserole de l'eau, quelques bouteilles de vin blanc, ognons, basilic, laurier, un bon morceau de beurre dans le corps de vos Truites; & quand le court-bouillon bouillira, mettez-y vos Truites, & l'assaisonnement que vous avez mis dessus vos Truites; étant cuites, pliez une serviette sur le plat que vous voulez servir, & y dressez vos Truites, & servez-vous-en pour relever, ou pour plat de rôt.

Truites grillées.

Prenez de moyennes Truites, vuidez-les, lavez-les, & les essuyez; ensuite, ciselez-les; faites fondre un morceau de beurre, & y mettez un peu de sel, & le versé sur les Truites, & les remuez; arrangez-les sur un gril, & les mettrez griller à petit feu, & ayez soin de les retourner de tems en tems, & d'y remettre du feu; étant grillées, dressez-les dans le plat

plat que vous voulez servir, avec une sausse blanche, ou sausse hachée.

Truites grillées, aux Champignons.

Vuidez les Truites, & les mettez griller de la même maniére qu'il est marqué ci-devant: étant grillées, dressez-les dans un plat, & y mettez dessus un ragoût de Champignons, & les servez chaudement. On trouvera la maniére de faire le ragoût, au Chapitre des Ragoûts.

Truites grillées, aux Concombres.

Vuidez les Truites, & les faites griller de la même maniére qu'il est marqué ci-devant; faites un ragoût de Concombres de cette maniére: pelez des Concombres; coupez-les par la moitié, & en ôtez le dedans, & les coupez en dez, ou en tranches, & les mettez dans une casserole, avec un ognon coupé par petites tranches; assaisonnez de sel, & de poivre, & y mettez un peu de vinaigre, & d'eau, & les laissez mariner une heure ou deux: étant marinés, pressez-les dans un linge; mettez un morceau de beurre dans une casserole sur un fourneau: étant fondu, mettez-y les Concombres, & ayez soin de les remuer de tems en tems; étant un peu colorés, poudrez-les de farine, mouillez-les de bouillon de poisson ou autre, & les laissez mitonner à petit feu: étant cuits, dégraissez-les, & les liez de coulis maigre, ou bien d'un coulis d'écrevices. Les Truites étant grillées, dressez le ragoût de Concombres dans un plat; voyez qu'il soit d'un bon goût, & mettez vos Truites par-dessus, & les ser-

servez chaudement. Une autrefois, vous les panerez, & les ferez griller de même, mettant dessous telle sauſſe que vous jugerez à propos.

Truites grillées, aux Ecrevices.

Vuidez les Truites, & les faites griller de la même manière qu'il eſt marqué ci-devant, & les dreſſez dans un plat, & y mettez un ragoût de queues d'Ecrevices deſſus. On trouvera la manière de faire le ragoût, au Chapitre des Ragoûts. L'on ſert des Truites grillées avec toutes ſortes de ragoûts maigres, dont l'on trouvera la manière de les faires, au Chapitre des Ragoûts.

Entrée de Truites, piquées, & Glacées.

Prenez des Truites, vuidez-les, lavez-les, ôtez-en la peau, & les faites piquer de petit lard; étant piquées, prenez une caſſerole, & y mettez une bouteille de vin blanc, avec des ognons coupez en tranches, & du ſel; mettez vôtre caſſerole ſur le feu, & quand elle bouillira, mettez-y vos Truites les unes après les autres; & ayant fait quelques bouillons, vous les tirez. Il faut avoir une glace toute prête; voici la manière de la faire. Prenez environ une livre de veau, ou plus, avec quelques tranches de jambon; coupez le tout en petits morceaux, & les mettez dans une caſſerole, avec un ognon coupé en quatre, & les mouillez de bouillon; quand vôtre veau ſera cuit, paſſez-y vos Truites; enſuite, paſſez le bouillon de vôtre glace, & le remettez dans vôtre caſſerole, & le faites tarir juſqu'à ce qu'il ſoit réduit en

ca-

MODERNE. 57

caramel; ensuite, mettez-y vos Truites, le lard dans la glace, & couvrez vôtre casserole, & la mettez sur des cendres chaudes, afin qu'il se glace plus aisément, & que la Truite acheve de se cuire; ayez soin d'y regarder de tems en tems; étant comme il faut, mettez une essence dans leur plat, ou bien une sausse à l'Italienne; mettez vos Truites dessus, & servez chaudement pour Entrée; ou bien tirez leur glace comme il est marqué en plusieurs endroits.

Truites à la Genevoise.

Prenez des Truites; écaillez-les, vuidez-les, & les lavez; poudrez-les de sel, laissez-y le sel pendant une heure, & en ôtez le sel ensuite: après cela, mettez-les dans une casserole avec un couple de boûteilles de vin blanc, deux petits ognons, une pincée de fleur de muscade, un bouquet, & une feuille de laurier. Mettez ensuite vos Truites sur le feu, & les faites cuire à gros boüillons; remuez-les de tems en tems, de peur qu'elles ne s'attachent. Le boüillon étant fort diminué, mettez-y un morceau de beurre, & un autre petit morceau manié dans de la farine; remuez vôtre casserole, afin que la sausse se lie, & servez chaudement pour Entrée. Ce poisson étant cuit, doit être servi sur le champ.

Entrée de Truites à la Perigord.

Prenez des Truites, écaillez-les, lavez-les, & les essuyez bien ensuite; mettez-les dans une casserole avec une boûteille de vin blanc, un

D 5 bou-

bouquet, une pincée de fleur de muscade, un couple de gousses d'ail, un peu d'eau, des truffes coupées par tranches, un peu de sel, & de poivre. Mettez cuire vos Truites à grand feu; étant cuites, tenez la sauce bien courte; ajoûtez-y un peu d'essence, avec un jus de citron, un morceau de beurre, & observez qu'elle soit de bon goût. Dressez, ensuite, vos Truites dans leur plat, avec la sauce par-dessus, & servez chaudement pour Entrée.

Filets de Truites, au vin de Champagne.

Prenez des Truites, & les vuidez, & les mettez cuire de la même manière qu'il est marqué ci-devant; coupez-les en deux ou trois morceaux tirez en filets, & les arrangez dans une casserole, & les assaisonnez de sel, de poivre, d'une tranche de citron verd, & d'un ognon piqué de clous, & y mettez un peu de persil haché, & un bouquet, & une feuille de laurir; faites boüillir une demi bouteille de vin de Champagne, ou de vin blanc; ensuite, versez-le dans la casserole où sont les Truites; mettez-y quelques champignons, & mousserons, & les mettez cuire sur un fourneau: étant cuites, & presque diminuées, liez-les d'un coulis d'écrevices, prenez garde qu'il ne boüille, voyez que cela soit d'un bon goût, & les dressez dans un plat, & les servez chaudement.

Truites à la sainte Menoux.

Vuidez des Truites, & les lavez, & les essuyez; ciselez-les, & les farcissez dans le corps: étant farcies, beurrez un plat, ou une tour-

tourtière; assaisonnez de sel, de poivre, tantsoit-peu de fines herbes, quelques ciboules entiéres; arrangez les Truites dessus, assaisonnezles de même, & les arrosez de beurre fondu, & les panez d'une mie de pain bien fine, & les mettez au four; étant cuites, & d'une belle couleur, tirez-les, & mettez au fond d'un plat une sauce aux anchois, & dressez les Truites dessus, & les servez chaudement.

Truites farcies sur l'arrête.

L'on n'a qu'à se servir de la même maniére de faire la farce, & les dresser comme les Carpes farcies sur l'arrête, qu'on trouvera au Chapitre des Carpes farcies, & les servez de même.

Filets de Truites marinées, frites.

Vuidez les Truites, & les fendez, & les coupez par morceaux; mettez-les mariner dans un plat avec du vinaigre, du sel, du poivre, quelques clous, un ognon coupé par tranches, tranches de citron, feuilles de laurier, ciboules entiéres, & persil; étant marinées, tirez les filets, & les mettrez essuyer sur un linge, & les farinez ensuite, faites-les frire dans de la friture de beurre rafiné; étant frites, & de belle couleur, tirez-les, & les mettez égoûter; pliez une serviette sur le plat que vous voulez les servir, & les dressez; mettez au milieu du persil frit, & les servez chaudement.

Truites frites.

Vuidez des Truites, les lavez, & les essuyez: il faut les ciseler, les poudrer de sel, & les

frai-

fariner, les faire frire dans de la friture de beurre rafiné; étant frites, & de belle couleur, tirez-les, & les mettez égouter; dreſſez les ſur un plat, & les ſervez chaudement pour un plat de rôt. Pour le gras, il n'y a qu'à ſe ſervi du ſaindoux.

Truite à l'Italienne.

Ayez des Truites écaillées, vuidées, & lavées, mettez-les dans une caſſerole, avec perſil, ciboules, champignons, truffes, le tout haché finement; aſſaiſonnez de ſel, de poivre, perſil, ciboules, champignons, truffes, ſi vous en avez, le tout haché finement. Mettez-y une demi boûteille de vin de Champagne après l'avoir fait boüillir, un peu de jus, coulis, ou bien de la ſauſſe à l'Eſpagnole, un demi verre de bonne huile, deux ou trois gouſſes d'ail entières, un couple de tranches de citron, après en avoir ôté la peau. Faites cuire vos Truites; étant cuites, & la ſauſſe point trop longues, tirez-en les tranches de citron, & les gouſſes d'ail; obſervez qu'elle ſoit d'un bon goût, & dreſſez vos Truites dans un plat, & la ſauſſe par-deſſus, & ſervez chaudement. Une autrefois, vous les pouvez faire frire, & les accommoder de la même manière. Pour les ſervir en maigre, vous n'avez qu'à vous ſervir de coulis maigre.

CHA-

CHAPITRE V.
Des Esturgeons.

Esturgeon, en gras.

ON accommode l'Esturgeon en gras de diverses façons : l'une en manière de fricandeaux piqués, & l'autre à la sainte Menoux, par grosses tranches ; on prend pour celui-ci du lait, du vin blanc, feüille de laurier, le tout bien assaisonnez, avec un peu de lard, & le faite cuire doucement : étant bien cuit, on le pane de mie de pain, on les grilles, & on y met une remoulade dessous & autres sausses, & servez chaudement pour Entrée, on le sert aussi sec sur une serviette blanche, frite, trempée dans du blanc d'œufs.

Fricandeaux d'Esturgeon, piqués.

Prenez une tranche d'Esturgeons, & la parez, ensuite, faites-la piquer de petit lard ; étant piquée, prenez une casserole, & y mettez une bouteille de vin blanc, assaisonné de sel, ciboules, persil, fines herbes, feüilles de laurier, & quelques tranches de citrons ; mettez le tout sur le feu ; & quand vôtre vin boüillira, mettez-y vos Fricandeaux, & les laissez à moitié cuire, & les tirez égoûter ; ensuite, mettez une casserole au feu avec quelques morceaux de veau,

quel-

quelques tranches de jambon, un ognon coupé en quatre, moüillez-le de boüillon, & le faites cuire; étant presque cuit, mettez-y vos Fricandeaux & les faites faire quelques boüillons, ensuite, tirez-les égoûter, & passez le boüillon par un tamis, dans la casserole, & le mettez au feu jusqu'à ce qu'il soit en caramel, & y mettez vos Fricandeaux pour glacer sur des cendres chaudes; étant glacez comme il faut, & prêt à servir, vous le dressez dans les plat ou vous les voulez servir, & mettez un peu de jus, & de coulis dans la casserole, & détachez bien le caramel avec une cuillére de bois sur le feu, & le mettez dessous vos Fricandeaux, avec un jus de citron, & servez chaudement pour Entrée, ou bien une sausse à l'Espagnole.

Esturgeon à la broche.

Prenez un morceau d'Esturgeon, & faites des lardons d'anguilles, & d'anchois, & en lardez vôtre Esturgeon, bien assaisonné de sel, poivre, fines herbes, fines épices, du persil, ciboules hachées; ensuite, mettez vôtre Esturgeon à la broche, & l'arrosez pendant qu'il cuira, d'une bouteille de vin de Champagne, un morceau de beurre, sel, poivre; étant cuit, servez-le avec une poivrade liée chaudement pour Entrée, ou une sausse à l'Italienne, vous trouverez la maniére de le faire, au Chapitre des Sausses au I. Vol.

Tranche d'Esturgeon, aux fines herbes.

Prenez une tranche d'Esturgeon d'un pouce d'épais, & la mettez dans une casserole, avec un

mor-

morceau de beurre, sel, poivre, fines herbes, persil, ciboules hachées, & la laissez mitonner tout doucement; étant cuit, tirez-là, & la panez de mie de pain, & la faites griller sur le gril: étant grillée, de belle couleur, servez-là avec une remoulade pour Entrée.

Esturgeon à la Hollandoise.

Prenez un Esturgeon, & en coupez les grosses écailles, & le vuidez, & bien lavez; ensuite, mettez de l'eau au feu, & quand l'eau boüillira, mettez-y du sel qui domine, & du vinaigre bien assaisonnez, ensuite, vôtre Esturgeon, & le laissez cuire: vôtre Esturgeon étant cuit, tirez-le égoûter, & le dressez sur une serviette dans son plat, & le servez pour rôt, ou pour relever des potages, & le servez avec deux saulles; prenez un morceau de beurre, & le mettez dans une casserole avec un peu de farine, un peu d'eau, ou de jus, du sel, du poivre, quelques anchois hachés; ensuite, liez la saulle, & la mettez dans une saulliére. Une autrefois, vous le pouvez servir pour Entrée ou relevée dans un plat sans serviette, avec la même saulle dessus, en y mettant des petites Grénailles épluchées, qui veut dire Chevrettes.

Esturgeon à la Françoise, au court-boüillon.

Prenez un Esturgeon, le vuidez, & le lavez bien proprement; étant lavé, mettez un bon morceau de beurre dans le corps; ensuite, pliez-le dans une serviette, & le mettez dans vôtre
pois-

poissonniére; arrosez-le d'une demi-boûteille de vinaigre boüillant, & y mettez trois boûteilles de vin blanc, & achevez de le moüiller d'eau boüillante; assaisonnez de sel, poivre, fines herbes, persil, ciboules, & le laissez cuire tout doucement; voyez si vôtre court-boüillon est de bon goût, & s'il est assez salé; vôtre Esturgeon étant cuit, tirez-le égoûter, & le dressez sur une serviette dans le plat, où vous le voulez servir, pour un plat de rôt.

Esturgeon à l'Espagnole.

Ayez des tranches d'Esturgeon, la quantité que vous jugerez à propos pour un plat, mettez-les dans une casserole, assaisonnez de sel, poivre, deux ou trois gousses d'ail hachées, un demi-verre d'huile, une demi-boûteille de vin de Champagne pour deux tranches, un couple de verre d'eau. Faites cuire vôtre Esturgeon, feu dessus, & dessous; étant cuit, tirez-en tout le boüillon dans une casserole, & le dégraissez bien. Mettez de bon coulis pour le lier, ou bien de la sausse à l'Espagnole, que vous trouverez au Chapitre des Sausses. Faites boüillir vôtre sausse; étant comme il faut, mettez-la par-dessus vôtre Esturgeon, & le tenez chaudement. Etant prêt à servir, dressez vos tranches d'Esturgeon: observez que la sausse soit assez liée, & d'un bon goût, & la mettez par-dessus vos tranches, & servez chaudement. On peut accommoder de même, le Saumon, Truites, Brochets, Lottes, & autres Poissons que bon vous semblera. Quand vous le voudrez avoir en maigre, il n'y a qu'à se servir de coulis, & de jus maigre, & le faire tout de même.

Estur-

Esturgeon à l'Italienne.

Ayez des tranches d'Esturgeon, écaillez, vuidez, & lavez; mettez-les dans une casserole, avec persil, ciboules, champignons, truffes; le tout hachez finement; assaisonnez de sel, poivre, persil, ciboules, champignons, truffes si vous en avez; le tout hachez finement. Mettez-y une demi bouteille de vin de Champagne, après l'avoir fait boüillir, un peu de jus, coulis, ou bien de la sauce à l'Espagnole, un demi verre de bonne huile, deux ou trois gousses d'ail entiéres, un couple de tranches de citron, après en avoir ôté la peau. Faites cuire vos tranches d'Esturgeon; étant cuites, & la sauce point trop longues, tirez-en les tranches de citron, & les gousses d'ail; observez qu'elle soit d'un bon goût, & dressez vos tranches d'Esturgeon dans un plat, & la sauce par-dessus, & servez chaudement. Une autrefois, vous les pouvez faire frire, & les accommoder de la même maniére. Pour les servir en maigre, vous n'avez qu'à vous servir de coulis maigre.

CHAPITRE VI.

Des Turbôts.

Turbôt en gras.

PRenez un moyen Turbôt, le vuidez, lavez, & le mettez égouter; ensuite, mettez dans une casserole ronde des bardes de lard, quelques tranches d'ognons, de basilic, & du laurier; mettez-y votre Turbôt, & l'assaisonnez de sel, poivre, clous, citron: couvrez-le de bardes de lard; mettez-y une bouteille de vin blanc, & de l'eau; faites-le cuire; étant cuit, tirez-le égouter, & le dressez dans son plat, & mettez dessus une essence de jambon, ou bien une sausse à l'Italienne; vous la trouverez au Chapitre des Coulis & Sausses, & servez chaudement pour Entrée.

Turbôt aux Ecrevices, en gras.

Prenez un moyen Turbôt, & le faites cuire tout doucement, comme celui ci-dessus; étant cuit, tirez-le, égoutez-le, & le dressez dans le plat que vous voulez servir, & mettez un coulis d'Ecrevices par-dessus, & servez chaudement pour Entrée. Vous trouverez la maniere de faire ce coulis, au Chapitre des Coulis.

Tur-

Turbôt à l'Italienne.

Prenez un moyen Turbôt, le vuidez, lavez, & le faites égoûter; prenez une grande tourtiére, & y mettez des bardes de lard, tranches d'ognons, basilic, laurier, citron coupez en tranches; mettez-y vôtre Turbôt, & l'assaisonnez de sel, poivre, fines épices, de clous, jus de citron, & citron coupé en tranches; couvrez le de quelques bardes de lard, & le faites cuire au four; hachez une douzaine d'échalotes; mettez-les dans une casserole avec un verre de vin de Champagne, de jus, un peu d'essence; mettez la sauffe chauffer; mettez-y deux cuillerées à bouche de bonne huile, le jus de deux citrons, du sel, poivre concassé, d'un verre de vin de Champagne. Vôtre Turbôt étant cuit, dressez-le dans son plat, & mettez vôtre sauffe par-dessus, & servez chaudement pour Entrée.

Turbôt au court-bouillon.

Vuidez le Turbôt, le lavez, & le mettez dans une Turbotiére, ou grande casserole, plié dans une serviette; mettez du sel la quantité qu'il faut, dans une casserole avec de l'eau, & la remuez de tems en tems, jusqu'à ce qu'il soit fondu, & le laissez reposer; ensuite, passez l'eau dans un linge, & la mettez avec le Turbôt; voyez qu'il y en ait la quantité qu'il faut pour qu'il cuise, & qu'il soit un peu de haut goût; étant cuit, retirez la Turbotiére, & la mettez sur des cendres chaudes, avec un couple de pintes de lait, & un morceau de beurre; & lorsqu'on est prêt à servir, tirez-le de la Turbotiére; pliez une serviette sur le plat que vous le voulez servir, &

le dressez dessus; garnissez-le de persil verds, &
le servez chaudement. Au lieu de serviette,
vous vous servirez d'une feuille percée, pour
le faire cuire dessus dans la Turbotiere.

Turbot glacé.

Prenez un petit Turbot de la grandeur d'un
de vos plats d'Entrée, vuidez-le, lavez-le, &
coupez les nageoires, & le faites piquer de petit lard; étant piqué, prenez une casserole, &
y mettez une bouteille de vin blanc; mettez-y
un ognon coupé par tranches, du sel, du basilic;
mettez votre casserole sur un fourneau allumé,
& quand votre vin bouillira, mettez-y votre
Turbot; & quand il aura fait quelques bouillons,
vous le tirerez: il faut faire une glace toute prête, dont voici la maniére de la faire. Prenez
de la tranche de veau, avec des tranches de
jambon; coupez le tout en petits morceaux, &
les mettez dans une casserole, avec un ognon
coupé en morceaux, mouillez-le de bouillon, &
le faites cuire; votre veau étant cuit, passez
votre glace, & la mettez dans une casserole,
vous la remettrez sur le feu, & la faites un jet
jusqu'à ce qu'elle se reduise en caramel, c'est
dire glace; ensuite, mettez-y votre Turbot sur
des cendres chaudes, afin qu'il acheve de se
glacer comme il faut: étant mis à glace, & prêt à servir, mettez une sauce à l'Italienne dans son
plat, mettez votre Turbot par-dessus, & le servez chaudement pour Entrée.

Autre Turbot piqué.

Prenez un Turbot de la grandeur du plat que
vous

MODERNE. 69

vous voulez servir, vuidez-le, & le faites laver, & coupez les nageoires, & le faites piquer de petit lard; étant piqué, garnissez un plat d'argent, ou une tourtiére de bardes de lard, & y mettez vôtre Turbôt, & l'assaisonnez de sel menu par-dessus, & un verre de vin Champagne, quelques tranches d'ognons, & quelques tranches de citron, une branche de basilic dessous; ensuite couvrez-le de bardes de lard, & le mettez cuire au four; étant cuit, tirez-le, & le dégraissez, mettez-le dans son plat proprement, & un coulis à l'Italienne par-dessous, ou autres, & servez chaudement pour Entrée. Vous pouvez faire des Barbues de même que le Turbôt.

Turbôt grillé en maigre, à l'Italienne.

Prenez un Turbôt, selon la grandeur de vôtre plat, le vuidez, & lavez; étant lavez, essuyez-le & coupez les nageoires, poudrez-le de sel & de poivre, dessus & dessous; mettez-le dans un plat avec un couple de verres de bonne huile, & un couple de jus de citron, & de feüilles de laurier sur le gril; mettez vôtre Turbôt, & le faites griller; étant cuit d'un côté, tournez-le de l'autre, & l'arrosez de l'huile où il a mariné; étant cuit, prenez des échalotes, les épluchez, les hachez & mettez-les dans une casserole avec le jus de deux ou trois citrons, & un peu d'huile, un verre de vin de Champagne, du sel, poivre concassé; faites-le bouillir, dressez vôtre Turbôt sur son plat, & mettez vôtre sausse par-dessus, & le servez pour Entrée, ou pour Relevée. On peut servir un morceau de Turbôt, également qu'un Turbôt entier, & on le peut servir également

E 3 un

un jour maigre, comme un jour gras, parce qu'elle ne se fait pas autrement à l'Italienne grillée.

Autre Turbot, sausse à l'Italienne.

Faites cuire vôtre Turbôt comme celui ci-devant, au court-bouillon; étant cuit, tirez-le, & mettez une sausse à l'Italienne dessus. Vous trouverez la maniére de faire la sausse, au Chapitre des Sausses & Coulis gras.

Autre Turbot.

Prenez un Turbôt selon la grandeur de vôtre plat, & le vuidez, & le lavez; ensuite, faites-le cuire à l'eau, & au sel; prenez une pincée de persil, une pincée de beaume, une pincée d'estragon, & de faites blanchir; étant blanchis, mettez-le dans l'eau froide, & le pressez; ensuite, le hachez bien fin; mettez-le dans une casserole avec trois ou quatre jaunes d'œufs, un demi verre d'huile, un demi verre de vin blanc, le jus d'un citron, un peu de sel, un morceau de beurre, un anchois haché, un peu de muscade; tirez vôtre Turbôt de l'eau, & liez vôtre sausse; vôtre Turbôt étant égouté, dressez-le dans son plat, & vôtre sausse par-dessus, & servez chaudement pour Entrée.

Autre Turbôt, sausse au Persil.

Prenez un moyen Turbôt, le vuidez, & le lavez; faites cuire vôtre Turbôt à l'eau, & au sel; vôtre Turbôt étant cuit, faites blanchir du
Persil

Perſil; preſſez-le bien, & le hachez: étant bien haché, mettez-le dans une caſſerole avec un anchois haché, la moitié d'un citron coupé en petits dez, & l'aſſaiſonnez de ſel, poivre, un morceau de beurre, une petit pincée de farine, & une goûte d'eau: étant prêt à ſervir, tirez vôtre Turbôt égoûter, & liez vôtre ſauſſe; dreſſez vôtre Turbôt dans ſon plat, & vôtre ſauſſe par-deſſus, & ſervez chaudement pour Entrée.

Turbôt aux fines herbes.

Prenez un moyen Turbôt, le vuidez, & le lavez; étant lavé, coupez les nageoires, & l'eſſuyez; enſuite, mettez dans une caſſerole un peu de ciboules, & perſil, avec de fines herbes hachées, & un morceau de beurre; mettez-y vôtre Turbôt, & le laiſſez ſur des cendres chaudes pour prendre du goût, & le tournez des deux cotez; enſuite, tirez-le, & le panez de mie de pain bien fine, aſſaiſonné de ſel, poivre, & le faîtes griller: quand vôtre Turbôt aura grillé d'un côté, tournez-le de l'autre; étant cuit, dreſſez-le dans ſon plat, & vous mettrez une remoulade chaude deſſous, ou bien une ſauſſe à Robert, ou un jus à l'échalote.

Turbôt en filets, à la Ste. Menoux.

Prenez un Turbôt, le vuidez, & le lavez bien proprement; enſuite, levez les filets le mieux que vous pourrez; prenez une caſſerole, & y mettez un morceau de beurre, & quelques tranches d'ognons, perſil, baſilic en branches; enſuite, vous y arrangez vos filets, & les couvrez

vrez de tranches d'oignons, tranches de citrons, assaisonnez de sel, poivre, fines herbes en branches; mettez-y un couple de verres de vin blanc, & les mettez cuire tout doucement; étant cuits, tirez-les, & les panez de mie de pain fines, & les arrangez dans une tourtiere, où leur faites prendre couleur tout doux, ou bien faites les griller; étant grillés, servez-les dans leur plat, avec une petite remoulade dessous, ou une sauce au beurre, ou bien avec une ravigotte. Vous trouverez la maniere de les faire, au Chapitre des Sausses.

Turbots mariné & frit.

Prenez de petits Turbots, après les avoir vuidez & lavez, vous en ôtez la tête, & les nageoires; & vous les coupez en morceaux, grands comme la main, & vous las mettez mariner dans du vinaigre, assaisonnez de sel, poivre, cibboules, persil, basilic, thim, laurier, & les laissez mariner une heure: étant marinés, faites les égouter, & les trempez dans la farine, & les faites frire; étant frits, vous les dressez dans leur plat, & les garnissez de persil frit, & les servez pour Entrée ou hors-d'œuvre. On peut aussi servir des Turbots frits pour repas de calut, en garnissant ainsi pour reposilleules faisant frire entiers.

Turbot pour Entrée en maigre.

Prenez un Turbot, le vuidez, & le lavez ensuite, mettez-le dans une Turbotiere, ou casserole ronde, assaisonnez de sel, de poivre, d'une feuille de laurier, de persil, & d'un mor-

ceau

MODERNE. 73

ceau de beurre, faites bouillir une bouteille de vin de Champagne, ou vin blanc, & le vuidez dans la Turbotiére, & achevez de le mouiller d'eau chaude; voyez que le Turbot soit assez mouillé, & le mettez cuire sur le fourneau; étant cuit, voyez qu'il soit d'un bon goût, & le laissez dans son court-bouillon pendant un couple d'heures, afin qu'il prenne du goût; ensuite tirez-le de la Turbotiére, & le laissez égoûter, dressez-le dans le plat que vous voulez le servir; jettez dessus un ragoût de laitances, de champignons, de truffes, de mousserons, & le servez chaudement. L'on trouvera la maniére de faire le ragoût, au Chapitre des Ragoûts.

Turbot aux Ecrevices, en maigre.

Faites cuire le Turbot de la même maniére qu'il est marqué ci-devant; étant cuit, tirez-le de la Turbotiére, & le laissez égoûter, & le dressez dans le plat que vous voulez le servir, & y mettez dessus un ragoût de queues d'Ecrevices, de champignons, de truffes, de mousserons, culs d'artichauts, & pointes d'asperges, dans la saison; voyez que le coulis de ragoût soit un peu ample, & qu'il soit d'un bon goût, & le servez chaudement. L'on sert des Turbots en maigre, avec toutes sortes de ragoûts maigres, comme ragoût d'huîtres, ragoût de moules, ragoût de truffes, ragoût de mousserons, ragoût de champignons, & ragoût de morilles. On trouvera la maniére de les faire, aussi bien que celui d'écrevices, au Chapitre des Ragoûts. Il faut toujours faire cuire le Turbot

E 5 de

74 LE CUISINIER

de la même manière qu'il est marqué ci-devant.

Turbôt en casserole.

Vuidez le Turbôt, le lavez, & l'essuyez; mettez du beurre dans un plat d'argent de la grandeur du Turbôt, & l'étendez par-tout, assaisonnez de sel, de poivre, d'un peu de muscade, de persil haché, quelques ciboules, une demi chopine de vin de Champagne, ou vin blanc; coupez la tête, la queue, & les nageoires du Turbôt, & le mettez dans le plat, assaisonnez-le dessus comme dessous, & l'arrosez de beurre fondu, & le panez d'une mie de pain bien fine, & le mettez cuire au four; étant cuit, & d'une belle couleur, tirez-le, & le dégraissez; nettoyez bien le bord du plat, & y mettez autour une sauße aux anchois, ou un peu de coulis d'écrevices, qui soit d'un bon goût, & les servez chaudement. On peut le servir sans sauße.

Turbôt à la sauße aux Anchois.

Vuidez un Turbôt, le lavez, & l'essuyez; ensuite mettez-le dans un Turbotière, ou casserole ronde; faites fondre la quantité de sel qu'il faut dans de l'eau; étant fondu, passez la saumure dans un linge, & la vuidez dans la Turbotière, & le mettez cuire sur un fourneau: étant cuit, tirez-le, & le laissez dans son court-bouillon quelques tems pour prendre du goût; ensuite tirez-le de la Turbotière, le laissez égoûter, & le dressez dans le plat que vous voulez le servir;

vir ; faites une sauſſe blanche de cette maniére: mettez du beurre frais dans une caſſerole la quantité qu'il en faut, avec une pincée de farine, un couple d'anchois hachez, un couple de ciboules entiéres, une ou deux tranches de citrons, aſſaiſonnez de ſel, de poivre, & d'un peu de muſcade, & la mouillez d'un peu d'eau, & d'un peu de vinaigre; on peut y mettre des câpres, & anchois, ſi l'on veut; tournez la ſauſſe ſur un fourneau, étant liée à propos, voyez qu'elle ſoit d'un bon goût, ôtez-en les ciboules, & les tranches de citron, & mettez la ſauſſe ſur le Turbot, & le ſervez chaudement. L'on le ſert une autrefois, avec la même ſauſſe, en y ajoûtant la moitié de coulis d'écrevices ; on peut ſervir les ſauſſes dans des ſauſſiéres, & le Turbot à ſec.

Turbot à la béchamelle.

Hachez du perſil, & ciboules ; prenez une caſſerole, & y mettez un bon morceau de beurre ; mettez-y vôtre perſil, & ciboules, avec quelques échalotes hachées, aſſaiſonnez de ſel, poivre concaſſé, & de muſcade ; mettez-y une petite pincée de farine : il faut avoir du Turbot cuit au court-boüillon, & vous le levez par morceaux, & le mettez dans vôtre caſſerole, & y mettez un peu de crême, ou du lait, ou bien un peu d'eau, & le mettez ſur le feu, & le remuez de tems en tems, pour qu'elle ſe lie ; étant liée, obſervez qu'elle ſoit d'un bon goût, & la dreſſez dans le plat où vous la voulez ſervir, & ſervez chaudement pour Entrée. Vous en pouvez faire de barbuës, & de ſaumons, de même comme me celle-ci, vous les pouvez aussi mettre au four, en les panant de mie de pain, & les servir avec un jus de citron.

Turbôt à la Hollandoise.

Ayez un Turbôt, vuidez-le, & le lavez, & le ciselez jusqu'à l'arrête, de la distance d'un pouce de l'une à l'autre; mettez de l'eau dans une casserole ou chaudron, du sel, & le mettez sur le feu, & le faites boüillir, & le goûtez, en observant que le sel domine un peu, & y mettez vôtre Turbôt, & le laissez cuire. Etant cuit, dressez-le dans son plat, & le garnissez de persil, & le servez avec une sausse au persil, & une sausse à l'oseille dans des saussières. On peut servir des barbuës de même, plies, limandes, carlets, &c.

CHAPITRE VII.

Des Macreuses.

C'Est un oiseau de mer assez semblable au canard; néanmoins je le mets au nombre des poissons, & nous en usons en maigre, à cause qu'elle a le sang froid. Vous la pouvez mettre à la daube, tout comme un oison ou un canard; & étant cuite, servez-la sur une serviette blanche, garnie de persil. On en fait aussi une Entrée, comme beucoup d'autres; ou bien on l'accomode de l'une des manières qui suivent. Pour que vos Macreuses cuisent comme il faut, mettez dans le corps une noix à la braise.

Macreuse.

Apres l'avoir plumée & vuidée, lardez-la de gros lardons d'Anguilles, faites-la cuire dans une marmite, à petit feu; assaisonnez de sel, poivre, des ognons, des clous, un bouquet de fines herbes, laurier, une demi boûteille de vin blanc, un couple de noix & beurre; étant cuite, tirez-la, & mettez une sausse dessus aux anchois, & aux câpres, ou une poivrade liée. Vous pouvez la faire cuire également à la broche, en ajoûtant dans chaque Macreuse une noix. Vôtre Ma-

Macreuse étant cuite, tirez-en les noix, & la servez avec la sauſſe que vous jugerez à propos.

Macreuſe en ragoût, aux Marrons.

Ayant plumé, & nettoyé proprement votre Macreuſe, vuidez-la, & la lavez, faites-la blanchir ſur la braiſe, lardez-la d'anguilles, & la faites cuire comme l'autre ci-devant; ayez un ragoût de Marrons ou un ragoût fait avec foies, champignons, morilles, mouſſerons, truffes; & votre Macreuſe étant cuite, & dreſſée dans ſon plat, verſez votre ragoût par-deſſus, & ſervez chaudement. Une autrefois, vous pouvez ſervir un ragoût d'huîtres, ou une ſauſſe hachée deſſus.

Macreuſe en haricôt.

Vous la ferez cuire de même que ci-deſſus, & vous ferez un ragoût de navets, vous les tournerez de quelle figure que vous voudrez, faites-les blanchir; étant blanchis, marquez-les dans votre caſſerole, & les mouillez de bouillon de poiſſons, & de coulis, ou du jus où a cuit votre Macreuſe. Votre Macreuſe étant cuite, vous la couperez par morceaux, & les mettrez dans vos navets. Dreſſez, & ſervez chaudement.

Macreuſe farcie.

Après avoir plumé, & vuidé votre Macreuſe, trouſſez-la proprement, puis la farciſſez avec ſon foie, que vous hacherez bien menu, avec truffes, champignons, un peu de beurre frais, aſſai-

assaisonnez de sel, poivre, persil, ciboules, & anchois; mettez-la, ensuite, dans une casserole, & lui faites prendre couleur, & la poudrez de farine, & la mouillez de bouillon de pois, jus maigre, & un verre de vin blanc; mettez les champignons & truffes; assaisonnez le tout de sel, poivre, & un bouquet de fines herbes; faites cuire le tout bien à propos, & servez chaudement pour l'entrée; observez de mettre toûjours dans le corps de vos Macreuses, une noix, & de la retirer quand vos Macreuses sont cuites.

Autres Macreuses à la braise.

Vos Macreuses étant plumées, & vuidées, prenez les foies avec un peu de champignons, un peu de persil, & ciboules hachées, & assaisonné de sel, de poivre, & de muscade; un morceau de beurre de la grosseur de deux œufs, & le tout bien haché ensemble, & en farcissez le corps de vos Macreuses, & les arrêtez par les deux bouts; faites-les roussir dans une casserole avec un peu de beurre; mettez-les dans une marmite, & les mouillez d'un bouillon, ou bien d'un jus d'ognon, & les vuidez dans votre marmite où sont vos Macreuses, & y mettez une chopine de vin blanc, & assaisonné de sel, de poivre, fines épices, fines herbes, ognons, carotes, panais, & citron verds: mettez-les cuire; faites un ragoût de laitances de cette manière. Ayez des petits champignons, épluchez; mettez un morceau de beurre gros comme deux noix dans une casserole, que vous mettrez sur un fourneau, avec une pincée de farine, vous le faites roussir, & y passez vos champignons, les mouillez d'un peu de bouillon de poissons, & le faites bouilboüillir à petit feu : étant cuit, vous le dégraissez, & y mettez vos laitances de carpes, que vous avez fait blanchir à l'eau boüillante ; & lorsqu'elles ont fait deux ou trois boüillons dans vôtre ragoût, achevez de les lier de coulis. Vos Macreuses étant cuites, tirez-les de vôtre marmite, & dressez-les dans un plat : voyez que vôtre ragoût soit d'un bon goût, jettez-le par-dessus, & le servez chaudement pour Entrée. Les mêmes Macreuses cuites à la braise, se servent avec un ragoût d'huitres, ou bien avec un ragoût d'écrevices, ou bien avec un ragoût de chicorée ou de celeri. L'on trouvera la maniere de faire ces ragoûts, au Chapitre des Ragoûts.

Macreuse rôtie.

Après l'avoir plumée, & vuidée, faites-la cuire à la broche, & vous l'arrosez en cuisant de sel, poivre, beurre, & vin blanc ; étant cuite, on y fait une sausse avec le foie, que l'on hache bien menu, & on le met dans le dégout, avec sel, poivre, muscade, rocamboles, échalotes hachées, jus d'orange, & un verre de vin blanc. La Macreuse étant cuite, cisslez-la, & l'écrasez, & mettez vôtre sausse par-dessus, & servez chaudement. N'oubliez pas de mettre une noix dedans chaque Macreuse, & de les tirer quand les Macreuses seront cuites ; cette noix à la qualité de les rendre tendres, & en font plûtôt cuites.

CHA-

MODERNE.

CAPITRE VIII.
Des Moruës.

Moruës.

C'Est un poisson de mer, qu'on nous aporte tout salé de Terre-neuve, ou du Chapeau-rouge; c'est un bon aliment, & pour ainsi dire, le bœuf des jours maigres. Il y en a aussi de fraîche; mais qui est beaucoup meilleure, & plus estimée. Laissant à part les maniéres communes de manger la Moruë, soit fraîche ou salée, qui sont assez connuës d'un chacun; on ne s'arrêtera ici, qu'à ce qui peut les relever, & les enrichir, tel qu'on va voir par ce qui suit.

Moruë en ragoût.

Ecaillez vôtre Moruë, & la faites cuire avec de l'eau, & vinaigre, citron verds, laurier, sel, & poivre; faites la sauffe avec du beurre roux, farine frite, huitres, câpres, & poivre blanc en servant.

Queuë de Moruë en casserole, & autrement.

Prenez une belle queuë de Moruë, & l'ayant écaillée, détachez-en la peau, la faisant descendre en bas. Enlevez des filets de vôtre Moruë, & remplissez-en les creux d'une bonne farce de

Tome IV.   F   pois-

poisson, faites avec chair de carpes, & d'anguilles, assaisonnée de sel, poivre, champignons, fines herbes, le tout bien haché avec beurre, & mie de pain cuite dans de la crême. Remettez, ensuite, la peau par-dessus, pour recouvrir la queue de Moruë, & l'ayant panée proprement, faites-la cuire au four dans une tourtière, ou plat d'argent, & qu'elle soit d'une belle couleur, & servez-la chaudement pour Entrée ; ou bien vous la servez avec un ragoût de champignons, morilles, & truffes que vous aurez passez à la casserole, avec bon beurre, & bon assaisonnement ; mettez vôtre ragoût au fond de vôtre plat, & la queue de Moruë par-dessus, & la servez pour Entrée. Vous pouvez la servir avec une sausse hachée, ou avec une sausse aux câpres & anchois; quand on la veut frire, il faut la faire cuire dans l'eau chaude sans qu'elle bouille, afin qu'elle demeure bien entière; & après qu'on l'a laissé égouter, on la farine, & on la frit dans du beurre rafiné. Servez-la avec un jus d'orange, & poivre concassé.

Moruë frite, d'une autre manière.

Prenez une queue de Moruë bien dessalée, laissez-là entière, ou coupez-là par filets; essuyez-là bien, & farinez-là : faites-là frire avec du beurre rafiné, & qu'elle prenne une belle couleur, & la servez séche, garnie de persil frit. La Moruë fraiche ou cabillau, se fait de même en la marinant.

Moruë à la sausse Robert.

Vôtre Moruë étant frite, comme il est marqué ci-devant, vous faites une sausse à Robert. Voici

MODERNE. 83

Voici la maniére comme on la fait. Prenez des ognons, & coupez-les en dez, ou en tranches; passez-les dans une casserole, avec un morceau de beurre; étant colorés, poudrez-les d'un peu de farine, & moüillez-les d'un boüillon de poisson, ou jus maigre; les laissez mitonner à petit feu: étant cuits, mettez vôtre queuë de Moruë frite, ou vos filets, mitonner dans la sauffe Robert; lorsque vous êtes prêt à servir, voyez que vôtre ragoût soit d'un bon goût; si elle n'étoit pas assez liée, mettez-y un peu de coulis; mettez-y un peu de moutarde, & un peu de vinaigre: dressez vôtre queuë de Moruë ou vos filets dans un plat, & vuidez vôtre sauffe Robert par-dessus, & servez chaudement pour Entrée. L'on peut la servir sans la faire mitonner dans la sauffe; pour cet effet, vôtre sauffe étant finie, vous la mettez au fond d'un plat, & arrangez les filets par-dessus, & la servez chaudement pour Entrée, ou hors-d'œuvres. L'on sert ces queuës de Moruës, & ces filets frits, avec un ragoût de concombre de même que celui-ci; au lieu de moüiller de jus, vous le moüillez de boüillon de poisson, la chicorée la même chose.

Queuë de Moruë en Surprise.

Prenez la chair d'une Carpes, & celle d'une anguille, avec un peu de persil, & un peu de ciboule, quelques champignons; assaisonnez de sel, poivre, fines herbes, & fines épices, un peu de pain cuit dans de la crême ou du lait, des jaunes d'œufs cruds, le tout bien haché ensemble, avec du beurre frais, selon la quantité qu'il y a de chair. Faites cuire

F 2　　　　　　　　　une

une queuë de Moruë, c'est-à-dire, de Cabillau, tirez-en les filets; gardez l'arrête, & le bout de la queuë qui y tient: faites un ragout de champignons, truffes, que vous passez dans une casserole, avec un morceau de beurre, & de farine, & le mouillez de jus: vous le laissez mitonner, & le dégraissez bien: mettez-y quelques laitances de carpes, & vos filets de Moruë, & achevez de le lier d'un coulis d'écrevices, ou d'autres. Voyez que vôtre ragout soit d'un bon goût, & mettez-le en un endroit pour qu'il refroidisse: Mettez vôtre arrête de Moruë, & laissez y tenir le bout de la queuë dans un plat d'argent ou tourtière, formez-en une queuë de Moruë avec vôtre farce; faites-y un bord autour, de la hauteur de trois doigts, & y mettez vôtre ragout dedans, & la couvrez de la même farce, & avec un œufs batu: vous y tremperez un couteau pour arranger vôtre farce, pour la rendre bien unie; faites fondre un morceau de beurre frais, & mettez-le par-dessus, & la panez de mie de pain bien fine, & la faites cuire au four au sous un couvercle de tourtière, & qu'elle soit de belle couleur, & la servez chaudement pour Entrée. Il faut remarquer, que lorsque vous la mettez cuire dans une tourtière, il faut mettre par-dessous des petites tranches de pain bien minces, ou une petite abbaisse de pâte, afin de l'empêcher de s'attacher, pour qu'elle se glisse mieux dans un plat pour la servir.

Moruë à la Sainte Menoux.

Faites cuire un couple de queuës de Moruës dans l'eau boüillante; étant cuites, ôtez-en les
filets,

MODERNE. 85

filets, & laissez-les de plus grands que vous pourrez: faites une sauce avec du beurre frais, une pincée de farine, du persil haché, quelques truffes, champignons hachez, quelques câpres, poivres, & muscade, & de la crême douce, & mettez vos filets de Moruë dedans, & les faites mitonner à petit feu sur un fourneau. Voyez qu'elle soit d'un bon goût, & qu'elle ne soit pas trop salée, & la laissez refroidir, mettez un hachis de carpes au fond d'un plat. Vous trouverez la manière de le faire, au Chapitre des Carpes ; garnissez le tour de vôtre plat de vos filets de Moruë, & qu'ils ne couvrent point le hachis qui est dans le milieu, & le panez partout d'une mie de pain bien fine, & le mettez au four qu'il prenne une belle couleur, & le servez chaudement pour Entrée, ou pour hors d'œuvre.

Moruë à l'Italienne.

Ayez de la Moruë blanche bien dessalée, & écaillée ; faites-la cuire à grande eau, un bouillon sufit ; prenez une casserole, mettez-y un morceau de beurre, de la ciboule hachée, du persil, de l'ail & fines herbes ; tirez vôtre Moruë de l'eau, & la mettez dans cette casserole dessus vôtre beurre ; mettez-y un verre de bonne huile, une pincée de poivre concassé, le jus d'une orange ; mettez vôtre Moruë sur le feu, & remuez-la toujours afin qu'elle se lie, étant liée, & de bon goût, dressez-la dans le plat que vous voulez servir, & servez chaudement pour Entrée.

Moruë séche.

Prenez de la Moruë séche, & la coupez par morceaux, & la faites tremper du soir au lendemain, faites-la cuire à grande eau : prenez une casserole, & y mettez un bon morceau de beurre, de la ciboule, persil haché, poivre concassé : tirez vôtre Moruë de l'eau, & la mettez sur cet apareil, & y mettez des ognons cuits dans la braise; mettez vôtre Moruë sur le feu, & remuez toûjours jusqu'à ce qu'elle se lie; étant liée, & de bon goût, dressez-là dans son plat, & servez chaudement pour Entrée.

Moruë à la Provençale.

Faites cuire vôtre Moruë comme celle ci-devant; prenez une casserole, mettez-y un verre de bonne huile, du persil, de la ciboule hachée, un demi verre de vin blanc, deux gousses d'ail, un couple de jus de citron, un peu de mie de pain; prenez vôtre Moruë, & la mettez par petits morceaux dans vôtre apareil; mettez-là sur le feu; goûtez vôtre Moruë, & lui donnez du goût; ensuite, dressez-là dans son plat, & servez-là chaudement pour Entrée.

Moruë à la Hollandoise.

Prenez de la Moruë qui soit bien dessalée, & bien écaillée, la plus blanche que vous pourrez trouver; faites cuire de petites carotes à l'eau : vos carotes étant cuites, vous jettez vôtre Moruë coupez en filets ou en grandes piéces, dans cette même eau : vôtre Moruë étant cuite, vous la dressez

sez dans son plat, & entre chaque piéce de Moruë, deux ou trois petites carotes, & tout autour; il faut avoir du persil lavé & haché, tout prêt, & des œufs durs hachez, si l'on veut: on met par-dessus la Moruë en servant. Mettez dans une saussiére une sausse au persil, & dans une autre, une sausse blanche, avec de la moutarde, & servez chaudement pour Entrée.

Moruë à l'Angloise.

Prenez de la Moruë bien dessalée, que vous écaillez, & faites cuire à l'eau; ensuite, vous faites durcir des œufs: vos œufs étant durs, pelez-les & les hachez bien menus, & mettez dans une casserole un morceau de beurre, un peu de sel, & poivre; ensuite, mettez-y vos œufs hachés; mettez la casserole sur le feu, & liez la sausse: vôtre sausse étant liée, tirez vôtre Moruë égoûter, dressez-là, & vôtre sausse par-dessus, & servez chaudement pour Entrée.

LE CUISINIER

CHAPITRE IX.
Des Perches.

Perches à l'Armenienne.

PRenez des Perches la quantité que vous jugerez à propos; écaillez-les, & les vuidez & lavez proprement: fendez-les par le ventre jusqu'à la queuë; mais que les deux morceaux se tiennent ensemble. Mettez dans une casserole sur le feu, du beurre, avec du persil, & ciboules hachées: le beurre étant fondu, mettez-y vos Perches, & les assaisonnez de poivre, sel, fines herbes, fines épices, & leur laissez prendre goût: ensuite, les panez de mie de pain bien fine, & les mettez griller doucement; étant grillées, & prêt à servir, faites une sauffe avec un morceau de beurre, une pincée de farine, un filet de vinaigre, un peu d'eau, un peu de câpres, des anchois, & un peu de muscade; mettez-les dans une casserole sur le feu; liez la sauffe; étant liée, & les poissons cuits, dressez la sauffe dans le plat, & vos Armeniens par-dessus, servez-les chaudement pour Entrée.

Perches à la Hollandoise, sauffe aux Oeufs.

Ecaillez-les, vuidez-les, & les lavez bien proprement; mettez de l'eau au feu, & quand elle

elle boüil, mettez-y du sel; ensuite, goûtez-le, & il faut que le sel domine: mettez-y vos Perches. Pour faire la sauße, prenez deux ou trois jaunes d'Oeufs cruds, un peu de muscade déliée dans du vinaigre, un peu d'eau; ajoûtez-y un bon morceau de beurre, & un peu de fleur de muscade (la quantité du vinaigre doit être selon sa qualité) mettez-là sur le feu, afin qu'elle se lie; prenez garde qu'elle ne tourne; étant liée, & de bon goût, tirez vos Perches, & les laißez égoûter; étant prêt à servir, dreßez-les dans leur plat, & vôtre sauße par-deßus, servez-les chaudement pour Entrée.

Perches d'une autre façon.

Vuidez-les, & les lavez; mettez-les dans une caßerole avec des tranches d'ognons, persil, basilic, thin, laurier, sel, & un peu de vinaigre; achevez de les couvrir d'eau, & les mettez cuire; étant cuits, tirez-les, & les écaillez; ensuite, remettez les nageoires, & les dreßez dans leur plat, avec une sauße blanche, & un peu piquante par-deßus.

Perches grillées.

Ecaillez-les, vuidez-les, & les lavez; eßuyez-les, & les mettez dans une caßerole avec un ognon ou ciboule hachée, persil haché, fines herbes, & un morceau de beurre. Ensuite, mettez-les sur des cendres chaudes pour prendre goût, & les faites griller; étant grillées d'un côté, tournez-les de l'autre; & étant cuits, & prêt à servir, tenez une sauße toute prête, comme il est marqué ci-deßus; dreßez-les dans leur plat.

plat. Mettez dans une casserole un morceau de beurre poudré de farine, avec un peu d'eau, & un filet de vinaigre: liez la sauffe; étant liée, mettez-y un anchois haché, une pincée de câpres; que vôtre fauffe foit de bon goût, & la mettez fur vos Perches, & les fervez chaudement pour Entrée.

Ombekeerde Armeniaan.

Sont des Perches pefant une livre ou environ: écaillez-les, fendez-les, & les affaifonnez de fleurs de noix de mufcade, fel, bifcuit pilé, tranches de citron, & lit de beurre. Renverfez le dehors en dedans; ficellez-les, & les grillez jufqu'à leur cuifon: deficellez-les, fervez-les ouverts avec beurre fondu, & jus de citron.

Perches, apellés Doopvis.

Sont des Perches, dont trois pefent ordinairement deux livres: écaillez-les, & faites trois incifions de chaque côté, jufqu'à l'arrête en gliffant, & qui étant cuits à l'eau, & au fel, à proportion de leur groffeur, & égoûtés, l'on les fert avec une fauffe blanche, & racine de meredis rapée, ou bien une fauffe maigre. Vous trouverez la maniére de la faire, au Chapitre des Sauffes maigres.

Le Pietercely Baars.

Sont de groffes Perches, qui font cifelées des deux côtez, jufqu'à fur l'arrête, & boüillies comme ceux ci-deffus. L'on les fert avec une fauffe de perfil haché bien menu, & boüilli, mêlée

MODERNE 91

lée de bon beurre frais; la sauſſe doit être bien liée, & le perſil verds. Cette même ſauſſe ſert pour les Schelvis, & Molenaer.

Autres Perches, à la Françoiſe.

Prenez des Perches groſſes ou petites; vuidez-les, & les lavez: mettez-les dans une caſſerole, aſſaiſonnez-les de ſel, poivre, cloux de girofle, ognons coupez en tranches, perſil en branches, laurier, & vinaigre; mettez-y enſuite de l'eau, faites qu'elles y nagent, & les faites cuire; étant cuites, tirez-les, & les écaillez; mettez-les dans un plat ou autre vaiſſeau, & mettez leur eau par-deſſus, après l'avoir paſſé par le tamis: tenez-les chaudement. Quand vous êtes prêt à ſervir, faites-les égoûter, mettez-les dans leur plat avec une ſauſſe blanche aux anchois, & câpres. Une autrefois, vous pouvez les ſervir avec un coulis d'écrevices; vous trouverez la maniére de le faire au Chapitre des Coulis.

Water-Vis.

Sont des Perches de differentes groſſeurs, quelques unes groſſes comme le doigt, & plus ou moins: écaillez-les, & en les écaillant, gliſſez un coûteau, dépuis les oreilles, juſqu'au long du corps, & les mettez d'abord dans l'eau ſans les vuider; enſuite, prenez de petits brochets, écaillez-les, vuidez-les, & les ouvrez en deux, dépuis les oreilles juſqu'à la queüe; dont vous remettrez les deux bouts dans la gueule du brochet, repréſentant la figure d'un dauphin: prenez-en autant qu'il vous faudra pour faire

vôtre

vôtre plat. Des petites plies, limandes, chevrettes, & écrevices peuvent se servir pour le même sujet: ensuite, vous retirerez vôtre poisson de l'eau, & le mettrez dans de l'eau fraîche, avec une poignée de sel. Quand vous êtes prêt à servir, mettez une marmite sur le feu, ou casserole, avec de l'eau; quand elle boüillira, mettez-y un bouquet de persil, une douzaine ou deux de racines de persil, qui soient fendues par les deux bouts, en quatre ou en six; vos racines étant cuites, tirez-les, & mettez dans leur eau trois ou quatre poignées de sel, plus ou moins, selon la quantité de vos poissons, & un demi verre de vinaigre. Quand l'eau boüillira, goûtez-là; observez que le sel y domine: alors, mettez-y vôtre poisson; faites-lui faire quelques boüillons, jusques à ce qu'il soit cuit; ensuite, vous l'ôterez de dessus le feu, & y remettrez vos racines, & le bouquet; & dans le même instant, il faut dresser vôtre poisson dans son plat, mettant par-dessus vôtre bouquet, & les racines de persil parcemées, avec autant de leur eau que le poisson y nage, & doit être servi sur le champ pour relever les Potages. Vous pouvez faire cuire vos racines dans une petite marmite avec de l'eau; & quand elles seront cuites, mettez-les dessus vôtre poisson, comme ci-devant.

Schelvis.

Ecaillez, vuidez-les, & les lavez bien proprement, gardez-en les foies. Mettez de l'eau sur le feu à boüillir, la quantité qu'il faut pour cuire vôtre poisson; quand elle boüillira, mettez-y du sel, & puis vôtre poisson avec les foies,

&

MODERNE. 93

& les laissez cuire. Mettez dans une petite casserole du persil épluché, lavé, & haché bien menu, mettez-y un peu d'eau, & laissez bouillir votre persil à sec. Etant prêt à servir, tirez vos Schelvis à égoûter, dressez les dans leur plat. Votre persil étant à sec, tirez-le du feu, & y mettez un bon morceau de beurre, tournant toujours jusques à ce que la sauce soit liée, comme une sauce blanche, & la mettez sur vos Schelvis, ou dans une saussière. Servez-les chaudement pour Entrée.

Schelvis grillés.

Ecaillez-les, vuidez-les, & les lavez bien proprement, essuyez-les, & les faites égoûter; faites fondre du beurre dans une casserole; étant fondu, mettez-y vos Schelvis, faites-les bien tremper dans le beurre, poudrez-les, & les mettez sur le gril; étant grillées, & prêt à servir, faites une sauce blanche un peu piquante, avec des capres, un anchois haché, & un peu de poivre concassé, & la liez; étant liée, versez-la sur vôtre Schelvis, & les servez chaudement pour Entrée. Une autrefois, vous les ciselerez, & poudrerez de sel, & de poivre, & les metterez dans une tourtière, ou plat d'argent: vous les arroserez d'une sauce blanche, assaisonnez de persil, & ciboules hachées, & panerez de mie de pain, & les ferez cuire au four; étants cuits, vous les servirez chaudement, avec une sauce autour: vous pouvez faire des Merlans & autres Poissons de même.

CHA-

CHAPITRE X.

Des Merlans, Eperlans, & Maqueraux.

Merlans frits.

PRenez des Merlans, les écaillez, vuidez & lavez ; étant lavez, essuyez-les bien, les poudrez de farine, & les faites frire, & que vôtre friture soit bien chaude ; étant frits, dressez-les dans leur plat que vous voulez servir, avec une serviette dessous, & servez chaudement pour un plat de rôt.

Merlans grilliés.

Vos Merlans étant écaillés, vuidés & lavés, essuyez-les bien, & les mettez dans un plat avec du sel, poivre ; faites fondre du beurre, & le mettez dessus, & les tournez pour leur faire prendre du goût ; ensuite, mettez-les sur le gril, & les faites griller ; étant grillez, vous les servirez avec une sausse aux anchois, comme ceci ; mettez un morceau de beurre dans une casserole, avec une pincée de farine, du sel, du poivre, de la muscade rapée, un filet de vinaigre, un couple d'anchois hachez, une ciboule entiére, & de l'eau ou du jus ; mettez

vôtre

vôtre casserole dessus le fourneau, & liez vôtre sausse; étant liée, dressez vos Merlans dans vôtre plat que vous voulez servir, & mettez vôtre sausse par-dessus vos Merlans, & servez chaudement pour Entrée. Une autrefois, vous les pouvez paner, & les faire griller de même, en mettant dans la sausse un peu de moutarde, ou bien des racines meredis rapées, qui veut dire peypervorte, ou racines de raiforts.

Merlans, d'une autre façon.

Vos Merlans étant nétoyez comme les autres ci-devant, mettez-les cuire dans l'eau, assaisonné de sel, & vous ferez une sausse comme ceci, prenez une pincée d'estragon, une de beaume & une de persil: étant épluchez & lavez, faites blanchir le tout; étant blanchis, mettez-le dans l'eau froide; ensuite, pressez bien le tout, & le hachez bien fin: mettez-le dans une casserole, avec un morceau de beurre, la moitié d'un citron coupé en petits dez, & trois ou quatre jaunes d'œufs cruds, une pincée de fleur de muscade, du sel, du poivre, un filet de vinaigre; & vôtre poisson étant cuit, tirez-le égoûter, & mettez vôtre sausse sur le feu, & la remuez avec une cuillère de bois, & prenez garde que la sausse ne tourne; étant liée, dressez vos Merlans dans le plat que vous voulez servir, & mettez vôtre sausse par-dessus, & servez chaudement pour Entrée.

Eperlans frits.

Prenez des Eperlans, les écaillez, vuidez & lavez; étant lavez, laissez-les égoûter; ensuite,

pou-

poudrez-les de farine, & les faites frire à grande friture, & bien chaudes; étant frits d'une belle couleur, poudrez-les d'un peu de sel menu; pliez une serviette sur le plat que vous voulez servir, & dressez vos Eperlans dessus, & les garnissez de persil frit, & les servez pour un plat de rôt. Une autrefois, vous les panerez, & les ferez frire de même, en les trempant dans de l'œuf.

Eperlans à la Provençale.

Vos Eperlans étant bien nétoyez, & lavez, faites-les égoûter; prenez une pincée de fenoüil bien haché, & le faites piler dans un mortier, avec deux ou trois gousses d'ail: étant bien pilé, mettez-y un verre de vin blanc, & du verjus, ou bien le jus de deux citrons; mettez le tout dans une casserole, avec un bon verre d'huile, & trois à quatre jaunes d'œufs; assaisonnez de sel, poivre, muscade; poudrez vos Eperlans de farine, & les faites frire à grande friture, & bien chaudes; que vos Eperlans soient secs, sans qu'ils soient pourtant brûlez; étant frits, mettez vôtre sausse sur le feu, & la tournez avec une cuillére de bois, & prenez garde qu'elle ne tourne; vôtre sausse étant liée, mettez vos Eperlans dedans, en sortant de la friture, & il faut que vôtre sausse soit aussi toute prête, & les tournez quelques tours, & des servez sur le champ tout bouillants. Vous pouvez faire des goujons dans le même goût; comme aussi toutes sortes de poissons coupez en filets, & des huitres, après qu'elles sont frites.

Eper-

Eperlans grillés.

Vos Eperlans étant écaillés, vuidés, & lavés, essuyez-les, & les mettez dans un plat avec du sel, poivre, beurre fondu, & leur faites prendre un peu de goût; ensuite, panez-les d'une mie de pain bien fine, & les faites griller. Faites une sauste avec un morceau de beurre, une pincée de farine, un filet de vinaigre, un peu d'eau; assaisonnez de sel, poivre, muscade, & la liez; ensuite, mettez-y des racines de merédis rapées, ou bien de la moutarde. Observez que vôtre sauste soit d'un bon goût, & vos Eperlans grillés d'une belle couleur; mettez la sauste dans le plat que vous voulez servir, & vos Eperlans dessus, & servez chaudement. Vous pouvez accommoder des Merlans de même.

Eperlans à l'Espagnole.

Ayez des Eperlans, & les poudrez de sel; une heure après, vous les poudrerez de farine, & les ferez frire d'une belle couleur; étant frits, vous les arrangerez dans un plat ou casserole bien étamée. Ensuite, vous y metrez une poivrade, dont voici la composition. Mettez dans une casserole quatre ou cinq gousses d'ail coupées en tranches, du sel, du poivre, le jus d'un citron, une demi bouteille de bon vin blanc, un verre d'eau, un gros de saffran en poudre. Ensuite, vous mettrez cette composition par-dessus vos Eperlans, & observerez qu'ils trempent, & qu'ils prennent une belle couleur jaune. Vous les laisserez tremper sans les faire chauffer; & quand on voudra servir, vous les dresserez dans leur plat, & les arrangerez le plus proprement que vous pourrez. Celà se sert froid pour Entremêts. Vous pouvez servir dans ce même goût, des truites, des vives, des soles, des goujons, & autres poissons.

Maqueraux à l'Angloise, aux Ecrevices.

Faites griller des Maqueraux, étant grillez, arrangez-les dans un plat, & les ouvrez; ayez un coulis d'Ecrevices tout prêt, qui soit bien rouge; prenez les queues d'Ecrevices, & les hachez, & les assaisonnez d'un peu de sel, poivre, fines herbes, un morceau de bon beurre; mettez-y un peu de coulis d'Ecrevices, & mêlez bien le tout ensemble avec des œufs d'Ecrevices, si vous en avez; remplissez-en le corps de vos Maqueraux, & les refermez. Entre chaque Maqueraux, vous mettrez un peu de cet assaisonnement, & dessous. Mettez un morceau de beurre dans une casserole, & un peu de farine, & un peu d'eau ou de jus, & liez vôtre sauce; étant liée, mettez-y vôtre coulis d'Ecrevices, & observez qu'il soit d'une belle couleur, & de bon goût, & en mettez un peu par-dessus vos Maqueraux, & les mettez au four l'espace d'une demi-heure. Etant cuits, égoutez-en le beurre qui sera devenu en huile, & remettez vos Ecrevices par-dessus, ou bien vôtre coulis naturel d'Ecrevices, & un de citron, & servez chaudement. Vous pouvez les servir aussi, en y mettant la sauce aux Ecrevices dans le corps, & les refermez, & les arrosez de la même sauce ci-dessus, & les servir de même. Vous pouvez mettre toutes sortes de bon poissons de même.

Maqueraux grillés, à la sauſſe au pauvre homme.

Prenez des Maqueraux, les vuidez & les lavez, & les mettez égoûter; enſuite, mettez-les dans un plat avec du ſel, & du poivre fin, & fendu par-deſſus le dos auparavant: faites fondre du bon beurre que vous mettrez par-deſſus, & ayez ſoin de les tourner pour qu'ils prennent du goût; enſuite, faites-les griller de tous les deux côtés en les tournant: étant grillés, tirez-les, & les mettez dans un plat, & les ouvrez par-deſſus le dos, & mettez du beurre par-dedans, tout du long, & l'aſſaiſonnez de ſel, de poivre, perſil, & ciboules hachées; enſuite, refermez vos Maqueraux, & mettez-les ſur des cendres chaudes, & ayez ſoin de les retourner de tems en tems, afin que le beurre ſe fonde & prenne du goût; de là, vous-y mettrez un demi verre d'eau; enſuite, dreſſez-les dans leur plat, & ouvrez-les en deux, & mettez leur ſauſſe par-deſſus, & les ſervez chaudement pour Entrée.

Autres Maqueraux, à la ſauſſe rouſſe.

Vôtre Maquerau étant vuidé, lavé, & nétoyé, & aſſaiſonné comme l'autre ci-devant, faites-le griller, mettez un bon morceau de beurre dans une caſſerole: étant roux, mettez une bonne poignée de perſil; & vôtre perſil étant frit, tirez-le; & vôtre Maquerau étant grillé, dreſſez-le dans ſon plat, & vous l'ouvrirez en deux, & ôterez l'arrête, que vous ferez griller, & l'aſſaiſonnez de ſel, de poivre concaſſé, un filet de vinaigre, & y mettez vôtre beurre roux par-dessus, en prenant garde de ne pas mettre le fond de la casserole; ensuite, vôtre persil par-dessus, & vos arrêtes, & servez chaudement pour Entrée.

Autres Maqueraux au fenoüil & grozeilles, dans la saison.

Vos Maqueraux étant lavés, vuidés, & fendus sur le dos, mettez-les dans un plat avec du sel, du poivre, & du beurre fondu, & les tournez pour qu'ils prennent du goût, vous mettez du fenoüil sur le gril; & ensuite, vos Maqueraux étant grillés d'un côté, vous mettez du fenoüil par-dessus, & les faites griller de l'autre, mettez un bon morceau de beurre dans une casserole, une bonne pincée de fenoüil hachée, & l'assaisonné de sel, de poivre, & de muscade, une pincée de farine pour lier la sausse, avec un filet de vinaigre, un peu d'eau; mettez vôtre sausse sur le feu, & liez-la; vôtre sausse étant liée, mettez-y des grozeilles blanches, & vos Maqueraux étant cuits, dressez-les dans leur plat, & les ouvrez par le dos, que vôtre sausse soit d'un bon goût & la mettez dessus, & servez-là chaudement pour Entrée. Vous pouvez les servir aussi, avec une sausse blanche.

Autres Maqueraux, à l'Angloise.

Vos Marqueraux étant vuidés, & lavés comme ci-devant, faites-les cuire à l'eau & au sel; & étant cuits, mettez-y une sausse au fenoüil & au grozeilles, comme ci-dessus, & servez chaudement. Vous pouvez aussi les servir, avec une sausse blanche naturelle.

Ma-

MODERNE.

Maquereaux en gras.

Lavez vos Maquereaux, vuidez-les, laissant les laitances, & les piquez de petit lard. Garnissez une tourtiére de bardes de lard, tranches d'ognons, citron, & basilic; assaisonnez de sel, poivre, & y mettez vos Maquereaux, les assaisonnant, & les couvrant des mêmes choses que dessous. Faites-les cuire au four, ou sous un couvercle de tourtiére. Etant cuits, mettez une sausse à l'Italienne ou essence dans le plat que vous voulez servir, & vos Maquereaux par-dessus, avec un jus de citron, & servez chaudement pour Entrée. Une autrefois, vous mettrez dans une casserole quelques tranches de veau, de jambon, & d'ognons, que vous mouillerez de bouillon, & que vous ferez cuire. Etant cuits, vous passerez le bouillon dans une casserole, & vous le remettrez sur le feu pour le faire réduire en caramel, & vous y mettrez vos Maquereaux, pour qu'ils se glacent, & les servirez de même. Une autrefois, vous les pouvez faire cuire dans votre glace: on les peut aussi farcir dans le corps si on veut.

CHAPITRE XI.
Des Barbuës, Plies & Limandes.

Filets de Barbuë, piquez.

PRenez une Barbuë, habillez-la, & vuidez-la, ensuite, levez-en des filets, & les faites piquer de petit lard ; étant piqué, mettez dans une casserole une boûteille de vin blanc, assaisonné de sel, persil, ciboules, tranches de citron, fines herbes, quelques cloux ; ensuite, vous faites une glace de quelques morceaux de veau, & quelques tranches de jambon, un ognon coupé en quatre, & le moüillez de boüillon ; ensuite, mettez-le boüillir ; votre veau étant cuit, passez un moment vos Filets dans ce boüillon, & le tirez égoûter ; ensuite, passez se boüillon dans une casserole, & le laissez réduire jusqu'à ce qu'il soit en caramel, & y mettez vos Filets, le lard dans le caramel ; & le mettez sur des cendres chaudes, pour qu'il se glace tout doucement : vos Filets étant glacés comme il faut, & prêt à servir, mettez une ravigotte dans le plat, & vos fricandeaux de Barbuë dessus, & servez chaudement pour Entrée. Vous trouverez la ravigotte au Chapitre des Sausses en ravigotte.

Autre Barbuë, en gras.

Prenez une Barbuë, habillez-là, vuidez-là, lavez-là, & la faites égoûter; ensuite, mettez dans une casserole ronde des bardes de lard, quelques tranches d'ognons, du basilic, feüilles de laurier; mettez-y vôtre Barbuë, & l'assaisonnez de sel, poivre, clous citron en tranches, & couvrez-là de bardes de lard, & mettez-y une boüteille de vin blanc, & d'eau; faites-là cuire: étant cuite, tirez-là égoûter, & la dressez dans son plat, & mettez dessus une essence de jambon, où bien une sausse à l'Italienne, vous la trouverez au Chapitre des Coulis & Saussses, & servez chaudement pour Entrée.

Barbuë aux Ecrevices, en gras.

Prenez une Barbuë, & la faites cuire tout doucement comme ci-dessus; étant cuite, tirez-là égoûter, & la dressez dans le plat que vous voulez servir, & mettez un coulis d'Ecrevices par-dessus, & servez chaudement pour Entrée. Vous trouverez la maniére de faire ce coulis, au Chapitre de Coulis gras.

Barbuë à l'Italienne.

Prenez une moyenne Barbuë, la vuidez, la lavez, & la faites égoûter; prenez une grande tourtiére, & y mettez des bardes de lard, tranches d'ognons, basilic, laurier, citron coupé en tranches; mettez-y vôtre Barbuë, & l'assaisonnez de sel, poivre, fines épices, jus de citron, & tranches de citron: couvrez-là de quelques bardes de lard, & la faites cuire au four ; hachez une douzaine d'échalotes & champignons ; mettez-les dans une casserole avec un verre de vin de Champagne, du jus, un peu d'essence ; mettez la sauce chauffer, en y mettant deux cuillerées à bouche de bonne huile, le jus de deux citrons, un peu de sel, poivre concassé : vôtre Barbue étant cuite, tirez-la égoûter, & la dressez dans son plat & mettez vôtre sauce par-dessus, & servez chaudement pour Entrée.

Autre Barbuë piquée.

Prenez une Barbuë de la grandeur du plat que vous voulez servir, vuidez-la, & la faites laver ; coupez les nageoires, & la faites piquer de petit lard : étant piquée, garnissez un plat d'argent, ou une tourtière de bardes de lard, & y mettez pour assaisonnement, quelques tranches d'ognon, quelques tranches de citron, une branche de basilic ; ensuite, mettez vôtre Barbuë & du sel menu par-dessus ; ensuite, couvrez-la de bardes de lard, & la mettez cuire au four : étant cuite, tirez-la, & la dégraissez bien ; mettez-là dans son plat proprement, & un coulis à l'Italienne dessous, ou une ravigotte, & servez chaudement pour Entrée.

Barbuë grillée, à l'Italienne, en maigre.

Prenez une Barbuë selon la grandeur de vôtre plat, & la faites vuider & laver ; étant lavée, essuyez-la, & coupez les nageoires ; poudrez-la de sel, poivre dessus & dessous ; mettez-la dans un plat avec un couple de verre de bonne huile, & le jus d'un couple de citrons, &
de

de feüilles de laurier, arrangez vos feüilles de laurier sur le gril, & y mettez vôtre Barbuë, & la faites griller en l'arrosant de cette marinade: étant cuite d'un côté, tournez-la de l'autre, en achevant de l'arroser de cette même marinade: étant cuite, prenez des échalotes, les épluchez, & les hachez; mettez-les dans une casserole avec le jus de deux ou trois citrons, & un peu d'huile, du sel, poivre concassé; dressez vôtre Barbuë sur son plat, & mettez vôtre sausse par-dessus, & servez chaudement pour Entrée. On peut servir un morceau de Barbuë également qu'une Barbuë entiére, & on la peut servir également un jour maigre, comme un jour gras, parce qu'elle ne se fait pas autrement à l'Italienne grillée.

Autre Barbuë, à la sausse à l'Italienne.

Faites cuire vôtre Barbuë au court-boüillon; étant cuite, tirez-la égoûter, & la dressez dans son plat, & mettez une sausse à l'Italienne dessus. Vous trouverez la maniére de la faire, aux Chapitres des Sausses & Coulis.

Autre Barbuë.

Prenez une Barbuë selon la grandeur de vôtre plat, la vuidez, & la lavez; ensuite, faites-la cuire à l'eau & au sel: prenez une pincée de baume, une pincée d'estragon, & le faites blanchir; étant blanchis, mettez-le dans l'eau froide, & le pressez; ensuite, hachez-le bien fin; mettez-le dans une casserole avec trois ou quatre jaunes d'œufs, un demi verre d'huile, un demi verre de vin blanc, le jus d'un citron, un

peu

peu de sel, un morceau de beurre, un anchois haché; & un peu de muscade; tirez vôtre Barbuë de l'eau, & liez vôtre sauffe: vôtre Barbuë étant égoûtée, dreffez-là dans son plat, & vôtre sauffe par-deffus, & servez chaudement pour Entrée.

Autre Barbuë, à la sauffe au Persil.

Prenez une moyenne Barbuë, la vuidez & la lavez; faites cuire vôtre Barbuë à l'eau & au sel: vôtre Barbuë étant cuite, faites blanchir du Persil, preffez-le bien & le hachez; étant haché, mettez-le dans une casserole avec un anchois haché, la moitié d'un citron coupez en petits dez, & l'affaisonné de sel, poivre, un morceau de beurre, une petite pincée de farine & une goûte d'eau; étant prêt à servir, tirez vôtre Barbuë égoûter, & liez vôtre sauffe; dreffez vôtre Barbuë dans son plat, & vôtre sauffe par-deffus, & servez chaudement pour Entrée.

Barbuë aux fines herbes.

Prenez une moyenne Barbuë, la vuidez & la lavez; étant lavée, coupez les nageoires, & l'effuyez; mettez dans une casserole un peu de ciboule, persil, & des fines herbes hachées, affaisonnez de sel, poivre, & un morceau de beurre, & y mettez vôtre Barbuë, & la laiffez sur des cendres chaudes à prendre du goût, & la tournez des deux côtés; ensuite, tirez-là & la panez de mie de pain bien fine, & la faites griller; & quand vôtre Barbuë sera grillée d'un côté, tournez-là de l'autre; étant cuite, dreffez-là dans son plat, & vous mettrez une re-

remoülade chaude dessous, ou bien une sauffe à Robert, ou bien un jus à l'échalotes.

Barbuë en filets, à la Ste. Menoux.

Prenez une Barbuë, la vuidez & la lavez bien proprement; ensuite, levez les filets aussi proprement que vous pourrez; prenez une casserole, & y mettez un morceau de beurre, & quelques tranches d'ognon, du persil, basilic en branches; ensuite, vous y arrangerez vos filets, & les couvrirez de tranches d'ognon, tranches de citron; assaisonnez de sel, poivre, fines herbes en branches, & y mettez un couple de verre de vin blanc, & les mettez cuire tout doucement: étant cuites, tirez-les, & les panez de mie de pain fines, & les arrangez dans une tourtiére, & les faites prendre couleur au four, ou bien faites-les griller; ensuite, étant grillées, servez-les dans leur plat, avec une petite remoülade dessous, ou une sauffe au beurre, ou bien avec une ravigotte, & servez chaudement pour petite Entrée, ou hors d'œuvre.

Barbuës marinées, & frites.

Ayez de petites Barbuës, après les avoir vuidées & lavées, vous en ôtez la tête & les nageoires; ensuite, vous les coupez en filets, & vous les mettez mariner dans du vinaigre; assaisonnez de sel, poivre, ciboules, persil, basilic, thin, laurier, tranches de citron, & les laissez mariner une heure: étant marinées, tirez-les égoûter, & les trempez dans la farinées, & les faites frire; étant frites, vous les dressez dans leur plat, & les garnissez de persil frit, & les ser-

servez pour petite Entrée, ou hors d'œuvre; on peut aussi servir des Barbuës frites, pour rôt, en les faisant frire entières.

Barbuë au court-boüillon.

Vuidez la Barbuë, & la lavez; mettez-là dans une poissonniére, ou casserole ronde; mettez du sel la quantité qu'il vous faut, dans une casserole, avec de l'eau, & la remuez de tems en tems, jusqu'à ce qu'il soit fondu, & la laissez reposer; ensuite, passez l'eau dans un linge, & la mettez dessus vôtre Barbuë, & un morceau de beurre; voyez qu'il y ait la quantité qu'il en faut, pour qu'elle cuise, & qu'elle soit un peu de haut goût; étant cuite, retirez la poissonniére, & la mettez sur des cendres chaudes, avec un couple de pintes de lait, & une feuille de papier dessus; & lorsqu'on est prêt à servir, tirez-là de la poissonniére; pliez une serviette sur le plat où vous la voulez servir, & la dressez dessus, garnie de persil verd, & la servez chaudement pour plat de rôt, ou relevée, & servez avec deux saulles, une au persil, & l'autre avec une saulle aigre.

Barbuë à la sausse aux Anchois.

Prenez une Barbuë, après l'avoir écaillée, vuidée & lavée, faites-là cuire comme ci-devant; vous la dressez sur un plat, soit entiére ou en filets, & vous mettez dessus une sausse aux Anchois liée, ou une sausse blanche piquante. Elle peut également servir pour rôt, la dressant sur une serviette dessus son plat.

Plies,

Plies, Quarlets & Limandes.

Après les avoir vuidez, écaillez, & lavez, vous les faites cuire à l'eau & au sel; étant cuits, vous les dressez, & les servez avec telle sauce que vous jugerez à propos. Et pour griller, vous mettez du persil, & ciboules hachées, avec du sel, du poivre, & un morceau de beurre dans une casserole, & le faites fondre, & y mettez vos Plies, ou Quarlets, ou Limandes, & les tournez deux ou trois fois, pour qu'elles prennent du goût, sans les mettre au feu; ensuite, vous les panez de mie de pain bien fine, & les faites griller; étant grillées, vous les pouvez servir avec une remoulade dessous, ou autre sauce que vous jugerez à propos. Vous trouverez la maniére de la faire, au Chapitre des Sauces.

Matelote de Plies, Limandes, ou Quarlets.

Prenez des Quarlets, les vuidez, & les lavez; étant lavez, coupez-en la tête & l'extrémité des nageoires, & les coupez en deux. S'ils sont gros, prenez une casserole, & mettez-y un morceau de beurre frais, selon la quantité des poissons que vous aurez; vous y mettrez ciboules, persil haché, & champignons, si vous en avez, une pincée de farine, & y arrangerez vos Plies; ensuite, les assaisonnerez de sel, poivre, & muscade rapée, un verre de vin blanc, un couple de verres d'eau, mettez vôtre casserole sur le feu, & les faites cuire doucement;

étant

étant cuites, & de bon goût, dreſſez-les dans leur plat, la ſauſſe par-deſſus, ſervez-les chaudement pour Entrée, ou hors d'œuvre.

Autres Plies.

Prenez des Plies, après les avoir vuidées, & lavées, il faut leur couper le bout de la tête, & la queuë, & les mettres dans une caſſerole, avec du vin blanc, champignons, laitances, truffes, perſil, ciboules, & thin, & un morceau de bon beurre manié d'un peu de farine : remuez-les doucement, de peur de les rompre. Etant cuites, & de bon goût, dreſſez-les proprement, qu'elles ſoient bien blanches, avec leur ſauſſe par-deſſus. Pour celles que l'on frit, on les farine; étant frites, de belle couleur, on les ſert avec du perſil frit, pour rôti. On les ſert auſſi grillées, avec une ſauſſe blanche deſſus.

Plies au coulis d'Ecrevices.

Les Plies étant vuidées, & lavées, les arrangez dans une caſſerole, & les aſſaiſonnez de ſel, de poivre, d'ognons, de tranches de citron verds, de laurier, de baſilic, de ciboules, de perſil, de vinaigre, & les mettez cuire ſur un fourneau : étant cuites, retirez-les, & les laiſſez dans leur court-bouillon prendre du goût. Faites une ſauſſe avec de bon beurre frais, que vous mettrez dans une caſſerole, un couple d'anchois, deux ciboules entiéres, aſſaiſonnez de ſel, de poivre, & de muſcade, une pincée de farine, un peu de vinaigre, & de l'eau : tournez la ſauſſe ſur le fourneau; étant liée, mettez-

y

y du coulis d'Ecrevices, jusques à ce qu'elle soit de la même couleur ; tirez vos Plies de leur court-boüillon, & les mettez dans un plat. Voyez que la sauffe soit d'un bon goût, & la mettez sur vos Plies, & les servez chaudement pour Entrée.

Plies aux sauffes aux Anchois, & aux Câpres.

Vos Plies étant cuites de même dans le court-boüillon, faites une sauffe blanche : prenez une cafférole, & y mettez du bon beurre frais, un couple d'Anchois, des Câpres, deux ciboules entiéres, & affaifonnez de fel, de poivre, & de mufcade, & y mettez un peu de farine, un peu de vinaigre, & de l'eau, & tournez la sauffe sur un fourneau : tirez les Plies du court-boüillon, les mettez égoûter, & les dreffez dans un plat. Voyez que la sauffe soit d'un bon goût, & la mettez par-deffus, & les servez chaudement. On les peut servir avec la même sauffe, en les faifant griller : on les peut paner aussi & les griller de même.

Salade de Barbuë.

Vous faites cuire vôtre Barbuë au court-boüillon, & la laiffez réfroidir ; étant froide, vous la coupez en filets, dont vous en garniffez un plat avec de la petite Salade, & vous l'affaifonnez de fel, poivre, vinaigre & huile ; où bien, vous y faites une remoülade, que vous trouverez au Chapitre des Sauffes.

Sala-

112 LE CUISINIER

Salade de Vives.

Prenez des Vives, après les avoir vuidées & lavées, faites-les frire ou griller, & les laissez rôfroidir : étant froides, coupez les têtes & les queues, & les coupez par filets, les arrangez dans un plat, & les garnissez de cerfeüil ; hachez des petites câpres, les assaisonnez de sel, de poivre, d'huile, de vinaigre, & les servez. Vous pouvez faire toutes sortes de Salades de poissons de cette façon, en y ajoûtant des câpres, anchois, & des petits ognons blancs cuits à la braise, ou cuits à l'eau : ou les façonnent comme on le juge à propos ; il n'y a que la manière qui en fait la beauté.

CHAPITRE XII.
Des Thons & Tanches.

Thon.

C'Est un gros poisson de Mer, qu'on fait mariner en Provence, & que l'on mange en salade; vous le pouvez manger en caisse: faites une petite caisse de papier, beurrez-là, & y arrangez de vôtre Thon coupé par petites tranches: en faisant un lit de Thon, vous l'assaisonnerez de persil, ciboules, poivre, fines herbes, continuez de même; mettez un peu de beurre frais par-dessus & les panez d'une mie de pain bien fine: faites-le cuire au four ou sous un couvercle de tourtière, & lui faites prendre couleur, & le servez chaudement. Lorsqu'on peut avoir le Thon frais, on en fait des pâtés chauds, & froids, de la même manière que les pâtés de saumon, & vous en faites de la même manière d'autres Entrées, de même que des saumons.

Thon à la broche.

Coupez du Thon par gros morceaux, la valeur de deux livres chacun, ou plus, & le piquez de lardons d'anguilles, & d'anchois; mettez-le à la broche: faites une marinade de cette manière: prenez une demi chopine de vinaigre, avec un ognon coupé par tranches, quelque tranches de citron, des ciboules entières, du poivre, du sel, une feuille de laurier, & du beurre, & mettez la poivrade dessous le Thon, & l'arrosez toujours en cuisant; étant cuit, tirez-le de la broche: prenez le dégout & la marinade qui reste, & la dégraissez bien, & la liez de coulis, & y mettez quelques câpres: voyez qu'elle ne soit point trop salée; dressez le Thon dans le plat que vous voulez servir, & mettez la marinade dessous, & le servez chaudement. Vous pouvez le servir avec une sauce à l'Italienne ou à l'Espagnole.

Tanches, à l'Italienne.

Ayez des Tanches limonnées, vuidées, & lavées bien proprement; coupez-en les nageoires, le bout de la queue, & les têtes en vives: mettez-les dans une casserole, assaisonnez-les de sel, poivre, persil, ciboules hachées, champignons, truffes vertes, si vous en avez, mouillez-les d'une demi bouteille de vin blanc ou de Champagne, un peu de jus maigre ou gras, un demi verre de bonne huile, la moitié d'un citron coupé en tranches, après en avoir ôté l'écorce, une gousse d'ail hachée: faites cuire vos Tanches; étant cuites, tirez-en les tranches de citron; observez qu'il soit d'un bon goût, & le liez avec un peu de coulis maigre, ou gras, ou bien d'un petit morceau de beurre manié dans de la farine: dressez vos Tanches dans le plat que vous voulez servir, & la sauce par-dessus, pour petite Entrée, ou pour grande; la grande quantité de Tanches fera un grand plat. Vous pouvez accommoder le ton ou autres Poissons de la même manière.

Tan-

Tanches frites.

Il faut faire bouillir de l'eau, & lorsqu'elle bout, la retirer de dessus le feu, & y mettre les Tanches, en les remuant, retirez-les, & les limonnez, qu'elles soient bien propres, & les essuyez bien; vuidez-les, & les fendez par le dos, & les poudrez d'un peu de sel, & de farine, & les faites frire: étant frites, & d'une belle couleur, tirez-les, les mettez égouter, & les dressez dans le plat que vous voulez les servir, & servez chaudement.

Fricassée de Tanches au blanc.

Les Tanches étant limonnées, vuidez-les, & coupez-en la tête; fendez-les par le milieu, & les coupez en six, lavez-les bien, & les essuyez; mettez du beurre dans une casserole, & la mettez sur un fourneau: le beurre étant fondu, mettez-y les Tanches qui sont coupées, avec des champignons, assaisonnez-les de sel, de poivre, d'un bouquet; passez le tout ensemble: étant passé, mettez-y un peu de farine, & le mouillez d'un peu d'eau chaude; faites bouillir une demi bouteille de vin blanc, la mettez dans la Fricassée: étant diminuée à propos, préparez une liaison avec trois ou quatre jaunes d'œufs, que vous délayez avec un peu de verjus, ou bien un peu de vin blanc bouilli, & en liez la Fricassée, comme une Fricassée de poulets: mettez-y un peu de persil haché, un peu de muscade; voyez que la Fricassée soit d'un bon goût, la dressez proprement dans le plat que vous voulez la servir, & la servez chaudement.

H 2 *Fri-*

Fricassée de Tanches, au roux.

Les Tanches étant limonnées, vuidez-les, & leur coupez la tête; fendez-les en deux, & les coupez en quatre ou en six morceaux; lavez-les bien, & les essuyez; mettez un morceau de beurre dans une casserole, & y mettez un peu de farine, & le faites roussir: étant roux, mettez les Tanches dans la casserole, avec des champignons, & les assaisonnez de sel, de poivre, d'un bouquet: étant passée, mouillez-la à demi de boüillon de poisson, ou bien de jus d'ognons; faites boüillir une demi bouteille de vin blanc, & la vuidez dedans: étant cuite, pour l'achever de lier, il faut y mettre du coulis: voyez qu'elle soit d'un bon goût, dressez-la proprement dans le plat que vous voulez la servir, & la servez chaudement. Dans la saison des asperges, & des artichaux, vous y en pouvez mettre, les ayant fait blanchir auparavant.

Tanches farcies.

Les Tanches étant limonnées, fendez-les tant-soit-peu par le dos, & avec la pointe du couteau détachez la peau, & la coupez par le bout de la queüe, & par le bout de la tête, & la tirez: ayant tiré l'arrête, desossez une Tanche, ou bien une carpe; mettez la chair sur une table avec des champignons, un peu de persil, & ciboules hachées, & assaisonnez de sel, de poivre, de fines épices, & tant-soit-peu de fines herbes; hachez bien le tout ensemble, mettez-y du beurre frais la quantité qu'il en faut, avec trois ou quatre jaunes d'œufs cruds, de la mie de pain

MODERNE. 117

pain cuite dans de la crême; hachez le tout ensemble; étant haché, farciſſez-en les Tanches: étant farcies, couſez-les; mettez du beurre rafiné dans une caſſerole ſur un fourneau: étant chaud, farinez tant-ſoit-peu les Tanches, & les faites frire une à une: étant de belle couleur, tirez-les, mettez la groſſeur de deux œufs de beurre dans une caſſerole ſur un fourneau: étant fondû, mettez-y un peu de farine, & le remuez toûjours: étant roux, moüillez-le de boüillon de poiſſon, ou de jus d'ognons, & d'un peu de vin blanc; mettez vos Tanches dans la ſauſſe, aſſaiſonnez-les de ſel, de poivre, d'un bouquet, & les laiſſez cuire à petit feu: étant cuites, tirez-les, & les dreſſez dans le plat que vous voulez les ſervir, & y mettez deſſus vôtre ragoût. Une autrefois, au lieu de les faire frire, vous les mettrez dans un petit aſſaiſonnement, & mettrez un ragoût de laitances par-deſſus. Vous pouvez une autrefois, y mettre un ragoût de queües d'écreviſſes, ou bien d'huitres. Vous trouverez la maniére de faire les ragoûts au Chapitre des Ragoûts.

Tanches en Caſſerole.

Les Tanches étant farcies de la maniére qu'il eſt marqué ci-deſſus, frotez un plat d'argent ou tourtiére de beurre, & aſſaiſonnez de ſel, de poivre, fines herbes, & fines épices; un ognon coupé par tranches, quelques ciboules entiéres, y arrangez les Tanches deſſus; aſſaiſonnez-les deſſus comme deſſous, & les arroſez de beurre fondû, les panez de mie de pain bien fines, & les mettez au four; étant cuites, & d'une belle couleur, dreſſez-les proprement dans le plat que

H 3 vous

vous voulez les servir, & les servez au sec. On les sert avec toutes sortes de sauces de légumes, que vous mettez dessous, ou bien quelques coulis d'écrevices, ou sauce aux anchois ; il n'y a que le ragoût qui en fait la différence. On trouvera la manière de faire les ragoûts, au Chapitre des Ragoûts. Si vous les faites cuire dans un plat, vous y mettrez le persil, & la ciboule hachées, mêlez avec le beurre fondu, dont vous les arroserez, & vous les panerez ensuite.

Tanches farcies & grillées.

Étant limonnées, fendez-les par le dos, les vuidez, & les farcissez de la même farce que celles ci-dessus : étant farcies, refermez-les ; faites fondre du beurre, & y mettez du sel, & les trempez dedans, les panez, & les faites griller : étant grillées, & de belle couleur, voyez qu'elles soient cuites, & les dressez dans un plat ; mettez un ragoût léger dessous, de champignons ou de truffes, & les servez chaudement.

Tanches en filets marinés.

Les Tanches étant limonnées, & vuidées, coupez-en la tête, & les fendez en deux, & les coupez par filets, & les arrangez dans un plat ; assaisonnez-les de sel, de poivre, ciboules entières, du persil, un ognon coupé par tranches, une feuille de laurier, un peu de basilic, & quelques clous, un peu de vinaigre ; remuez bien le tout ensemble, & le laissez mariner un couple d'heures : étant mariné, tirez les filets, & les essuyez entre deux linges ; farinez-les, & les fai-

faites frire dans du beurre rafiné : étant frits, & d'une belle couleur, tirez-les, & les dressez proprement sur le plat que vous voulez les servir, avec du persil frit, & les servez chaudement.

Muges, autrement dit, Mulets.

Sont des Poissons de Mer & de Rivière; ils sont également bons l'un & l'autre; faites-les griller, après les avoir écaillé & vuidez, & incisé, & frotez de beurre fondu : faites une sauffe avec du beurre, câpres, tranches de citron, poivre, sel, muscade, & verjus, ou jus de citron. Vous pouvez aussi les faire frire au beurre rafiné; puis, les mettre dans un plat avec la même sausse, câpres & anchois, ou une sauffe hachée, ou une sauffe au persil. Une autrefois, vous les ferez boüillir, & servirez avec les mêmes sausses marquées ci-dessus. On peut encore les mettre en tourte, & sur-tout en pâte, comme beaucoup d'autres poissons.

Entrée de Cabillau à la Hollandoise, qui veut dire, en François, Moruë fraiche.

Vôtre Cabillau étant écaillé, vuidé & lavé, coupez-le en tranches ou en morceaux, ce qu'il en faut pour en garnir un plat, de la grandeur que vous jugerez à propos. Mettez vos morceaux de Cabillau dans de l'eau fraiche; & ensuite, mettez dans un chaudron, sufisamment d'eau d'eau pour les faire cuire; quand l'eau aura bouïlli, mettez-y vos morceaux de Cabillau, avec du sel & du vinaigre; & ayez soin de le bien écumer à mesure qu'il boüillira; étant cuits tirez-les, dressez-les dans le plat que vous voulez servir, & le couvrez bien. Ensuite, égoutrez-le & le servez avec une sausse liée, & du persil, pour Entrée ou Relevée, ou bien du beurre simplement fondu, & tourné en huile: on sert ces sausses en particulier.

Entrée d'une Hure de Cabillau.

Prenez une Hure de Cabillau, où vous laisserez joints six pouces du corps. Ensuite, faites la cuire à l'eau & au sel, avec une bonne chopine de vinaigre; & observez que l'eau soit de bon sel; mettez un bouquet de fines herbes dans l'eau, un ognon coupé en tranches, quelques clous de girofle. Ficellez vôtre Hure pour la faire cuire; étant cuite, tirez-la égoûter, & la dressez dans son plat. Ayez une sausse toute prête que vous ferez de la manière qui suit. Prenez des huîtres, la quantité que vous jugerez à propos, & les faites blanchir dans leur eau; ensuite, tirez-les égoûter sur un tamis, & en gardez l'eau pour faire vôtre sausse. Mettez vos huîtres dans de l'eau fraîche; ensuite, tirez-les égoûter les unes après les autres sur le feu d'un tamis. Mettez environ une livre de bon beurre dans une casserole, avec un peu de muscade, une pincée de farine, du sel, poivre, une pincée de fleur de muscade, un filet de vinaigre, avec une partie de l'eau de vos huîtres, du persil blanchi & haché, trois ou quatre anchois hachés;

liez

hez vôtre sausse sur le feu; observez qu'elle soit d'un bon goût, & y mettez les cus de vos huitres, ou vos huitres entiéres; cela dépend de l'Officier qui travaille; mettez vôtre sausse par-dessus, & servez chaudement pour Entrée ou Relevée, ou bien la sausse à part.

Autre Entrée de Cabillau.

Prenez du Cabillau qui soit nettoyé, & bien lavé. Si c'est le gros bout, coupez-le par tranches, & si c'est la queue, ficellez-la; ensuite, mettez vôtre Cabillau dans une tourtiére ou plat d'argent, avec du beurre, sel, poivre, fines épices, un ognon haché, & un verre de vin. Ensuite, faites cuire vôtre Cabillau au four, ou sous le couvercle d'une tourtiére; étant presque cuit, tirez-le, mettez-y un filet de vinaigre, & le poudrez de mie de pain: achevez de le faire cuire au four, observez qu'il soit d'une belle couleur, & servez chaudement pour Entrée. Vous pouvez les couper en tranches, & les acommoder de même.

Entrée de Cabillau, aux fines herbes.

Prenez du Cabillau, faites-le cuire dans du vin blanc, beurre ou lard, & l'assaisonnez de sel, poivre, basilic, thin, laurier & fines épices; étant cuit, tirez-le, & le dressez dans son plat avec une sausse par-dessus, le panez, & lui faites prendre couleur au four. Une autrefois, faites une sausse avec du beurre, un peu de muscade, sel, poivre, un filet de vinaigre, & deux jaunes d'œufs; ensuite, liez vôtre sausse sur le feu, & étant liée, mettez-là sur vôtre Cabillau, & servez chaudement pour Entrée.

Fricassée de Cabillau.

Prenez les poches, c'est-à-dire, les grosses entrailles de plusieurs Cabillaux; fendez-les, & les ratissez bien : ensuite, faites-les blanchir ; étant bien blanchies, mettez-les dans de l'eau fraîche, lavez-les bien proprement, & les coupez en morceaux quarés comme le bout du pouce. Ensuite, mettez un morceau de beurre dans une casserole, & y passez un ognon haché: après cela, mettez-y vos morceaux, & les passez deux ou trois tours. Etant passés, poudrez-les d'une pincée de farine; moüillez-les d'un peu de boüillon de poisson, & un verre de vin blanc; assaisonnez de sel, poivre, fines herbes, fines épices, & les laissez mitonner tout doucement. Etant cuits, liez-les d'une liaison de jaunes d'œufs, & persil haché, avec un filet de vinaigre ou de verjus, & servez chaudement pour Entrée.

Fricassée de Cabillau, à l'Italienne.

Prenez des poches de Cabillau, selon la grandeur du plat que vous voulez servir. Coupez-les en filets, & les passez à l'huile avec un ognon haché, & les moüillez d'un verre de vin blanc, avec un peu de boüillon maigre; assaisonnez de sel, poivre, fines épices pilées, & les laisser mitonner ; étant cuites, observez que vos poches de Cabillau soient d'un bon goût, & les liez d'une liaison de jaunes d'œufs, avec force citrons, & persil haché. Vous pouvez y ajoûter des champi-

MODERNE. 123

pignons, & des truffes. Etant liées, dressez-les dans leur plat, & servez chaudement pour Entrée. Vous pouvez aussi les faire en menu de Roi, comme des palets de bœuf, & des oreilles de cochon. Vous pouvez aussi remplir ces poches avec une farce, faite de chair de Cabillau, & d'autres poissons en filets, mêlés avec la farce, & les faire cuire dans un assaisonnement, & les servir, ou avec une sausse blanche, ou un ragoût d'huîtres, ou une sausse au persil, ou une sausse à l'Italienne. Vous les garnirez de laitances de Cabillau frites.

CHA-

CHAPITRE XIII.

Des Carpes.

Carpe à la Chambor.

PRenez une groſſe Carpe, écaillez-là, & la lavez dans l'eau; étant lavée, piquez-la de gros lard, & de jambon. Etant piquée, ayez une demi douzaine de pigeons, avec des foies gras, ris de veau, mouſſerons, & truffes, ſi vous en avez; paſſez le tout un moment ſur le feu, & l'aſſaiſonné de ſel, poivre, fines herbes, un peu de coulis, un jus de citron; enſuite, mettez cela dans vôtre Carpe, & la couſez; ayez une ſerviette, & l'étendez deſſus vôtre table, prenez des bardes de lard, & les étendez ſur la ſerviette, de la longueur de vôtre Carpe, que vous y mettrez, & acheverez de la couvrir de bardes de lard; puis, la pliez dans vôtre ſerviette, & l'attachez par les deux bouts; enſuite, prenez un cuiſſeau de veau, & le coupez par tranches bien minces; arrangez-les dans une caſſerole ronde, avec des petites tranches de jambon, ognons coupez en tranches, & carotes; mettez vôtre caſſerole ſur le feu, & la faites ſuer comme un jus de veau; étant attachées, moüillez-les de boüillon; enſuite, mettez-les dans une caſſerole ovale, avec la viande, & le jus; puis, vous y mettrez vôtre Carpe, aſſaiſonnée de ſel, poivre, fines herbes, cloux, fleur de muſcade, avec deux ou trois boüteilles de bon vin blanc,

un

un citron coupé par tranches : observez que la Carpe trempe, & la couvrez, & la faites cuire tout doucement : il faut avoir un ragoût de ris de veau, champignons, truffes, crêtes, & foies gras, laitances de Carpes ; il faut avoir demi-douzaine de petits pigeons, que vous mettrez au soleil, ou bien au basilic, ou bien un couple de poulets coupez en quartiers marinez, ou bien faites-les piquer de petit lard, & glacé comme un fricandeau ; prenez une demi-douzaine de ris de veau, faites-les piquer de petit lard, & les faites cuire & glacer comme un fricandeau. Prenez aussi une douzaine de belles écrevices, que vous ferez cuire ; étant cuites, vous en éplucherez les queuës, & ôterez les petites pates : si vous avez assez d'écrevices pour faire un coulis, vous vous en servirez au lieu d'autre coulis. Vôtre Carpe étant cuite, & étant prête à servir, tirez vôtre Carpe égoûter, & tenez vôtre ragoût prêt, & vos pigeons, ris de veau & écrevices ; dépliez vôtre Carpe, & la dégraissez ; puis la dressez dans le plat où vous voulez la servir, & y mettez vôtre ragoût par-dessus, & garnissez le bord de vôtre plat d'une écrevice, d'un pigeon, d'un ris de veau, d'une écrevice, d'un pigeon, & d'un ris de veau ; continuez de même jusqu'à ce que le bord de vôtre plat soit tout-à-fait rempli, & servez chaudement : ces sortes d'Entrées se servent ordinairement pour relever des grands potages.

Autre Carpe, à la petite Chambor.

Prenez une Carpe, & la faites écailler, vuider & laver, levez-en la peau d'un côté, & la faites piquer de petit lard ; étant piquée, il faut avoir

avoir un salipicon fait de ris de veau, de champignons, truffes, crêtes, & le tout sans coulis; mettez-le dans le corps de vôtre Carpe, & la cousez; prenez trois ou quatre bouteilles de bon vin blanc, & les mettez dans une casserole ovale, avec des ognons coupés en tranches, du citron, & du sel; mettez vôtre casserole sur un fourneau, & dès qu'elle bouillira, vous y mettrez vôtre Carpe, vous lui ferez faire quelques bouillons, ensuite, vous la retirez. Pour faire la glace de vôtre Carpe, prenez deux ou trois livres de la cuisse de veau, & les coupez par tranches, le plus mince que vous pourrez, avec quelques tranches de jambon, des ognons, de l'ail, des cloux, du basilic; mettez le tout dans une casserole ovale; mouillez-le de bouillon, & le mettez sur le feu. Le veau étant à moitié cuit, mettez vôtre Carpe sur une feuille percée, & la mettez dans vôtre casserole ovale, ou bien dans une serviette, pour la facilité de la retirer. Étant cuite, tirez-là, & passez le bouillon où elle a cuit dans un tamis; remettez le bouillon que vous aurez passé dans vôtre casserole ovale, mettez-le sur le feu, & le faites bouillir jusqu'à ce qu'il devienne en caramel; remettez-y vôtre Carpe du côté du lard, & la mettez sur des cendres chaudes, afin qu'elle se puisse glacer tout doucement; étant prêt à servir, mettez dans le plat où vous voulez mettre vôtre Carpe, une essence, ou bien une sauce à l'Italienne; tirez vôtre Carpe le plus subtilement que vous pourrez; dressez-là, & servez chaudement. Vous la pouvez garnir de ris de veau glacé, & d'écrevices, si vous le voulez. Une autrefois, de petits pigeons glacés, ou d'ailes de poulardes, ou de dindons piquées & glacées. Le tout servi chaudement.

Entrée de Carpe, à l'Angloise.

Prenez une Carpe, écaillez-là, & la lavez; vuidez-là, & lavez le dedans du corps avec du vin; prenez ensuite, une casserole ovale de la grandeur de vôtre Carpe, & y coupez quelques ognons en tranches, & y mettez vôtre Carpe; assaisonnez-là de sel, poivre, cloux de girofle, un peu de vinaigre, & une bouteille de vin, & achevez de la mouiller d'un couple de verre d'eau bouillante; mettez-là sur un fourneau, & la faites cuire: étant cuite, ôtez-là du feu, & prenez le vin avec lequel vous avez lavé vôtre Carpe, prenez quelques anchois, hâchez-les bien, & les mettez dans la casserole avec le vin, & lui faites faire quelques bouillons: passez-les ensuite, dans un tamis, & les remettez dans la casserole avec un bon morceau de beurre, une pincée de farine, pour lier la sausse, muscade rapée, ou jus de citron; mettez vôtre casserole sur le feu, & liez vôtre sausse; observez qu'elle soit de bon goût: étant prêt à servir, tirez vôtre Carpe égouter, & la dressez dans le plat où vous voulez la servir; garnissez vôtre plat de morceaux de pain frits en quarés, long comme le doigt; mettez vôtre sausse par-dessus, & servez chaudement.

Autre Carpe, à l'Angloise, étuvée.

Prenez une Carpe, & la faites écailler, laver, & vuider; prenez une casserole ovale, de la longueur de vôtre Carpe, & y mettez quelques

ques ognons coupés en tranches ; enſuite, mettez-y vôtre Carpe, & l'aſſaiſonnez legerement de ſel, poivre, cloux, fines herbes; un morceau de beurre, une boûteille de vin, ou bien deux, ſelon la grandeur de vôtre Carpe ; environ une boûteille d'eau : puis, couvrez vôtre caſſerole de ſon couvercle, & la faites boüillir tout doucement ; ayez ſoin de tourner la Carpe de tems en tems ; vôtre Carpe étant cuite, & étant prête à ſervir, paſſez le jus où a cuit la Carpe dans un tamis ; mettez-le dans une caſſerole, ſur un fourneau, & le faites diminuer juſqu'à ce qu'il n'en reſte que ce qu'il vous en faut, pour mettre deſſus vôtre Carpe ; mettez-y un bon morceau de beurre manié dans la farine, un couple d'anchois hachés : obſervez que cela ſoit de bon goût, & liez vôtre ſauſſe ; tirez vôtre Carpe, & la dreſſez dans ſon plat, & la garniſſez de morceaux de pain frit, longs comme le doigt en quarés, & ſervez chaudement. Vous pouvez mettre dans vôtre ſauſſe des câpres, champignons & truffes hachées.

Entrée de Carpe à la Matelote.

Prenez une Carpe, & l'écaillez & la lavez ; prenez une anguille, dépoüillez-là, vuidez-là, & gardez-en le foie ; vuidez vôtre Carpe, & la fendez par la moitié : coupez chaque moitié en trois morceaux ; mettez-les dans une caſſerole avec vôtre anguille coupée en tronçons, avec une demi-douzaine de petits ognons blanchis, quelques champignons coupez en morceaux ; un bouquet fait de perſil, ciboules, & fines herbes ; aſſaiſonnez de ſel, poivre, & y mettez une boûteille de bon vin ; allumez un fourneau ;
&

MODERNE. 129

& le mettez sur le feu; & quand la sauſſe ſera diminuée, & le tout bien cuit, vous y mettrez un morceau de bon beurre manié dans la farine par petits morceaux; obſervez que le goût ſoit bon, ôtez-en le bouquet: étant prête à ſervir, dreſſez-là dans vôtre plat, le plus proprement qu'il vous ſera poſſible, & ſervez chaudement.

Autre Entrée de Carpe en étuvée.

Prenez une Carpe, écaillez-là, lavez-là, vuidez-là, & la fendez; coupez chaque moitié en trois morceaux, & les mettez dans une caſſerole, avec une douzaine de petits ognons blanchis, & les aſſaiſonnez de ſel, poivre, un bouquet fait de perſil, & fines herbes; mouillez-les d'une demi bouteille de bon vin, & les mettez cuire; prenez un morceau de beurre, & le mettez dans une caſſerole, avec une bonne pincée de farine; mettez-les ſur le feu, & remuez avec une cuillere de bois, juſqu'à ce que celà prenne belle couleur; mouillez avec un peu de jus maigre, ou bien de l'eau: celà étant bien délayé, mettez-le, dans la caſſerole, où eſt vôtre Carpe, & obſervez qu'elle ſoit d'un bon goût; dreſſez-là dans le plat, & ſervez chaudement pour Entrée.

Entrée d'une Carpe grillée.

Après avoir écaillé, & vuidé vôtre Carpe, vous la ciſelez, & la frotez de beurre fondu, en la poudrant de ſel, & poivre menu. Enſuite, vous la faites griller, & vous y faites un ragoût de mouſſerons ou de champignons, laitances, & cus d'artichaux, avec des ognons &

Tome IV. I des

des câpres. Etant prêt à servir, mettez le ragoût par-dessus, ou une sauffe hachée, & servez chaudement pour Entrée.

Carpe farcie dans le corps.

Prenez un couple de foles, avec un brochet que vous défoffez, & de la chair vous en ferez une farce, en la hachant bien avec un peu de ciboule, fines épices, fel, poivre, mufcade, beurre frais, & un peu de mie de pain cuite dans de la crême ou du lait. Vous lierez vôtre farce avec des jaunes d'œufs, & les blancs foüettez en nége. Vous pouvez prendre les meilleurs filets de vôtre viande, les couper en petits dez, & les mêler avec vôtre farce. Prenez une Carpe, rempliffez-la de cette farce, & la mettez cuire avec du vin blanc dans une cafferole ovale, à petit feu, affaifonnée de fel, poivre, clous, un bouquet de fines herbes, & bon beurre frais. Etant cuite, vous aurez un ragoût de champignons, morilles, truffes, moufferons, cus d'artichaux, laitances de Carpes, queuës d'écrevices; obfervez qu'il foit de bon goût. Tenez vôtre ragoût fort long, & y mettez dedans un bon coulis d'écrevices, ou autre; dreffez vôtre Carpe, & mettez vôtre ragoût par-deffus, & fervez chaudement.

Autre Entrée de Carpes.

On les farcit fur l'arrête d'une farce comme celle ci-devant, qui foit de bon goût, & faites-les cuire au four. Pour faire la farce, vous défoffez vos Carpes, que vous hachez avec un peu de ciboule, perfil, champignons, fel, poivre,

vre, & muscade; vous y ajoutez un morceau de mie de pain, cuite dans du lait, ou dans de la crême, sur le fourneau, avec de bon beurre frais, & quatre jaunes d'œufs cruds, & les blancs fouettez en nège; vous mettez vos arrêtes de Carpes dans une tourtiére beurrée, des tranches de pain dans le fond, & vous mettez la farce par-dessus bien proprement; & pour vous faciliter à la bien arranger, batez un œuf sur une assiette, & la dressez avec un couteau trempé dans l'œuf; ensuite, vous les arrosez de beurre fondu, & les panez d'une mie de pain bien fine, & bien blanche, & vous les mettez au four: Vous prendrez garde qu'elles soient d'une belle couleur, bien blonde, & les servirez chaudement: toutes sortes de farces maigres se font de même; il n'y a qu'à déguiser la chair du poisson; & quand vous aurez des plats d'argent, vous les mettrez dedans au lieu de tourtiére.

Carpe lardée d'Anguille, en ragoût.

Après l'avoir écaillée, & lavée, vous la lardez de gros lardons d'Anguille, la mettez dans la casserole, l'assaisonnant de sel, poivre, muscade, un bouquet, une demi cuillerée d'eau, une demi bouteille de vin blanc, champignons, mousserons, truffes, petits ognons blanchis, & la faites cuire tout doucement: quand elle sera cuite, mettez-y des capres, un couple d'anchois, un morceau de bon beurre manié, & les laissez un peu mitonner ensemble, & servez chaudement: Prenez garde que vôtre ragoût soit bien lié, & d'un bon goût.

I 2 &ar-

Carpes farcies dans le corps.

Ayez une belle Carpe, écaillez-la, & la vuidez proprement; séparez la peau d'avec la chair, y laissant la tête & la queue, & faites une farce avec la même chair, & chair d'anguille, laitances de Carpes, assaisonnées de fines herbes, sel, poivre, clous, muscade, thin, beurre frais, & champignons, le tout haché bien menu. Farcissez vos peaux, & les coulés, ou les joigées ensemble. Vous les mettrez cuire au four, ou bien vous les mettrez dans une casserole, avec de bon beurre, vin blanc, & bouillon de poisson, ou purée claire, & bon assaisonnement; étendant par-dessus du beurre frais, & mettez par-dessus un bon ragoût de laitances en servant, ou bien une sausse à l'Espagnole.

Carpes en hachis.

Après avoir écaillé, & vuidé vos Carpes, levez-en proprement les peaux, & en tirez toute la chair, en les désossant bien; ce qu'on peut faire en levant par tranches, avec un couteau, la chair du poisson; ensuite, vous la hacherez bien menüe avec chair d'anguille, champignons, truffes, assaisonnée de sel, poivre, & fines herbes, le tout étant bien haché, passez-le au blanc dans la casserole, avec beurre frais, un peu de bouillon de poisson, ou purée claire. Laissez bien cuire le tout, étant cuit, servez-le pour Entrée avec un jus de citron.

Autre

Autre Carpe en hachis.

Après avoir écaillé, & vuidé vôtre Carpe, levez-en proprement la peau ; défoffez-là, hachez-en bien la chair, & la mettez dans une cafferole, que vous mettrez fur le feu, & que vous aurez foin de remuer avec une cuillere pour la faire un peu deffecher : enfuite, vous la vuidez fur vôtre table, & vous y mettrez un morceau de beurre frais, un peu de perfil, & de ciboule, avec quelques champignons ; vous hachez bien le tout enfemble, & vous prenez une cafferole avec un petit morceau de beurre, que vous faites fondre fur le fourneau, avec une pincée de farine, & vous faites un petit roux, & vous y mettez vôtre hachis, que vous affaifonnez de fel, poivre, avec une tranche de citron : vous aurez foin de le remuer avec une cuillere fur le feu, de peur qu'il ne s'attache, & le moüillez d'un peu de boüillon de poiffon. Vous obferverez qu'il foit d'un bon goût, & le fervirez chaudement pour Entrée. L'on fait de la même maniére tous les hachis de poiffon : quand on a du coulis, vous y en mettez trois ou quatre cuillerées à bouche dedans.

Carpes en filets, aux Concombres.

Ayez des Carpes, habillez-les, & les faites frire, pour les couper après en filets ; enfuite, prenez des Comcombres, coupez-les, & les faites mariner ; enfuite, paffez-les dans la cafferole avec bon beurre, & moüillez-les de boüillon de poiffon, ou purée claire, avec un bouquet de fines herbes, & bon affaifonnement. Faites-les bien cuire ; étant cuits, liez-les avec un bon coulis ; mettez-y vos filets de Carpes, &

les faites un peu mitonner, & servez pour Entrée chaudement.

Carpe au demi-court-boüillon.

Laissez-là avec les écailles, & la coupez en quatre. Mettez-la cuire avec du vin blanc, ou autre, un peu de verjus, & de vinaigre, sel, poivre, muscade, clous, ciboules, laurier, beurre frais, & une écorce d'orange. Faites consommer le boüillon, & le liez avec du coulis, & y mettez des câpres en dressant.

Carpe au court-boüillon.

Otez les oüies, & le dedans des Carpes, & les mettez au bleu; mettez vôtre Carpe sur un bassin, & la couvrez de sel. Faites boüillir du vinaigre, & le jettez dessus; pliez-la dans une serviette, & la mettez dans une casserole ovale; mettez-y du vin blanc, de l'eau boüillante, ognons, laurier, clous, poivre, & bon beurre. Faites-là cuire, & étant cuite, tirez-la & la servez sur une serviette blanche, garnie de persil; pour un plat de rôt.

Autre Carpe sur le gril.

Ayez une Carpe, habillez-là proprement; frottez-là de beurre fondu, & la poudrez de sel menu: faites-là griller sur le gril; étant cuite, faites-y une sausse avec du beurre roux, câpres, anchois, jus de citron ou vinaigre; assaisonnez de sel, poivre, & muscade. On les peut servir aussi avec une sausse faite avec du beurre frais, sel, poivre persil, ciboules hachées menuës, & un peu de boüillon de poisson, ou purée

purée claire, & vous passez le tout à la casserole; vous-y mettez vôtre Carpe, & la servez avec un jus d'orange.

Carpe accompagnée.

Il faut avoir une grosse Carpe, & deux petites, en prendre toute la chair, dont vous ferez une farce, dans laquelle vous mettrez une mie de pain cuite dans de la crême; ensuite, vous la dessecherez sur le feu, en y ajoûtant six œufs, une tétine de veau, du lard blanchi, & toutes sortes de fines herbes; vous mêlerez le tout ensemble, avec un peu de champignons hachez bien menu, persil & ciboules; & quand vôtre farce sera à peu près froide, vous y ajoûterez une livre de beurre, & six jaunes d'œufs cruds, que vous mêlerez bien ensemble. Vôtre farce étant faite, il faut avoir le plat dans laquelle elle doit être servie; vous prendrez de vôtre farce, que vous mettrez dans le fond du plat, à laquelle vous donnerez la figure d'une Carpe, en y ajoûtant la tête & la queuë: remarquez pourtant, qu'il faut laisser le corps de la Carpe vuide, pour y mettre une douzaine de petits pigeons de voliére, crêtes de coq, foies gras, champignons, le tout cuit & lié d'un bon coulis de perdrix. Il faut que le ragoût soit froid, avant que de le mettre dans la Carpe: ce ragoût étant placé, vous fermerez la Carpe du reste de vôtre farce; vous aurez des œufs bien batus, dans lesquels vous passerez la main souvent, pour que vôtre Carpe soit bien unie; après quoi, vous la panerez, & lui ferez des écailles avec la pointe d'un coûteau. Il vous reste donc les deux têtes de vos petites Carpes, & de la farce, dont vous formerez deux petites Carpes, une de chaque côté, sans y mettre du ragoût, le tout bien pané, & le mettrez cuire au four une heure & demi : Étant cuites & de belles couleurs, servez chaudement.

Autre Carpe accompagnée.

Vous prenez la plus grosse Carpe que vous pourrez trouver; vous l'écaillez, & en ôtez les oüies, & la vuidez; vous la faites piquer de gros lard, assaisonnez de sel, poivre, persil, muscade, & fines herbes, & deux lardons de jambon : ensuite, vous la farcissez d'une farce marquée ci-dessus, & vous y mettez un ragoût de petits pigeons dans le corps, comme il est marqué à l'article précedent; ensuite, vous fermez vôtre Carpe avec un peu de farce, & la faites coudre; puis après, vous la pliez dans une serviette, & la ficellez : Vous la mettez dans une casserole ovale, ou poissonniére; ensuite, vous prenez deux ou trois livres de veau, que vous coupez par tranches, & que vous mettez au fond de vôtre casserole, avec des bardes de lard, quelques ognons, & carotes : Vous la couvrez, & la mettez suer sur un fourneau, comme un jus de veau; & lorsque vous le voyez attaché, qu'il soit d'une belle couleur, vous y jettez un morceau de beurre, une bonne poignée de farine, que vous faites roussir ensemble, & le moüillez d'un bon boüillon & de jus, & détachez bien ce qui se tient à la casserole, & ajoûtez-y deux petites Carpes coupées en morceaux dedans, avec une boüteille de vin de Champagne, ou de vin blanc, & assaisonnez de sel, de poivre, laurier, fines herbes, fines épices,

ces, ognons, & persil. Vuidez ce jus sur vôtre Carpe, & voyez qu'il y ait assez de mouillement pour qu'il passe par-dessus, & la faites cuire à petit feu : vous faites un ragoût d'autres petits pigeons, crêtes, foies gras, ris de veau, queuës d'écrevices, truffes vertes, champignons, mousserons, petits culs d'artichaux ; passez le tout dans une casserole, avec un peu de lard fondu, & le mouillez d'un bon jus ; & étant cuit, vous le liez d'un bon coulis de perdrix, & d'essence de jambon. Lorsque vous êtes prêt à servir, vous tirez vôtre Carpe de dedans son jus, & la dépliez, & la dressez dans le plat où vous voulez la servir ; jettez le ragoût par-dessus, & servez chaudement. Observez que le ragoût soit long, pour qu'il garnisse bien le plat. Ceux qui veulent faire la dépense, la peuvent garnir de petits pigeons au basilic, ou d'une marinade de poulets gras. L'on fait des truites en gras, de même, des saumons, des brochets, des turbots, des barbues, de grandes soles ; on les fait cuire dans un même jus, & on y jette toutes sortes de différens ragoûts par-dessus ; c'est la volonté de l'Officier qui travaille.

Carpe rôtie à la broche.

Ayez une Carpe laitée, la plus grosse, & la plus grasse que vous pourrez trouver. L'ayant habilée, faites une farce avec la laitance, chair d'anguille, anchois, champignons, ognons, persil, & thin ; assaisonnez le tout de sel, poivre, & fines épices ; mettez de bon beurre frais ; la farce étant faite, emplissez-en vôtre carpe, & recousez l'ouverture ; & l'envelopez dans du papier bien beurré : embrochez-là ; & en cuisant, fant, ayez soin de l'arroser de vin blanc & beurre; étant cuite, dresses-là dans son plat, & y mettez une sauße à l'Italienne, & servez chaudement.

Entrée de Carpes, à l'Angloise.

Vous écaillez vos Carpes, lavez-les bien & les ficellez: vous ferez un corps de bouillon, où vous mettrez quelques tranches de citron, ognons, un bouquet de fines herbes, du sel, poivre: vous ferez la sauße d'un morceau de beurre frais, une goûte de vin sec, quelques petits champignons, une pincée de mie de pain bien fine, & la laitance coupée en tranches, & un anchois haché, un jus de citron, & les servez chaudement.

Carpe à la Bohême.

Ayez une Carpe de telle grandeur que vous le jugerez à propos, lavez-là, coupez-en les nageoires, le bout de la queuë, & en tirez la mer; observez que vôtre Carpe ne soit point écaillée; assaisonnez-là de sel, poivre, fleur de muscade, un morceau de bon beurre, un couple de pots de bonne biére, un bon verre d'eau-de-vie, de l'ognon, un bouquet de persil, siboules, basilic, thin, cloux; mettez-là sur le feu, & la faites cuire à grands bouillons. Vôtre Carpe étant cuite, & d'un bon goût, liez vôtre sauße avec un morceau de beurre manié, & servez chaudement pour Entrée. Une autrefois, vous pouvez la fendre en deux, la couper en morceaux, & la faire cuire de même. Une autrefois, on peut l'écailler, & la faire cuire de même.

En-

MODERNE. 139

Entrée de Carpe, à l'Angloise.

Prenez une Cârpe de moyenne grosseur, ou de qu'elle grandeur que vous jugerez à propos; écaillez-là, & la lavez; étant lavée, vuidez-là, & prenez garde d'en perdre le sang. Lavez le dedans du corps avec de bon vin rouge; ensuite la piquez de la pointe d'un coûteau des deux côtez, & la poudrez de sel de même des deux côtez; laissez-là comme cela pendant une heure; ensuite, la mettez dans une casserole ovale, de la grandeur. Mettez-y une boûteille de bon vin rouge, un couple d'ognons, coupez en tranches, que vous mettrez dessous, de peur qu'elle ne s'attache, avec un bouquet de fines herbes, quelques cloux de girofle, un couple de verre d'eau, & un demi verre de vinaigre; couvrez vôtre casserole, & la mettez cuire tout doucement, avec feu dessus & dessous : étant cuite, tirez-en toute la sausse dans une autre casserole, & y mettez un bon morceau de beurre manié dans de la farine. Vous le ferez cuire, jusqu'à ce qu'il soit réduit à la quantité de sausse qu'il vous faut pour vôtre Carpe : ajoûtez-y trois ou quatre anchois hachés, du poivre concassé, de la muscade, & une poignée de câpres, hachées ou entières : observez que vôtre sausse soit de bon goût, & mettez vôtre Carpe dans le plat que vous voulez servir, en mettant vôtre sausse par-dessus, & la servez chaudement, garnie de mouillettes de pain, frites dans de bon beurre, grosses, & longues comme le doigt.

CHA-

CHAPITRE XIV.

Des Entremêts d'Ecrevices, d'Huitres, & autres Coquillages.

Entremêts d'Ecrevices, à l'Angloise.

VOs Ecrevices étant cuites à l'eau, vous en épluchez les queües, & en ôtez toutes des petites pâtes, ne laiſſant que les deux groſſes, & en ôtez la groſſe coquille de deſſus; vos Ecrevices étant épluchées, vous les paſſez dans une caſſerole avec un peu de beurre frais, quelques champignons, & truffes, & les moüillez d'un peu de boüillon de poiſſon, ou autre, avec deux ou trois cuillerées à dégraiſſer de coulis d'Ecrevices, & les laiſſez mitonner à petit feu; étant prêt à ſervir, vous les acheverez de lier avec une liaiſon d'un couple de jaunes d'œufs, délayez avec de la crême douce, un peu de perſil haché; étant liées, voyez qu'elles ſoient de bon goût, & les ſervez chaudement pour Entremêts. Une autrefois, vos Ecrevices étant épluchées, vous les mettrez dans une caſſerole avec un morceau de beurre manié dans la farine, & les moüillerez avec de la crême de lait douce, & les aſſaiſonnerez d'un peu de perſil haché, un peu de ciboule, ſel, poivre modérement, & les ferez boüillir, prenant garde qu'elles ne ſoient pas trop liées;

ob-

MODERNE. 141

observez qu'elles soient d'un bon goût, & les servez chaudement: cette façon d'accommoder ce nomme, Ecrevices à la crème.

Entremêts d'Ecrevices, à l'Italienne.

Prenez des Ecrevices, & les coupez toutes en vie par la moitié; mettez-les dans une casserole avec un couple de verre de vin de Champagne, ou autre vin blanc, un demi verre de bonne huile, deux gousses d'ail, branches de basilic, tranches de citron, un ognon coupé en tranches, sel & poivre; ciboules, & persil haché; mettez-les sur le feu, faites-les cuire, & observez qu'elles soient de bon goût; étant cuites, ôtez-en la branche de basilic, ognons & citrons, dressez dans leur plat; & si la sauce est trop longue, poussez-là vivement sur le feu; ajoutez-y un jus de citron avec un peu d'essence; mettez votre sauce par-dessus vos Ecrevices, & servez chaudement pour Entremêts.

Autre Entremêts d'Ecrevices, à l'Italienne.

Prenez des petites Ecrevices, lavez-les, & les mettez ensuite dans une casserole, avec du sel, du poivre, & des clous; ognons coupés en tranches, une tranche de citron, un couple de verres d'eau, & les mettez cuire. D'abord qu'elles auront changé de couleur, retirez-les de dessus le feu; ôtez-en les petites pates, épluchez les queues, ôtez-en la grosse coquille, & que les grosses pâtes tiennent avec le corps. Etant toutes épluchées de même, prenez du persil, de la ciboule, du lard râpé, quelques foies de volailles hachés, ou chair de volailles cuite à la broche,

che, champignons, fines herbes, & fines épices, sel, poivre; ensuite, prenez cette composition, & la mettez dans le fond du plat où vous voulez servir vos Ecrevices; faites un cordon d'Ecrevices tout autour de vôtre plat, les queuës en dedans; faites un autre cordon par-dessus, avec les queuës toûjours en dedans, & continuez à faire ces cordons jusqu'à la fin; mettez-y, ensuite, un peu d'huile par-dessus, & un peu de poivre concassé, & les mettez au four. Etant cuites, & attachées au fond du plat, égoûtez la graisse, pressez-y un jus de citron par-dessus, & les servez chaudement pour Entremêts.

Entremêts d'Ecrevices, à la sainte Menoux.

Ayez de belles Ecrevices, faites-les cuire comme celles ci-dessus; étant cuites, épluchez-en les petites pâtes, les queuës & la coquille de dessus le dos, & nettoyez bien le corps des petites ordures qu'il peut y avoir. Ensuite, cassez-en les grosses pâtes sans les détacher du corps; arrangez-les dans une casserole; mettez-y du persil, de la ciboule hachée, fines herbes, fines épices, sel, poivre, champignons hachez, & truffes, si vous en avez: faites fondre un bon morceau de beurre que vous mettrez par-dessus, quelques jus de citron; mettez-les sur le feu pour qu'elles prennent du goût; ensuite, rangez-les dans une tourtiére avec un peu de mie de pain dessous; panez-les, & leur faites prendre couleur au four. Etant de belle couleur, dressez-les dans leur plat avec un jus de citron

citron par-dessus, & servez chaudement pour Entremêts.

Entremêts d'Ecrevices en bâtons, pour des buissons.

Ayez de belles Ecrevices, & les faites cuire dans une marmite; assaisonnez-les d'ognons, de ciboules, persil, fines herbes, un peu d'eau, un filet de vinaigre; étant cuites, ôtez-en toutes les petites pâtes; mettez-les dans une casserole; passez le boüillon où elles ont cuit, & le remettez avec vos Ecrevices, pour les tenir chaudes, & qu'elles prennent du goût en même tems. Quand vous voudrez vous en servir, vous les dresserez dans leur plat en buissons, & les tiendrez toûjours chaudes; observez aussi, qu'elles soient de bon goût, & servez chaudement pour Entremêts. Une autrefois, au lieu de les faire boüillir, faites-les cuire à la broche, en les embrochant dessus des petits hâtelets, & arrosez-les d'une marinade faite de vin, un peu de vinaigre, un morceau de beurre; assaisonnez de sel, poivre, ognons, persil, & fines herbes. Vous pouvez aussi les arroser de lait, au lieu de vin. Les houmors se font cuire de même à la broche, ils sont beaucoup meilleurs que boüillis. Vous pouvez mettre vos Ecrevices dans du lait, une heure avant de les faire boüillir, & les faire cuire dans le même lait, les assaisonnez de sel, poivre, persil, & un morceau de beurre. Etant cuits, les servir comme les autres.

Hou-

Houmars, autrement Langousts, pour Entremêts.

Prenez des Houmars, & les faites cuire à l'eau, & au sel, & les faites cuire l'espace d'une demi-heure, à bon feu ; étant cuits, tirez-les, & les laissez réfroidir ; frotez-les d'un peu de beurre ou de lard, cela leur donnera une belle couleur : étant froid, ôtez les petites pates, & cassez les grosses ; ensuite, ouvrez vôtre Houmar par la moitié, pliez une serviette sur le plat que vous voulez servir, & y mettez vôtre Houmar, & les grosses pates autour, les garnissés de persil, & les servez pour un petit Entremêts ; si vous le voulez servir pour un grand Entremêts, vous n'avez qu'à en mettre plusieurs.

Houmars à l'Italienne.

Prenez des Houmars cuits comme ceux ci-dessus, & les épluchez, qui veut dire, d'en tirer toute la chair de dedans leurs corps, & la chair des pates, en la coupant en filets ; étant coupée, prenez une casserole, & y mettez un morceau de beurre, de la ciboule, persil haché, des champignons hachez & truffes, si vous en avez ; passez le tout quelques tours sur le feu ; ensuite, mettez-y vos filets d'Houmars, & les moüillez d'un peu de jus, & un verre de vin de Champagne, & les assaisonnez de sel, poivre, fines herbes, une rocambole, & les faites mitonner tout doucement ; étant prêt à servir, observez qu'ils soient de bon goût, & y mettez un couple de cuillerée à bouche de bonne huile, & un jus de citron, & les liez de vôtre

tre coulis, & servez chaudement pour Entremêts.

Houmars d'une autre façon.

Vous prenez des Houmars, les faites cuire, & épluchez comme ceux ci-devant, & les passez de même : vous faites piler les coquilles bien fines ; observez que plus elles seront fines, plus vôtre coulis en sera meilleur : vos coquilles étant bien pilées, vous en ferez un petit coulis, & le passerez à l'étamine ; ensuite, vous en lierez vôtre ragoût de Houmars. Une autrefois, au lieu de les couper en filets, vous les hacherez : étant hachez, vous les passez de même que ceux qui sont coupez en filets, & les pouvez lier d'un coulis rouge de vos coquilles de Houmars, & les assaisonnez de même ; vous les pouvez aussi passer au blanc, si vous voulez, comme les Ecrevices à l'Angloise ; mais que le tout soit de bon goût, & servez chaudement.

Entremêts de Crapes.

Ayant des Crapes en vie, mettez-les dans une marmite avec de l'eau & du sel, & les faites cuire ; il faut toûjours une demi-heure pour les faire cuire ; ensuite, étant cuites, retirez-les, & les laissez réfroidir ; étant froids, levez-en la coquille, la remettez dessus, & cassez les grosses pates, & ôtez les petites ; pliez une serviette dessus le plat que vous voulez servir, & y mettez vôtre Crape, & les grosses pates autour, que vous avez cassées ; garnissez-le de persil verds, & servez pour un petit Entremêts.

mêts. Vous le pouvez aussi servir, pour un grand, en y mettant d'avantage de Crapes.

Crapes à l'Italienne.

Vos Crapes étant cuites comme ci-dessus, levez-en la coquille sans la casser, & en tirez tout ce qui est dedans la Crape, & la chair des grosses pates; faites bien hacher le tout ensemble; prenez une casserole, & y mettez un demi verre d'huile, de la ciboule hachée; du persil, des champignons, truffes, si vous en avez; passez le tout sur un fourneau quelques tours, & ensuite, mettez-y vôtre Crape hachée, & assaisonnez de sel, poivre, fines herbes, & un demi verre de vin blanc, & le laisser mitonner tout doucement; mettez-y un morceau de beurre manié dans de la farine, pour le lier, ou bien un peu de coulis, & un jus de citron; observez qu'il soit de bon goût, & en remplissez les coquilles de vôtre Crape, le panez de mie de pain, & le faites prendre couleur au four, ou sous un couvercle, & le servez pour un petit Entremêts. Une autrefois, au lieu de les paner, vous pouvez les servir naturellement; vous pouvez aussi les servir au blanc, en les liant d'une liaison d'œufs.

Autres Crapes, à l'Angloise.

Ayez des Crapes cuites comme ci-devant; levez-en les coquilles, & tirez tout ce qui est dedans, & la chair du corps des Crapes, & la chair des pates; hachez le tout, & le mettez dans une casserole, avec un morceau de bon beurre, un peu de persil haché; assaisonnez d'un peu

peu de poivre & de muscade; mettez vôtre casserole sur le feu, & remuez vôtre composition avec une cuiller de bois: vous y pouvez mettre un peu de crême de lait, ou boüillon: observez qu'elle soit d'un bon goût, & y mettez un jus de citron, & les dressez dans leurs coquilles, & les panez de mie de pain, & les faites prendre couleur au four, ou sous un couvercle de tourtiére, & les servez chaudement pour Entremêts. Une autrefois, vous pouvez les lier avec une liaison de jaunes d'œufs. Une autrefois, vous pouvez y ajoûter de la mie de pain de potage boüillie dans de la crême ou du lait. Vous pouvez aussi y ajoûter trois à quatre blancs d'œufs foüettez en nége; les dresser dans les coquilles, les paner, & les mettre au four: il faut prendre garde que les coquilles ne soient pas tout-à-fait plaine, parce que le blanc d'œuf pouce, & cela feroit sortir la composition des coquilles; & les servez le plus chaudement qu'il vous sera possible, pour Entremêts.

Huîtres, au Ragoût, à la Bourgeoise.

Ayez des Huîtres, la quantité que vous jugerez à propos; faites-les blanchir dans leur eau: étant blanchies, tirez-les égoûter, & les épluchez les unes après les autres, bien proprement. Mettez dans une casserole un bon morceau de beurre, & le faites fondre: étant fondu, mettez-y de la farine ce que vous jugerez à propos, & la faites roussir; étant roussie, mettez-y un ognon haché, & quand vous verrez que vôtre ognon sera cuit, moüillez-le d'eau ou de jus; d'un verre de vin blanc ou rouge, & y mettez l'eau de vos Huîtres, & assaisonnez

K 2 de

de sel, poivre, basilic, thin; & observez que vôtre sauſſe soit d'un bon goût, & pas trop longue, & y mettez vos Huitres, & un jus de citron, ou bien du vinaigre, & ne faites pas boüillir vos Huitres. Vous y pouvez mettre du persil haché, de la ciboule. Vous les pouvez donner au blanc, en ne faisant pas rouſſir la farine. Et quand la sauſſe sera faite, vous y mettrez vos Huitres, & liez d'une liaison de jaunes d'œufs, & servez le tout de bon goût.

Entremêts de Moûles en Ragoût, en maigre.

Nettoyez bien les Moûles, lavez-les, mettez-les dans une casserole avec un morceau de beurre, & les faites cuire sur un fourneau; étant ouvertes, tirez-les de leurs coquilles, & en gardez l'eau; paſſez dans une casserole, avec un peu de beurre, quelques champignons, & y mettez les Moûles, avec un bouquet, & leur faites faire sept ou huit tours sur le fourneau; moüillez-les moitié de leur eau, & moitié de boüillon de poiſſon; mettez-y un peu de persil haché, & un peu de poivre; étant cuites, liez-les d'un coulis de Moûles : voyez qu'il soit d'un bon goût, & qu'il ait de la pointe : dreſſez-les proprement dans un plat, & les servez chaudement pour Entremêts. Ce même Ragoût sert pour des Entrées aux Moûles, en maigre.

Moûles à la Matelote.

Vos Moûles étant cuites comme ci-deſſus, ôtez-en une des coquilles de chaque Moûle, & les mettez dans une casserole avec un morceau de beurre, persi & ciboules; paſſez-les quelques

tours

tours sur le feu, & les poudrez d'une pincée de farine, & les moüillez de leur eau ; mettez-y une pincée de poivre ; liez-les d'une liaison de jaunes d'œufs, un peu de muscade rapée, un jus de citron ou verjus, & servez chaudement pour Entremêts : on les sert en Hollande d'abord qu'elles sont cuites & ouvertes, tout naturellement.

Ragoût de Moûles, à l'Italienne.

Ayez des Moûles cuites comme ceux ci-devant ; mettez dans une casserole un peu d'huile, ciboules hachées, persil, champignons, truffes, si vous en avez ; passez le tout un moment sur le feu ; poudrez-le d'une pincée de farine, moüillez-les d'un peu de jus, un verre de vin de Champagne, ou autre bon vin blanc, un peu de leur eau, gousse d'ail hachée, pincée de poivre concassée ; mettez-y vos Moûles, achevez de les lier d'un peu de coulis, & les faites boüillir un moment : observez qu'elles soient d'un bon goût, & les servez chaudement pour Entremêts, ou pour des Entrées qui demandent des Ragoûts d'huitres ou de Moûles : vous pouvez les servir en maigre comme en gras, il n'y a qu'à ce servir du jus maigre, & les faire toûjours de même : pour les servir au blanc, au lieu de les moüiller de jus, vous les moüillerez de boüillon, & les livez, en finissant, d'une liaison de jaunes d'œufs ; si vous n'avez pas de bonne huile, vous vous servirez de bon beurre, attendu que tout le monde n'aiment pas l'huile ; mais toûjours la même composition.

Autres Moules.

Après les avoir bien lavées, & ratissées, passez-les à la casserole, avec du beurre frais, assaisonnez de sel, poivre, persil, ciboules, & de la chapelure de pain, & un peu de vinaigre; laissez-les cuire à propos, & les servez chaudement, pour Entremêts.

Moules au blanc.

Tirez les Moules de leurs coquilles, & les passez à la casserole, avec du beurre frais, persil, & fines herbes hachées bien menus: assaisonnez de sel, poivre, & muscade; & l'eau des Moules étant consommée, mettez-y une liaison d'œufs avec un jus de citron, & servez chaudement pour Entremêts. Le ragoût à la sauce rousse se fait de même, lorsqu'on n'y met point d'œufs, on les passe, on les mouille de jus, & on les lie avec du coulis.

Huitres en Ragoût, en gras.

Vos Huitres étant ouvertes, mettez-les dans une casserole avec leur eau; faites-leur faire deux ou trois tours sur le fourneau, pour les dégourdir; ensuite, tirez-les une à une; nettoyez-les bien, & les mettez sur une assiette: passez dans une casserole quelques champignons & truffes, avec un peu de beurre; mouillez-les de jus, & les liez de coulis, ou de sauce. Lorsque vous êtes prêt à servir, mettez-y vos Huitres; faites-les chauffer, & voyez que votre Ragoût soit d'un bon goût, & le servez chaudement pour Entremêts. Voilà la manière que l'on fait le
Ra-

Ragoût d'Huitres en gras. Ce Ragoût sert pour toutes sortes d'Entrées gras ; il faut prendre garde que vos Huitres ne boüillent, à cause qu'elles perdent leur goût, & se durcissent.

Huitres en Ragoût.

Il faut ouvrir vos Huitres, & les faire blanchir dans leur eau ; mais qu'elles ne boüillent pas, les ôter, & nettoyer une à une ; ensuite, les mettre sur une assiette. Passez dans une casserole, quelques champignons, & des truffes, avec un morceau de beurre frais, & moüillez-les de coulis, & y mettez vos Huitres, & faites-les chauffer ; voyez qu'elles soient d'un bon goût : dressez-les dans un plat, & servez-les chaudement pour Entremêts. Ce Ragoût sert pour toutes sortes d'Entrées de poissons aux Huitres, & Pâtisserie.

Autres Ragoût d'Huitres.

Vos Huitres étant ouvertes, mettez-les égoûter sur un tamis, & mettez un plat par-dessous pour en recevoir l'eau. Prenez une casserole avec un morceau de beurre frais, que vous mettrez sur un fourneau ; étant fondu, mettrez-y une pincée de farine, remuez-le avec une cuillere, jusqu'à ce que cela soit roux. Après-quoi, moüillez avec un peu de jus, & y mettez vos Huitres qui sont égoûtées, & leur faites faire cinq ou six tours sur le feu, & les assaisonnez de poivre, de persil, & de ciboules entiéres, & leur eau : voyez que vôtre Ragoût soit d'un bon goût, & qu'il ait de la pointe, & y mettez des petits croûtons de pain frit dans du beurre, & le servez chaudement pour Entremêts. Cette sorte de Ragoût se fait promptement, & se sert de même, à cause que l'Huître ne veut pas boüillir.

Huitres grillées.

Ouvrez vos Huitres, laissez-les dans leurs mêmes coquilles, & y mettez du poivre, un peu de persil haché, & du beurre, & de la râpure de pain bien fine par-dessus, & leur faites prendre de la couleur au four, ou bien sous un couvercle de tourtiére, & servez chaudement pour Entremêts.

Huitres en Casserole.

Ouvrez des Huitres; ayez un plat d'argent, ou autre, que le cu soit frotté de bon beurre; arrangez vos Huitres dedans, & assaisonnez les par-dessus, de poivre, de persil haché; mettez y un demi verre de vin de Champagne: couvrez-les d'une mie de pain bien fine, & mettez-les cuire avec le couvercle d'une tourtiére, feu dessus & dessous, qu'elles prennent belle couleur; vous les dégraissez bien, & nettoyez bien proprement le bord de vôtre plat, & les servez chaudement pour Entremêts. Les Huitres au parmesan se font de même; au lieu de les paner de mie de pain, vous les panez de parmesan râpé.

Autres maniéres d'Huitres.

Faites une farce, avec un morceau d'anguille, ou d'autres poissons, & une douzaine d'Huitres blanchies, un peu de persil, & de ciboules,

les, quelques champignons; assaisonnez de sel, de poivre, fines herbes, & fines épices, de bon beurre frais, un peu de mie de pain cuite dans de la crême, une couple de jaunes d'œufs cruds, le tout haché ensemble, & vous prenez de cette farce, & en garnissez le fond de vos coquilles bien minces, & y mettez une Huitre dessus; & couvrez vôtre Huitre de la même farce, la dorez d'un œuf batu, & y mettez par-dessus un peu de beurre fondu, & les panez d'une mie de pain bien fine, & les faites cuire au four, qu'elles prennent une belle couleur, & les servez chaudement pour Entremêts. L'on en farcit de même en gras: au lieu d'une farce maigre, on se sert d'une farce grasse.

Huitres frites.

Ayez des Huitres ouvertes, & mettez-les égoûter sur un tamis; étant égoûtées, mettez-les dans un plat ou dans une casserole, avec du poivre, deux ciboules entiéres, une feüille de laurier, un peu de basilic, un ognon coupé par tranches, & une demie-douzaine de clous, & deux jus de citrons; & de tems en tems remuez-les. Faites une pâte avec de la farine, délayez-là avec de la biére, ou du vin blanc; mettez-y un peu d'huile, un peu de sel, & un œuf blanc & jaune: batez bien le tout ensemble, que la pâte ne soit ni trop claire, ni trop épaisse: étant prêt à servir, tirez vos Huitres de vôtre Marinade une à une sur un linge, pour les bien essuyer: mettez-les dans vôtre pâte, faites-les frire, qu'elles ayent une belle couleur: servez-les sur une serviette pliée, avec du persil frit, pour Entremêts. On les

les sert en gras frites : au lieu de beurre, on se sert de sain-doux.

Huitres à la Moscovite.

Vous faites ouvrir vos Huitres, & les affaisonnez de fines herbes hachées, fort menu, persil, ciboules, basilic, fort peu dans chaque Huitre, du poivre, & un peu de vin blanc : couvrez-les de leur coquilles, & mettez-les dans une tourtière feu dessus & dessous, beaucoup de feu dessus. Etant prêt à servir, vous les dresserez, & servirez sur le champ.

Coquilles à la farce d'Huitres.

Vos Huitres étant ouvertes, faites-les blanchir; après vous les hachez bien, avec persil, ciboules, sel, poivre, anchois & bon beurre, une mie de pain cuite dans de la crême, que vous y mêlez, avec muscade, & autres épices douces, deux ou trois jaunes d'œufs, & vous hachez bien le tout ensemble : vous en farcissez vos Coquilles d'Huitres ; panez-les, & les faites cuire, & les servez à sec.

Huitres en hâtelet.

Prenez une casserole, mettez-y un morceau de beurre, de la ciboule, & persil haché ; champignons & truffes, si vous en avez ; passez cela deux ou trois tours sur le feu : étant passés mettez-y vos Huitres ; assaisonnez-les de poivre concassé, fines herbes, fines épices ; poudrez-les sur le champ d'un peu de farine ; ensuite, te, embrochez-les à de petits hâtelets d'argent, ou de bois, & vous mettrez une Huittre, & un morceau de champignon, ou truffes : étant embrochées, vous les panez de mie de pain, & les faites griller, ou vous les trempez dans de l'œuf, les panez, ensuite, de même, & les faites frire d'une belle couleur.

Huitres en Coquilles.

Prenez une casserole, mettez-y un morceau de beurre, du persil, de la ciboule hachée, champignons, truffes, si vous en avez; passez cela deux ou trois tours sur le feu: étant passé, mettez-y vos Huitres; assaisonnez-les de poivre concassé, fines herbes, fines épices; ensuite, mettez-les dans des Coquilles d'argent, si vous en avez, ou d'autres Coquilles, & les panez de mie de pain bien fines, avec quelques petits morceaux de beurre par-dessus, & leur faites prendre couleur au four, ou sous une couvercle de tourtiére; étant de belle couleur, dressez-les dans leurs Coquilles sur un plat, & servez avec un jus de citron par-dessus, chaudement pour Entremêts.

Petit Pain aux Huitres.

Prenez de la ciboule, & persil haché, avec champignons, & truffes, si vous en avez; passez le tout avec un morceau de beurre sur le feu, deux ou trois tours; étant passé, mettez-y des Huitres la quantité que vous jugerez à propos, & selon la quantité de pain que vous avez; assaisonnez les de poivre concassé, fines herbes, fines épices; poudrez-les d'un peu de farine, &
y

y mettez un peu de coulis ou d'essence; ensuite, prenez vos Petits Pains, & faites dessous un petit trou rond, & gardez la petite croûte; ensuite, tirez toute la mie qui est dedans, bien proprement, sans casser la croûte; & les ayant tous fait de même, remplissez-les, ensuite, de vôtre ragoût d'Huitres autant qu'il y en pourra, avec la sausse; ensuite, remettez le petit croûton, & les faites tous de même: étant touts faits, dressez-les dans leurs plat, & les arrosez d'un peu de jus, & de coulis, & les mettez dans le four, pour les faire prendre couleur; étant de bel œil servez-les chaudement pour Entremêts.

MODERNE.

CHAPITRE XV.

Des Artichaux, Asperges, petits Pois, Concombres, & Choux.

Artichaux à l'Italienne.

PRenez de moyens Artichaux, & les parez; ensuite, faites-les cuire jusqu'à ce que l'on en puisse tirer le foin; hachez du persil, de la ciboule, & champignons; mettez le tout dans une casserole, avec un demi verre de bonne huile, & le mettez sur le feu un momet, avec sel, poivre, fines herbes; prenez une tourtiére, & la garnissez de bardes de lard, & y arrangez vos Artichaux, & dans chaque Artichaux, mettez-y vôtre ciboule, & champignons que vous avez passés; mettez quelques bardes de lard dessus, & les mettez au four: étant cuits, tirez-les égoûter, & les dressez dans leur plat, & y mettez une essence. Une autrefois, vous les pouvez servir avec une sausse blanche.

Artichaux à la Brigoule.

Prenez de moyens Artichaux, parez-les, & en tirez le foin; mettez-les dans une casserole, assaisonnez de sel, poivre, une gousse d'ail hachée, quelques truffes, champignons, ciboules, &

& persil ; mettez le tout dans vos Artichaux, mettez dessus un verre d'eau avec un verre d'huile, & les faites cuire ; étant cuits, dressez dans leur plat avec leur nourriture, & un jus de citron.

Artichaux à l'Estoufade.

Prenez des Artichaux ; parez-les, coupez-en les pointes des feüilles, & les faites cuire pour en pauvoir tirer le foin ; le foin en étant tiré, garnissez une casserole de bardes de lard, & de bœuf, avec quelques tranches d'ognons ; mettez-y vos Artichaux, & les assaisonnez de sel, & de poivre ; achevez de les couvrir de bardes de lard ; moüillez-les d'une demi cuillerée de boüillon ; couvrez-les, & les faites cuire feu dessus & dessous : étant cuits, tirez-les égouter, & les dressez dans leur plat ; mettez par-dessus une essence de jambon, avec quelques tranches de jambon, & servez chaudement pour Entremêts.

Artichaux en surprise.

Prenez de petits Artichaux, & les tournez en cus, & les faites blanchir pour en ôter le foin ; le foin en étant ôté, mettez vos cus d'Artichaux dans un petit blanc ; faites un petit salipicon comme ceci : prenez des ris de veau blanchis, coupez-les en petits dez gros comme de petits pois, des champignons, des truffes de même, des crêtes de coq de même ; mettez le tout dans une casserole avec un peu de coulis, faites mitonner ; le tout, & étant cuit, & de bon goût, tirez vos cus d'Artichaux de leur blanc,
&

& en remplissez un cus de vôtre sa lipicon; mettez par-dessus d'autres cus l'Artichaux, & les trempez dans de l'œuf batu, & les panez de mie de pain bien fine, & les faites frire dans du sain-doux; étant frits, dressez-les dans leur plat, & les garnissez de persil frit, & les servez chaudement pour Entremêts.

Artichaux à la Sauſſe blanche.

Faites cuire de petits Artichaux dans l'eau, & sel; quand ils seront cuits, passez les cus dans la casserole, avec beurre, & persil; assaisonnez de sel, & de poivre: liez la Sauſſe avec des jaunes d'œufs, un filet de vinaigre, & un peu de boüillon.

Artichaux au beurre.

Vos Artichaux étant cuits, comme dessus, ôtez le foin, & faites une Sauſſe avec du beurre frais, vinaigre, sel, & muscade, & un peu de farine pour lier la Sauſſe.

Artichaux frits.

Coupez-les par tranches, ôtez-en le foin, & les faites boüillir dans l'eau trois ou quatre tours; tirez-les, & les mettez tremper avec du vinaigre, du poivre, & du sel; puis, mettez-les dans un œuf batu; farinez-les, & les faites frire dans du sain-doux ou beurre rafiné, & les servez avec du persil frit. Quand ils sont tendres, on peut les faire frire sans les faire blanchir, & les poudrer de farine sans y mettre d'œuf.

Manière de conserver les Artichaux.

Tournez vos Artichaux en cus, le plus proprement qu'il vous sera possible, & les faites blanchir, jusques à ce que le foin s'en puisse ôter aisément : ensuite, mettez-les dans de l'eau fraîche, & les nettoyer bien, & les mettez sur des vanettes, & les faites sécher au four, ou au soleil. Pour les avoir bons, il faut les prendre au commencement de l'Eté, ou dans l'Automne, c'est la saison où ils sont les plus tendres. Vous pouvez aussi, après les avoir nettoyés, les conserver dans une saumure, ou dans de bon beurre, ou dans de l'huile, en les assaisonnant de sel, de poivre & de cloux.

Artichaux en feüilles.

Nettoyez le cu de vos Artichaux, & les faites cuire à l'eau & au sel, jusques à ce que vous en puissiez tirer le foin ; le foin étant ôté, mettez-les dans un pot de terre, & les remplissez de saumure, & les couvrez de beurre. Vous pouvez aussi les conserver, en les mettant seulement dans du beurre fondu ; & en voulant vous en servir, vous les mettrez dans de l'eau chaude pour en tirer le beurre, & mettrez dessus telle sausse que vous jugerez à propos. Vous les pouvez aussi mettre dans de l'huile, en les assaisonnant de sel, & de poivre tout en grain ; & quand vous voudrez vous en servir, vous les mettrez dans de l'eau boüillante pour en tirer l'huile : ou bien vous pourrez les servir à l'huile sur le champ.

Ma-

MODERNE.

Maniéres de bien accommoder des Cardes.

Ayez des pieds de Cardes, les plus beaux que vous pourrez avoir, détachez les feüilles du pied, les unes après les autres, & épluchez les montants, coupez les Cardons, qui veulent dire les feüilles que vous avez détachez, ce qui est bon de quatre à cinq pouces de long, & les jettez dans de l'eau; faites la même cérémonie à toutes vos Cardes, ayez de l'eau dessus le feu, & les jettez dedans, & faites-les blanchir jusqu'à ce que la peau s'en leve aisément; ensuite, jettez-les dans l'eau froide, & les lavez les unes après les autres bien proprement, sans vous servir de coûteau, parce que les côtes ne doivent point étre offencées, & qu'elles paroissent entiéres: étant toutes lavées, mettez-les égoûter dans un tamis; prenez une marmite, mettez-y un bon morceau de graisse de bœuf, quelques bardes de lard, la moitié d'un citron en tranches, après en avoir levé l'écorce ou un citron entier, selon la quantité de Cardes que vous avez à faire; moüillez-les moitié boüillon, moitié eau, & mettez vôtre marmite au feu, & quand elle boüillira, goûtez si le boüillon est de bon goût; ensuite, mettez-y vos Cardes, & les faites cuire tout doucement; & quand vous voudrez vous en servir, tirez-les égoûter sur un tamis, ayez un coulis tout prêt comme ceci, prenez une noix de veau, & la coupez en deux ou en trois morceaux; mettez-là dans une casserole avec deux ou trois tranches de jambon, un ognon coupez en deux, une carote de même: couvrez vôtre casserole, & la mettez au feu suer tout doucement; & quand vôtre viande commencera à prendre couleur, mettez-y une pincée de farine, &

Tome IV. L *la*

la remuez avec une cuillere de bois, & la moüillez de bon boüillon, & l'assaisonnez de basilic, tranches de citron, & la laissez mitonner tout doucement, & achevez de les lier d'une cuillerée à pot de vôtre coulis; dégraissez-le bien, & observez qu'il soit d'un bon goût, & fort leger, passez-le ensuite dans un tamis de soie: étant prêt à servir, mettez vos Cardes dans ce jus, & le poussez dessus le fourneau bien allumé: observez qu'il soit de bon goût, & fort leger; étant prêt à servir, pressez-y un jus d'orange, & dressez-les dans leur plat, & servez chaudement pour Entremêts. Si le coulis est trop chargé de couleur, vous y pouvez mettre un morceau de bon beurre frais. Si à la table on ne mange point vos Cardes, vous les pourrez servir une autrefois au parmesan, & les arrangez dans un plat, poudrez-les de parmesan, & les arrosez de vôtre coulis; ensuite, repoudrez-les de parmesan, & les faire prendre couleur au four, ou sous un couvercle de tourtiére. Une autrefois, si vous n'avez point assez de Cardes, mettez un croûton de pain dans le fond du plat; ensuite, vos Cardes avec leur jus par-dessus, & les poudrez de parmesan; ensuite, les arrosez d'un peu de coulis par tout; les achevez de poudrer de parmesan, & les faites prendre couleur, & les servez chaudement pour un petit Entremêts. Les Cardes étant blanchies, & cuites de même que celles qu'on a marquées, elles vous peuvent servir pour toutes sortes d'Entrées, vous n'avez qu'à les couper en filets, vous les laisserez entiéres, cela dépend de la fantaisie de l'Officier qui travaille. Elles vous peuvent servir aussi pour des potages, tant gras que maigres; il n'est pas nécessaire de les faire cuire au-

autrement, que celles-ci. Ce ne sont pas les Cardes qui donnent le goût & la qualité au potage, elles ne donnent simplement que le nom, & si vous voulez vous en servir en maigre, vous n'avez qu'à n'y point mettre de graisse; mais toujours les blanchir de même, & vous en servir pour ce que vous jugerez à propos en les servant avec une sausse blanche.

Artichaux en Bignets.

Prenez des Artichaux, & parez-en bien les cus, & coupez les pointes des feüilles; faites-les blanchir pour en pouvoir tirer le foin: le foin en étant tiré, mettez-les dans une marmite, avec un morceau de beurre, du sel, une cuillerée de bouillon; faites-les mitonner; ensuite, tirez-les égouter, faites une pâte avec deux poignées de farine, & deux œufs; détrempez-la avec de la biére ou du vin blanc: mettez-y un peu de sel, si vous voulez que vôtre pâte soit comme il faut: metrez un demi verre d'huile, & mettez vos Artichaux dans vôtre pâte, & les faites frire dans du sain-doux, ou bien dans de la friture maigre: étant frits, dressez-les dans leur plat, & les garnissez de persil frit, & servez chaudement pour Entremets.

Artichaux à l'Huile.

Prenez des Artichaux, & les tournez en cus, & les faites cuire dans de l'eau, jusqu'à ce qu'on en puisse ôter le foin; ensuite, tirez-les, & en ôtez le foin; mettez-les dans une petite marmite, avec un morceau de beurre, bardez de lard, tranches de citron, & les moüillez d'eau, mettez un peu de sel, & achevez de les faire cuire tout doucement; étant cuits, & bien blancs, tirez-les, & les dressez dans leur plat que vous voulez servir; les assaisonné de sel, poivre concassé, huile, & vinaigre, & les servez froids pour Entremêts. Cette sorte d'Artichaux en cus, peut aussi se servir avec une sausse de jambon, & le jambon en tranches par-dessus: vous pouvez les servir avec une sausse blanche, ou une sausse au jus. Vous pouvez aussi les servir, au parmesan, en les mettant dans leur plat, avec un peu de coulis dessus, & du parmesan rapé, & leur faire prendre couleur au four; & en servant, mettez-y un jus de citron, & servez chaudement.

Asperges à la Crême.

Il faut rompre vos Asperges par petits morceaux, & les faire un peu blanchir dans de l'eau boüillante; après, on les passe avec de bon beurre dans la casserole, ou avec du lard, si l'on n'a pas de fort bon beurre; prenant garde que le tout ne soit pas trop gras. On y met ensuite du lait, & de la Crême, & on l'assaisonne modérément, y mettant aussi un bouquet; avant que de servir, il faut délayer un ou deux jaunes d'œufs, avec de la Crême ou du lait, pour lier vos Asperges, & y mettre un peu de sucre, & vous les servez en même tems. On en peut faire autant pour des cus d'Artichaux, & pour des petits pois; mais à ceux-ci, il faut du sucre, & un peu de persil haché: du reste, on des passe de la même manière. Vous pouvez aussi servir des Asperges en petits pois, avec un coulis verds d'écoſſes de pois, ou autre choſe; une croûte au milieu.

Autres Asperges au jus.

Prenez des pointes d'Aſperges par morceaux: paſſez-les avec du beurre, perſil, cerfeüil coupé menû, & une ciboule, que vous retirez; aſſaiſonnez de ſel, poivre, & muſcade, & les faites mitonner avec un peu de boüillon gras dans un pot, à petit feu: étant cuites comme il faut, vous les dégraiſſerez, & y mettrez un jus de veau & eſſence, & citron; ſervez à courte ſauſſe. On ſert auſſi des Aſperges entiéres en bâton, à l'eſſence de jambon.

Asperges au beurre.

Faites cuire les Aſperges dans l'eau avec un peu de ſel; prenez garde qu'elles ne cuiſent pas trop: étant cuites à propos, tirez-les, & les méttez égoûter; dreſſez-les dans un plat, & faites une ſauſſe avec du beurre, ſel, vinaigre, & muſcade, & poivre blanc; la remuant toûjours, & verſez-là ſur vos Aſperges, quand elles ſeront dreſſées. Il n'y a rien en cela que d'aſſez connu; auſſi bien que pour les Aſperges en ſalade.

Manière de conserver les Asperges.

Otez-en le dur, & les faites boüillir un boüillon, avec ſel, & beurre, remettez-les dans l'eau fraiche, & les faites égoûter. Etant froides, mettez-les dans un vaſe où elles puiſſent être de leurs longueurs, avec ſel, clous entiers, citron verd, & autant d'eau que de vinaigre: couvrez-les de beurre fondu, comme les artichaux, mettant un linge entre-deux, & les tenez dans un lieu temperé pour vous en servir, faites-les tremper, & cuire comme les autres. Vous les pouvez aussi conserver dans de l'huile.

Asperges à l'Huile.

Prenez des Asperges, & les ratissez bien proprement, & les faites cuire dans de l'eau boüillante avec du sel; observez qu'elles soient fermes; tirez-les de l'eau, & les dressez sur leur plat, & mettez-y du poivre concassé, de l'Huile, du sel, du vinaigre, & les servez pour Entremêts. Une autrefois, vous les pouvez servir avec une sauce blanche par-dessus; une autre fois, une sauce au jus.

Asperges en petits Pois.

Prenez des petites Asperges, & les coupez en petits Pois le plus menu que vous pourrez, & n'en coupez que ce qui est tendre. Si les Asperges sont grosses, vous les fendrez en quatre. Étant coupées, faites-les blanchir; étant blanches, mettez-les dans une casserole avec un morceau de beurre; passez-les quelques tours sur le feu; ensuite, poudrez-les d'une pincée de farine, & les assaisonnez de sel & de poivre; moüillez-les d'un peu de boüillon; observez qu'elles soient de bon goût, & les liez d'une liaison de jaunes d'œufs, avec un peu de muscade; mettez un croûton de pain dans un plat, & vos Asperges par-dessus, & servez-les chaudement pour Entremêts. Vous pouvez également les servir au roux, en les moüillant de jus, & de coulis.

En-

Entremêts de petits Pois, à la Portugaise.

Vos Pois étant lavez, vous y hacherez des laitues, à proportion de ce que vous aurez de Pois; vous y mettrez du sucre gros comme le pouce, de l'huile fine, quatre ou cinq feuilles de baume hachées, avec persil, ognons, échalotes, une pointe d'ail, un peu de fariette, de la muscade râpée, sel, un peu de poivre, & une petite cuillerée de bouillon; mettez-les sur le feu, & faites qu'ils soient assez courts de bouillon quand vous les voudrez servir. Vous aurez des œufs frais que vous pocherez dedans, en faisant un trou pour la place de chaque œuf. Vous remettrez, ensuite, le couvercle sur vôtre casserole, avec un peu de feu dessus, pour faire cuire vos œufs; puis, vous les glisserez sur le plat, & servirez chaudement. Les féves de marais se font de la même maniére. Il est à observer de ne point blanchir les féves, & de les mettre tout comme elles sont, comme les Pois, sans les passer non plus.

Petits Pois, à la Créme.

Prenez de petits Pois fins; lavez-les dans de l'eau chaude, ensuite, mettez-les dans un tamis égouter, & les mettez dans une casserole, avec un morceau de beurre, un bouquet; mettez-les sur le feu, & les passez quelques tours, & les poudrez d'une pincée de farine, & les mouillez d'eau bouillante; assaisonnez-les de sel, un petit morceau de sucre; laissez les cuire; étant diminuez & cuits, & prêt à servir, mettez-y un peu de Créme, & observez qu'ils soient d'un

bon

bon goût; dressez-les dans un plat, & les servez chaudement, pour Entremêts.

Autres petits Pois.

Prenez des petits Pois fins; lavez-les dans de l'eau chaude; ensuite, mettez-les dans un tamis, égoûter, & mettez dans une casserole un morceau de beurre; mettez-les sur le feu, & les passez quelques tours, & les poudrez d'une pincée de farine, & les moüillez d'eau boüillante; assaisonnez de sel, un petit morceau de sucre: faites un bouquet de deux ou trois laituës ficellées, un bouquet de ciboules, & le mettez dans vos Pois. Etant cuits, ôtez-en vos laituës & vôtre ciboule; observez que les Pois soient de bon goût, & que la sauffe soit fort courte, & servez chaudement pour Entremêts.

Manière de conserver de petits Pois verds.

Prenez de petits Pois, la quantité que vous voudrez accommoder, & les faites blanchir quelques boüillons; observez qu'il y ait du sel dans l'eau; quand ils auront faits un couple de boüillons, tirez-les, & les étandez sur une nape blanche, & les laissez-là jusqu'à ce qu'ils soient froid: étant froids, faites-les secher au soleil, si vous en avez la commodité; ou bien dans un four tiede: étant secs, serrez-les dans un lieu sec, & quand vous vous en voudrez servir, mettez-les dans de l'eau tiéde pour les faire revenir; & si vous avez de gros Pois secs, mettez-en une poignée, cela les nourira, & laissez
cuire

cuire vos petits Pois dans cette eau-là : étant cuits, mettez un morceau de beurre dans une casserole, un bon bouquet de ciboules, un bouquet de laitues, si vous en avez; ensuite, vos petits Pois : observez que les gros en soient ôtez: passez-les quelques tours, & les poudrez d'une pincée de farine, & les mouillez de bon bouillon, & les assaisonnez de sel, un morceau de sucre, & achevez de les faire cuire : observez qu'ils soient de bon goût ; étant prêt à servir, liez-les avec une liaison d'œufs, si vous le juger à propos, ou bien avec de la crême, & si vous ne voulez point les servir comme celà, vous les lierez d'un peu d'essence de jambon, & vous mettrez dans le plat de petits croûtons de pain frits, & vos Pois dessus, & servez chaudement pour Entremêts

Autres petits Pois.

Prenez de petits Pois fins; lavez les dans de l'eau chaude; ensuite, mettez-les dans un tamis égoûter, & les mettez dans une casserole, avec un morceau de beurre, un bouquet; mettez-les sur le feu, & les passez quelques tours, & les poudrez d'une pincée de farine, & les mouillez d'un peu d'eau bouillante, & les laissez cuire tout doucement; étant cuits, liez-les, d'une essence de jambon, & observez qu'ils soient d'un bon goût. Etant prêt à servir, mettez-y une douzaine de croûtons de pain frits, & les dressez dans leur plat, & les servez chaudement pour Entremêts.

Petits Pois à l'Angloise.

Prenez de petits Pois, la quantité que vous jugerez à propos; faites-les cuire à l'eau boüillante, avec du sel & du baume; étant cuits, tirez-les de l'eau, & les mettez dans une casserole avec du beurre, & y hachez le baume, & y mettez une pincée de sel, & de poivre, & les dressez sur le champ pour Entremêts. Une autrefois, vous n'avez pas besoin d'y mettre du baume.

Entremêts de petites Féves de marais.

Prenez de petites Féves, & les faites blanchir; étant blanchies, mettez-les dans une casserole avec un morceau de beurre, un bouquet de persil, ciboule, & sariette; poudrez-les d'une pincée de farine, & les passez quelques tours au feu; moüillez-les d'un peu de boüillon, & les assaisonnez de sel & de poivre; observez qu'elles soient d'un bon goût, & assez cuites; étant cuites, liez-les d'une liaison de jaunes d'œufs, avec un peu de muscade; dressez-les dans le plat où vous les voulez servir, & servez chaudement pour Entremêts.

Autre Entremêts de moyennes Féves.

Prenez des Féves, & les faites blanchir pour les dérober; étant dérobées, mettez-les dans une casserole avec un morceau de beurre, un bouquet de persil, ciboule & sariette; poudrez-les d'une pincée de farine, & les passez quelques tours au feu; moüillez-les d'un peu de boüil-

boüillon, & les assaisonnez de sel, & de poivre; observez, qu'elles soient d'un bon goût, & assez cuites: étant cuites, faites une liaison de quatre jaunes d'œufs, délayez-là avec de la crême, un peu de muscade, & du persil hâché. Dressez-les dans leur plat, & servez chaudement pour Entremêts.

Entremêts de Féves, à l'Italienne.

Ayez des Féves de marais dérobées; mettez-les dans une casserole, avec un morceau de beurre; prenez deux ou trois artichaux, & tournez le cu à moitié; coupez vos artichaux en six ou huit morceaux, & les faites blanchir jusqu'à ce que le foin s'en ôte; le foin en étant ôté, mettez-les avec vos Féves, & les moüillez de jus, & de coulis, & d'un demi verre de vin de Champagne; poussez-les sur le feu, & les dégraissez bien; mettez-y une petite pointe d'ail, un jus de citron, plein une cuillerée à bouche de bonne huile; observez que vos Féves soient d'un bon goût; dressez-les dans leur plat, & servez chaudement pour Entremêts.

Haricôts, en maigre.

Prenez de petits Haricôts, & les coupez en filets; ensuite, mettez de l'eau dans une casserole, avec du beurre, & du sel, & les faites cuire. Vos Haricôts étant cuits, hachez un ognon ou de la ciboule; mettez un morceau de beurre dans une casserole, & le faites fondre sur le feu, & y mettez vôtre ciboule hachée, & là faites faire deux ou trois tours; ensuite, mettez-y vos Haricôts, qui sont égoûtez dans un tamis, & les passez

passez quelques tours; ensuite, poudrez-les d'une pincée de farine, & les moüiller de leur boüillon, ou bien du boüillon gras où ils ont cuits: assaisonnez de sel, & observez qu'ils soient de bon goût; étant cuits & prêt à servir, faites une liaison de jaunes d'œufs, déliez avec du persil haché, & un filet de vinaigre, liez-en vos Haricôts, & servez chaudement pour Entremêts.

Haricôts en gras.

Vos Haricôts étant épluchez & coupez en filets, mettez-les cuire dans de l'eau boüillante, avec un morceau de beurre, & du sel : étant cuits, hachez une ciboule, ou un ognon, & mettez une casserole, avec un morceau de beurre sur le feu; ensuite, vôtre ciboule hachée, & lui donnez deux ou trois tours sur le feu. Mettez-y vos Haricôts, & leurs donnez deux ou trois tours; ensuite, moüillez-les de boüillon, & y mettez un bouquet, ou de leur boüillon si vous voulez, & les faites cuire: observez qu'ils soient de bon goût; & étant prêt à servir, liez-les de coulis, & y mettez une pincée de persil haché, & en servant, un filet de vinaigre, & servez chaudement pour Entremêts.

Concombres farcis.

Il faut prendre les Concombres, les bien péler, & vuider de leurs semences, sans les couper que par un bout. Ils ne doivent pas être fort gros. Il faut avoir une farce de chair, composée de toutes sortes de volailles, & si l'on veut, d'un morceau de veau, le tout bien haché, avec du lard blanchi,

chi, & un peu de graisse de bœuf blanchie, du jambon cuit haché; des champignons, des truffes, & de toutes sortes de fines herbes; tout cela bien hachez, & assaisonnez; ensuite, farcisez-en vos Concombres, qui seront un peu blanchis avec cette farce, & les mettrez cuire dans de bon jus, ou braise de veau, qu'ils ne soient pas trop cuits. Les ayant tirez, on les coupe en deux, on les laisse refroidir, & l'on fait une pâte comme si c'étoit pour faire des bignets de pomme. La pâte sera d'une farine délayée avec de la biére, & gros comme une noix ou deux de beurre fondu, & un œuf, le tout batu ensemble; vous ferez des petites brochettes de la grosseur d'une plume à écrire, & vous passerez les morceaux de Concombres au travers, que les boûts soient tous d'un même côté, pour les pouvoir piquer dans la piéce de bœuf. Vous les tremperez dans cette pâte; & ayant du saint-doux chaud tout prêt, vous leur ferez prendre une belle couleur. Vôtre piéce de bœuf étant dressée, mettez par-dessus une sausse hachée, ou bien un salipicon de jambon & de ris de veau, & champignons, & vous piquerez par-dessus vos hâtelets de Concombres: cette façon d'accommoder les Concombres peut servir pour toutes sortes de Volailles, en les laissant entiéres, ou bien pour des Entremêts, en mettant une petite essence par-dessus, & panées de Parmesan. Ils vous peuvent servir pour garnir des potages en les coupant en tranches.

Concombres farcis, en maigre.

Prenez des Concombres qui ne soient pas trop gros; pélez-les, & les vuidez proprement

de

de leur semence, par un des bouts; ensuite, faites une farce avec de la chair de carpe, chair d'Anguille, champignons, & truffes. Hachez bien menu le tout ensemble, & l'assaisonnez de sel, poivre, & toutes sortes de fines herbes, & de bon beurre, & gros comme un œuf de mie de pain cuite dans de la crême, deux jaunes d'œufs cruds, le tout haché ensemble, vous en farcissez vos Concombres, & les faites cuire à petit feu dans une casserole, avec du bouillon de poisson, ou purée claire; étant cuits bien à propos, dressez-les dans un plat, avec une sauffe à l'Espagnole par-dessus. Une autrefois, vous les poudrerez de parmesan après avoir mis la sauffe par-dessus, & les ferez prendre couleur au four.

Concombres à la Matelote.

On les farcit comme ceux ci-dessus, & on les fait cuire dans de bon jus. Etant cuits, dégraissez-les bien, & qu'il n'y ait point trop de sauffe: liez-là avec quelques bons coulis; & avant que de servir, mettez un filet de vinaigre, & servez chaudement. Il faut que le tout soit d'un beau goût. On sert aussi des Concombres farcis en ragoût, & à la sauffe blanche.

Pour conserver des Concombres.

Il faut prendre des Concombres qui ne soient pas trop murs, & d'une belle qualité. On les range proprement dans un barquet avec du sel, moitié eau, & moitié vinaigre, ensorte qu'ils puissent bien tremper. Il faut les bien couvrir, &

& n'y toucher d'un bon mois. Quand on est hors de la saison des Concombres, on se sert de ceux-ci; les ayant bien pélez, & fait tremper, & si c'est pour garnir les potages, il les faut faire blanchir; & quand c'est pour des filets, tant en maigre qu'en gras, on les coupe à l'ordinaire en filets, & on les passe de la même manière que lorsqu'ils sont frais. Ils vous seront d'un grand secours tout l'hyver, & pendant le carême. A ceux que l'on veut manger en salade, on y ajoute du poivre, quelques poignées de sel, & clous de girofle: on les apellent des Concombres, ou Cornichons confits. On choisit pour cela les plus petits, sur l'arriére saison, & on confit des côtes de pourpier, & passepierre, de même, qui sert de fourniture à cette sorte de salade. On peut aussi s'en servir pour toutes sortes d'Entrées, au lieu de Concombres. On peut confire des melons de la même maniére, soit petits ou gros.

Choux farcis pour Entrée.

Prenez une bonne tête de Choux pommé, ôtez-en le pied, & un peu dans le corps, & faites-la blanchir dans de l'eau; étant blanchie, tirez-là, & la laissez égouter; ensuite, ouvrez-là adroitement, & en étendez les feüilles qui doivent toutes se tenir ensemble: étant ouverte, on y met dans le milieu une farce, composée de chair de volailles, & quelques morceaux de cuisse de veau, de lard blanchis, de la graisse de bœuf, un morceau de jambon cuit, des truffes, & champignons hachez, du persil, & de la ciboule, une pointe d'ail; le tout assaisonné

de

de fines herbes, & épices, avec de la mie de pain cuite dans du lait, deux œufs entiers, & deux ou trois jaunes d'œufs, le tout bien haché; farcissez-là dans le cœur de cette farce; ensuite, couvrez-là de quelques feüilles, & remettez encore un peu de farce, & le couvrez de feüilles, & continuez jusqu'à la fin; ficellez-le proprement: foncez une casserole ou marmite, avec des bardes de lard, & des tranches de bœuf; mettez-y vôtre Choux farci; assaisonnez de sel, poivre, ognons, fines herbes, clous de girofle; achevez de le couvrir dessus & dessous; moüillez-le de boüillon, & le couvrez; mettez-le cuire feu dessus & dessous: étant cuit, tirez-le égoûter, & le dressez dans son plat; mettez-y une essence de jambon par-dessus, & servez chaudement pour Entrée. On peut aussi farcir un Choux en maigre, avec de la chair de poisson, & autres garnitures, comme si c'étoit une carpe, un brochet, ou autre poissons, que l'on veut farcir.

Choux-fleurs au jus, pour Entreméts.

Vous épluchez vos Choux-fleurs, & les faites blanchir à l'eau; c'est-à-dire, vous prenez une marmite que vous emplissez à moitié d'eau, un peu de farine, un morceau de beurre, deux ou trois bardes de lard, & du sel; ensuite: lorsque vôtre eau boüil, vous y mettez cuire vos Choux-fleurs, un peu plus qu'à demi; vous les retirez, les mettez égoûter, & les arrangez dans une casserole, & y mettez un coulis clair de veau, & de jambon sufisamment, pour qu'il trempe : ensuite, vous les mettez mitonner sur un fourneau à petit feu; & lorsque vous êtes prêt

prêt à servir, vous avez un morceau de bon beurre, de la grosseur d'une noix ou deux, que vous maniez dans tant soit peu de farine, que vous mettez en cinq ou six morceaux, autour de la casserole, que vous remuez sur le feu; observez qu'ils soient de bon goût, & vous leur donnerez une pointe légere de vinaigre, & les servez chaudement. Ces Choux-fleurs se servent pour garnir des potages de Choux-fleurs. Il s'en mange aussi en salade, & tout cela est assez commun. Etants cuits, comme ci-devant, on les dressent dans leur plat, & on met telle sausse que l'on juge à propos par-dessus: on les panent, & on les fait prendre couleur au four, en les poudrant de parmesan, ce qui se nomme des Choux-fleurs au parmesan.

CHAPITRE XVI.
Des Oeufs.

Des Oeufs.

Rien ne fournit une plus grande diversité que les Oeufs; on en sert en gras & en maigre, le tout pour hors d'œuvre, & entremêts; en voici les manières principales.

Oeufs au jus d'Oranges.

Il faut casser des Oeufs, suivant le plat que vous voulez faire; mettez-y un peu d'eau, pressez-y, en même tems, le jus d'une Orange, & prenez garde qu'il n'y tombe de la graine. Le tout étant bien batu & assaisonné d'un peu de sel & poivre; prenez une casserole; si c'est un jour maigre, mettez-y un peu de beurre; & si c'est un jour gras, un peu de jus; versez-y vos Oeufs, & remuez toujours, comme si c'étoit une crême, de peur qu'ils ne s'attachent au fond: quand ils seront cuits, comme il faut, dressez-les dans un plat, & servez chaudement.

Oeufs en Crépine.

Prenez du jambon cuit, ris de veau, foies gras, truffes, & champignons que vous coupez en dez, & que vous passez dans une casserole avec un peu de lard fondu; mouillez-les de jus, &

& les laissez mitonner une demi-heure, & les liez d'un coulis ordinaire : voyez que vôtre ragoût soit d'un bon goût, & le laissez réfroidir; prenez dix jaunes d'Oeufs frais, & mettez les blancs à part; faites-les foüetter en nége, & délayez les jaunes avec un peu de coulis, ou bien un peu de Crême de lait, & les passez au travers d'un tamis, & les mettez dans vôtre ragoût, & y mettez vos blancs d'Oeufs, qui sont foüettez en nége; mêlez bien le tout ensemble: ayez ensuite une casserole, & mettez au fond une Crépine, sur laquelle vous mettez vôtre ragoût; renversez le bord de la Crépine dessus, & la mettez cuire au four: quand elle sera cuite, renversez-là sur un plat, & servez chaudement. Une autrefois, au lieu de la servir au sec, vous y mettrez une essence de jambon par-dessus, ou bien un salipicon. Une autrefois, avec un ragoût de truffes vertes, coupées en petits dez.

Oeufs à la Chicorée.

Faites blanchir de la Chicorée, pressez-là bien; donnez lui trois à quatre coups de coûteau, & la mettez dans une casserole, & la mouillez d'un peu de bouillon de poisson, & l'assaisonnez de poivre, de sel, & d'un bouquet, & la laissez mitonner pendant une demi-heure; & la liez avec du coulis de poisson: vos Oeufs étant pochez au beurre, bien nettoyez tout autour. Voyez que vôtre ragoût de Chicorée soit d'un bon goût, & le dressez dans un plat; & arrangez vos Oeufs pochez par-dessus, qu'ils ayent une belle couleur, & les servez chaudement pour Entrée ou hors d'œuvre. Vous pouvez passer vôtre Chicorée au blanc, & servir de même.

Oeufs aux Laituës.

Prenez des Laituës pommées, les faites blanchir, les pressez bien, & les coupez en quatre, passez-les dans une casserole, avec un peu de beurre frais, assaisonnez de poivre, de sel, & d'un bouquet de fines herbes, & les faites mitonner à petit feu, pendant une demi-heure; étant cuites, vous les dégraissez, & les liez de coulis de poisson: vous aurez des Oeufs frais pochez au beurre, comme il est marqué ci-devant, que vous apropriez proprement tout autour. Voyez que vôtre ragoût de Laituës soit d'un bon goût, & le dressez dans un plat, & arrangez vos Oeufs pochez par-dessus, & les servez chaudement pour Entrée, ou hors d'œuvres.

Oeufs au Celeri.

Prenez trois à quatre pieds de Celeri, faites-les cuire à demi, dans une eau blanche, qui se fait avec de l'eau, de la farine, du beurre, & du sel; étant cuits, retirez-les, & mettez-les égouter; coupez-les par morceaux, & les mettez dans une casserole, avec un peu de coulis, clair de poisson, & les mettez mitonner pendant une demi-heure, & les achevez de lier avec du coulis d'écrevices, ou autres coulis, & un petit morceau de beurre, gros comme une noix, en le remuant toujours sur le feu: voyez que vôtre ragoût soit d'un bon goût, & le dressez dan un plat, & y mettez vos Oeufs pochez par-dessus, & les servez chaudement pour Entrée, ou hors d'œuvre. Lorsque l'on ne veut pas
se

se servir d'Oeufs pochez, on peut se servir d'Oeufs durs, que vous pelez, & choisissez les plus frais, & les coupez par la moitié: vôtre ragoût de légume étant au fond de vôtre plat, vous le garnissez de vos Oeufs, qui sont coupez par la moitié, le tour de vôtre plat, & les servez pour Entrée, ou hors d'œuvre. Vous les servez de même, avec un ragoût de chicorée ou de laituës, ou à l'ozeille. Vous pouvez aussi y mettre des Oeufs pochez à l'eau, & molets.

Oeufs aux Ecrevices.

Faites un ragoût de queuës d'Ecrevices, avec des truffes, & des champignons, quelques cus d'artichaux coupez par morceaux, & les passez dans une casserole, avec un peu de beurre, & les moüillez d'un peu de boüillon de poisson, & l'assaisonnez de poivre, & de sel, & d'un bouquet; laissez-le mitonner pendant un quart d'heure; étant cuit, dégraissez-le bien, & liez-le de coulis d'Ecrevices. Une autrefois, pochez une douzaine d'Oeufs frais à l'eau boüillante, & les parez bien; dressez-les dans un plat proprement. Voyez que vôtre ragoût soit d'un bon goût, & mettez-le sur vos Oeufs, & les servez chaudement pour Entrée, ou hors d'œuvres.

Oeufs aux Ecrevices, pour Entremêts, en maigre.

Prenez une petite cuillerée de boüillon de poisson, avec une mie de pain, des champignons, un peu de persil, des ciboules entières, & vous faites mitonner le tout ensemble; vous le retirez de dessus le feu, & y mettez du coulis d'Ecrevices, selon la grandeur du plat, que vous voulez faire : mettez un plat sur une table, avec une étamine, & y mettez des jaunes d'Oeufs frais, & passez vôtre coulis avec vos Oeufs dans votre étamine deux ou trois fois; mettez un plat d'argent ou autre sur des cendres chaudes, & y vuidez vos Oeufs, & les couvrez d'un couvercle de tourtiére, garni de feu : ayez soin de léver de tems en tems le couvercle, pour voir quand ils sont pris ; & lorsqu'ils sont pris, servez-les chaudement pour Entremêts.

Oeufs à l'Allemande.

Vous cassez des Oeufs dans un plat, comme au miroir ; vous y mettez un peu de bouillon de purée, & vous bâtez deux ou trois jaunes d'Oeufs, avec un peu de lait, que vous passerez par l'étamine : vous ôterez le bouillon où à cuit vos Oeufs, vous y mettrez vos jaunes par-dessus, avec du fromage rapé, & vous leur ferez prendre couleur sous un couvercle.

Oeufs à la Bourguignonne.

Prenez un morceau de citron confit, quelques biscuits d'amandes ameres & autres, d'amandes douces, & de sucre ; & vous pilez bien le tout ensemble : prenez quatre ou cinq Oeufs, & brouillez bien le tout ensemble, & le passez par l'étamine avec un peu de crème de lait, & sel ; & vous le ferez cuire au bain-marie, comme des Oeufs au lait, & les glacerez avec la pèle rouge, pour qu'ils prennent une belle couleur ; & servez chaudement pour Entremêts.

Oeufs

Oeufs à la Suisse.

On les met comme au miroir; & les ayant panez de mie de pain, & poudrez de hachis de brochet, & de fromage rapé, on leur fait prendre belle couleur. Observez qu'il y en ait dessus comme dessous.

Oeufs à la Portugaise.

Il faut faire fondre du sucre, avec de l'eau de fleurs-d'orange, deux jus de citron, & un peu de sel; mettez-le, ensuite, sur le feu avec vos jaunes d'Oeufs, & les remuez avec une cuillére; lorsque les Oeufs se détacheront du plat, ils seront cuits; étant froids, dressez-les dans le plat.

Oeufs à la Portugaise, d'une autre manière.

Mettez du sucre dans une casserole, selon la quantité des Oeufs que vous voulez faire, avec un peu d'eau, un petit morceau de canelle en bâton, que vous mettez sur le fourneau, afin que votre sucre cuise: en attendant qu'il cuit, prenez quinze jaunes d'Oeufs que vous délayez dans une casserole, avec la moitié d'une chopine de lait; passez-les dans un tamis, afin qu'il n'y ait point de blanc. Votre sucre étant cuit, vous y mettez un morceau d'écorce de citron verd, & le laissez toujours sur le feu, en le remuant avec une cuillere. Vous vuidez vos jaunes d'Oeufs qui sont délayez, dans votre sirop, & les remuez jusques à ce qu'ils soient liez comme une créme,

& les retirez de dessus le feu; mettez-y un peu de sel; remuez-les toûjours, jusqu'à ce qu'ils soient presque froids, & y mettez un jus de citron: dressez-les proprement dans un plat, & servez-les froids pour Entremets. Il faut ôter de dedans le morceau de canelle, & citron.

Oeufs aux Pistaches.

Faites piler des Pistaches échaudées, & un morceau d'écorce de citron confite; faites cuire vôtre sucre avec du jus de citron, & quand le sirop sera à moitié fait, mettez-y les Pistaches avec les jaunes d'œufs; remuez comme ci-dessus, jusqu'à ce qu'ils quittent le poëlon, & servez-les comme les Oeufs à la Portugaise.

Petits Oeufs aux Pistaches.

Prenez une chopine de lait, avec un demi-septier de crême, une cuillerée à bouche de farine de ris, que vous mettez dans une casserole, vous délayez avec un peu de vôtre lait, & y mettez quatre jaunes d'Oeufs frais, & achevez de mettre vôtre chopine de lait, & vôtre demi septier de crême, le tout bien délayez ensemble, & y mettez du sucre à proportion de ce qu'il en faut, & un morceau de canelle en bâton, deux zestes de citron, & un peu de sel; faites-les cuire sur un fourneau, comme une crême; échaudez un quarteron de Pistaches, que vous pilerez dans le mortier, avec une écorce de citron verd confite, & y mettez vos Pistaches parmi vos Oeufs; & mettez un plat d'argent sur le fourneau, & y vuidez vos Oeufs, & les remuez toûjours, jusques à ce qu'ils s'attachent, & lorsqu'ils sont at-
ta-

tachez par tout, & qu'ils ont fait un gratin, vous les retirez de dessus de feu, & les sucrez, & y passez la pêle rouge pour leur donner une belle couleur, & les servez chaudement pour Entremets.

Pain aux Œufs.

Mettez tremper de la mie de Pain blanche dans du lait chaud pendant deux ou trois heures, afin qu'il soit bien trempé, vous le passez à l'étamine ou dans une passoire bien fine, vous y mettez un peu de sel, & de sucre, un peu d'écorce de citron confite, hachée bien menuë, un peu de citron verd rapé, & un peu d'eau de fleurs d'orange. Prenez des Œufs frais, battez les blancs en nége, & délayez les jaunes avec vôtre mie de Pain que vous avez passé, & y mettez les blancs que vous avez fouettez en nége; & mêlez bien le tout ensemble: prenez une poupetonnière, ou une casserole, que vous frottez de bon beurre par tout, & y vuidez vos Œufs au Pain, que vous avez preparez; & les faites cuire au four, ou bien avec un couvercle, feu dessus & dessous; étant cuits, vous les renversez dans un plat, & les sucrez, & les glacez avec la pêle rouge, & les servez chaudement. Pour qu'ils ne s'attachent point au fond, vous n'avez qu'à y mettre une feuille de papier beurrée.

Œufs à l'eau de fleurs d'orange.

Mettez du sucre, & de l'eau de fleurs d'orange dans une casserole, avec de la crême naturelle, de l'écorce de citron confite, hachée bien fin, & un peu de sel; puis, mettez-y huit ou dix jaunes d'Oeufs, & remuez comme des Oeufs broüillez, & lorsqu'ils sont liez, dressez-les dans un plat, & les servez froids ou chauds, pour Entremets. On ne peut y mettre la fleurs-d'orange qu'en les dressant dans le plat.

Oeufs à l'Italienne.

Faites un sirop avec du sucre, & un peu d'eau; étant plus qu'à demi-cuits, prenez des jaunes d'Oeufs dans une cuillere d'argent, l'un après l'autre, & les tenez dans ce sirop, pour les cuire. Vous en ferez ainsi, tant qu'il vous plaira, tenant toûjours vôtre sucre bien chaud; & vous les servirez garnis & couverts de pistaches, tranches d'écorces de citron, fleurs-d'orange, que vous aurez passées dans le reste de vôtre sirop, avec du jus de citron par-dessus.

Oeufs au jus d'Ozeille.

Pochez des Oeufs dans l'eau boüillante, assaisonnez de sel, & de vinaigre; pilez de l'Ozeille, & mettez-en le jus dans une casserole, avec du beurre, deux ou trois Oeufs cruds, sel, & muscade; faites cuire cette liaison. Vos Oeufs étant cuits, dressez-les dans leur plat, & mettez la sauße par-dessus, en servant chaudement.

Oeufs à la Tripe.

Faites durcir deux douzaines d'Oeufs; étant durs, mettez-les à l'eau froide, & les épluchez; ensuite, coupez-les en tranches; mettez une casserole, avec un morceau de beurre au feu, avec

avec un ognon haché; & quand vôtre ognon sera cuit, mettez-y vos Oeufs; ensuite, moüillez-les d'un peu de lait; assaisonnez de sel, poivre, persil haché; observez qu'ils soient de bon goût, & servez chaudement pour Entrée.

Oeufs à la Tripe, à l'Italienne.

Prenez des Oeufs, & les faites durcir, & épluchez comme les autres ci-devant; ensuite, coupez-les en quatre ou cinq tranches; mettez un peu d'huile dans une casserole, avec un ognon coupez par petites tranches, fort minces, & les passez quelques tours sur le feu, & ensuite, mettez-y vos Oeufs, coupez en Tripe, & les moüillez d'un peu de lait; assaisonnez de sel, poivre, une pointe d'ail, & du persil haché: observez qu'ils soient de bon goût, & un jus de citron, en servant, & servez chaudement pour Entrée.

Oeufs à la Tripe, au roux.

Prenez deux douzaines d'Oeufs, & les faites durcir comme les autres ci-devant; épluchez-les, coupez-les de même, passez un ognon au beurre, ensuite, mettez-y vos Oeufs, & les moüillez de jus d'ognons; assaisonnez de sel, poivre, persil haché, une cuillere à bouche de bonne huile, une pointe d'ail, une cuillerée de moutarde, & un jus de citron: observez qu'il soit de bon goût, & servez chaudement pour Entrée.

Pe-

Petits Oeufs à l'Italienne.

Prenez au moins une douzaine d'Oeufs, & les faites bien durcir, & éplucher; étant épluchez, ôtez-en proprement les jaunes entiers, coupez vos blancs en petits filets, comme des menus de Rois; ensuite, prenez un ognon & le coupez aussi en filets fort minces, quelques champignons en tranches; mettez un morceau de beurre dans une casserole, & le mettez au feu, & le faites roussir; ensuite, mettez-y votre ognon en filets, & vos champignons en tranches, & les passez quelques tours, sur le feu; ensuite, mettez-y vos filets de blanc d'Oeufs, & les poudrez d'un peu de farine, & les moüillez de jus gras ou maigre, si vous voulez, & un verre de vin, assaisonnez de sel, poivre, une pointe d'ail, un jus de citron: observez qu'il soit de bon goût, & y mettez vos jaunes d'Oeufs & une cuillerée de bonne huile, & servez chaudement pour Entrée.

Oeufs au verjus.

Délayez vos Oeufs avec du verjus de grain; assaisonnez de sel, & muscade, & faites-les cuire avec un peu de beurre, & les servez chaudement comme une crême.

Oeufs au blanc de Perdrix.

Faites piler une bonne Perdrix cuite à la broche; étant pilée, mettez dans une casserole une demi cuillerée à pot de coulis, & une autre demi cuillerée de jus de veau, avec un peu de sel, poivre, & de muscade, & le faites chauf-

chauffer un peu, & y délayez vôtre Perdrix pilée, & six jaunes d'Oeufs frais ; passez le tout à l'étamine : mettez un plat sur des cendres chaudes, & y mettez vôtre apareil, & les couvrez d'un couvercle de tourtière garni de feu ; & lorsqu'ils sont pris, servez-les chaudement. Vous pouvez les faire cuire au bain-marie. On les peut faire des même de blancs de Poulardes que ceux de blancs de Perdrix ci-dessus : au lieu de Perdrix, il n'y à qu'à se servir de Poulardes. L'on fait de même, ceux de Faisants. On peut aussi se servir de carcasses de Lévreaux & Lapreaux.

Oeufs au jus glacez.

Prenez moitié coulis & moitié jus de veau, avec un peu de sel, poivre, & de muscade, & y délayez six jaunes d'Oeufs frais, & les passez à l'étamine, & mettez un plat sur des cendres chaudes, & y vuidez vos Oeufs, & les couvrez d'un couvercle garni de feu ; & voyez de tems en tems s'ils prennent, & lorsqu'ils sont pris, vous les retirez, & les servez chaudement.

Oeufs au jus.

Prenez des Oeufs frais, pochez-les dans de l'eau boüillante, & mettez, dans ladite eau, un peu de vinaigre & du sel : étant cuits, dressez-les proprement dans un plat ; ayez un jus de veau, ou bien un jus naturel, que vous faites chauffer, & y mettez du sel, & du poivre, & une ciboule entière : passez-le au travers d'un tamis, & le vuidez sur vos Oeufs, & les servez chaudement.

Oeufs au jus broüillez.

Prenez du jus de veau, ou autres, avec un peu de coulis & un morceau de bon beurre, & y ajoûtez huit jaunes d'œufs, un peu de sel & de poivre : délayez bien le tout ensemble, & le faites cuire sur un fourneau, comme une créme, en le remuant toûjours ; étant cuit, mettez-y un peu de muscade & un jus de citron. Voyez qu'ils soient d'un bon goût ; dressez-les dans un plat ; servez-les chaudement pour Entremets.

Oeufs aux Amandes glacées.

Prenez une chopine de crême douce, avec un morceau de canelle en bâton, deux ou trois zestes de citron, un morceau de sucre, selon la quantité qu'il en faut ; pelez un quarteron d'Amandes douces, avec une douzaine d'Amandes améres & les pilez dans un mortier, en les arrosant de tems en tems avec une goûte de lait : étant pilées, délayez-les avec vôtre crême, & huit jaunes d'Oeufs frais : passez le tout dans une étamine, deux ou trois fois : prenez un plat d'argent, & le mettez sur de la cendre chaude : & vuidez vos Oeufs à la crême dedans, couvrez-les d'un couvercle de tourtiére, avec du feu dessus, & lorsqu'ils sont cuits, vous les retirez, & servirez chauds ou froids, pour Entremets.

Oeufs pochez, aux Concombres.

Faites un ragoût de Concombres de cette maniére ; pelez des Concombres, partagez-les par la moitié ; ôtez-en les pepins, coupez-les par tran-

MODERNE. 191

tranches, & mettez-les mariner avec un ognon coupé par tranches, du poivre, du sel, & du vinaigre; étant marinez, preffez-les dans un linge; paffez-les dans une cafferole avec du beurre fur un fourneau; étant un peu roux, moüillez-les d'un boüillon de poiffon ou autres, & les mettez mitonner pendant une demi-heure; étant cuits, dégraiffez-les bien, & les liez d'un coulis de poiffon ou d'écrevices: pochez des Oeufs frais, dans du beurre un à un, felon la quantité que vous voulez faire, & les dreffez proprement dans un plat. Voyez que vôtre ragoût de Concombres foit d'un bon goût, & qu'il ait de la pointe; mettez-les dans le plat que vous voulez fervir, & vos Oeufs par-deffus, & les fervez chaudement, pour Entrée ou hors d'œuvre.

Oeufs aux Ecrevices, en gras, pour Entremêts.

Prenez moitié jus de veau, & moitié coulis le tout felon la quantité que vous voulez faire, n'en prenant que la moitié; affaifonnez de fel, de poivre, & d'un peu de mufcade, & y mettez l'autre moitié, de ce qu'il faut, pour remplir le plat de coulis d'Ecrevices, & y délayez des jaunes d'œufs frais, & les paffez à l'étamine: mettez un plat fur des cendres chaudes: vuidez vos Oeufs dedans; couvrez-les d'un couvercle de tourtiére, garni de feu, & de tems en tems regardez s'ils font pris; & lorfqu'ils font pris, fervez-les chaudement pour Entremêts.

Oeufs

Oeufs aux Truffes.

Vous faites un ragoût de Truffes vertes, de cette manière : vos Truffes étant pelées, vous les coupez par tranches, & les passez dans une casserole, avec un peu de beurre, & les mouillez d'un peu de boüillon de poisson, ou autres, & les laissez mitonner un quart d'heure, à petit feu, & les dégraissez, & les liez d'un coulis de poisson ou autres ; vos Oeufs étant pochez au beurre roux, vous les nettoyez bien proprement tout autour, & les dressez dans un plat, & mettez vôtre ragoût de Truffes par-dessus, & les servez chaudement pour Entrée ou hors d'œuvre. L'on fait de même, des Oeufs pochez, avec un ragoût de champignons. Une autrefois, avec un ragoût de mousserons, & une autrefois, avec un ragoût de morilles.

Oeufs artificiels, au miroir.

Etendez du beurre dans le fond d'un plat ; mettez de la crême patissière dessus, & la faites cuire sous un couvercle de tourtière. Quand vous verrez qu'elle s'affermira, ôtez-la du feu ; ensuite, faites-y dix ou douze places avec une cuillere, & remplissez-les de jaunes artificiel ; après quoi, vous ferez une sausse avec un beurre lié, fines herbes hachées bien menuës, sel, poivre, muscade, & un filet de vinaigre, ou sans cela ; & quand vous voudrez servir, versez-la par-dessus vos Oeufs, & servez chaudement.

Oeufs

Oeufs falsifiez, ou artificiels.

En carême, & en jours maigres, on peut servir des œufs falsifiez de plusieurs façons. Pour cela, prenez deux pintes de lait, & faites-les cuire dans une terrine ou casserole, remuant toujours avec une cuillere de bois, jusqu'à ce qu'il soit réduit à une chopine. Tirez en la troisiéme partie dans un plat à part, & remettez-le sur le feu, avec de la crème de ris, & un peu de safran. Etant épaissi, & un peu ferme, faites-en comme des jaunes d'Oeufs, que vous maintiendrez toujours tiédes. Du reste du lait, remplissez-en des coquilles d'Oeufs, que vous aurez ouverts, après les avoir lavées, & les couronnés aussi; & pour servir, mettez-y les jaunes d'Oeufs que vous aurez faits, & par-dessus un peu de crème d'amandes douces ou de crème de lait, sans cuire, & eau de fleurs-d'orange. Servez sur une serviette: ce sera des Oeufs molets artificiels. Autres sortes, mêlez d'abord avec vôtre lait de la fleur de farine, ou farine de ris, & faites-en comme une crème pâtissiére sans Oeufs, assaisonné de sel. Etant cuite, prenez-en de même une partie pour faire les jaunes, y ajoûtant du safran; & mettez ces jaunes dans des demi-coquilles d'Oeufs, lavées & mouillées avec eau ou vin blanc. Du reste, remplissez-en des coquilles entiéres; & vôtre crême, s'y étant réfroidie, vous tirerez ces blancs, & ces jaunes de leurs coquilles, pour en faire telles sortes d'Oeufs artificiels, que vous voudrez. Par exemple, pour des Oeufs farcis; après avoir ôtez la coquille, fendez les blancs, & tirez les jaunes, & les remplissez de la farce, telle qu'elle est ci-devant;

les dreſſant de même, garnis de jaunes artificiels, que vous aurez farinez & frits.

Autres Petis Oeufs artificiels.

Faites cuire une demi douzaine d'Oeufs dans de l'eau, juſqu'à ce qu'ils ſoient durs; tirez-les dans de l'eau fraiche, & enſuite, tirez-en le jaunes, & le mettez dans un mortier, & les pilez; mettez-y, enſuite, une pincée de farine, un peu de ſel, la moitié d'un jaune d'Oeuf cruû, & achevez de le repiler. Formez-en, enſuite, de petits Oeufs, qui imitent ceux de volailles; en les formant, vous aurez ſoin de les poudrer d'un peu de farine; vous en ferez de gros & de petits: étant formez, vous les ferez bouillir dans de l'eau pour les faire cuire; étant cuits, vous vous en ſervirez pour tout ce que vous aurez beſoin, à ce qui demandent des petits Oeufs. Ces ſortes d'Oeufs ſont fort bons, lorſqu'on ne peut pas en avoir des naturels, & ſont d'une grande utilité.

Oeufs convenables pour des Galantines marbrées, Gâteaux de viandes, &c.

Mettez une douzaine de jaune d'Oeufs dans une caſſerole, & les détrempez avec plein une cuillerée à bouche d'eau; frotez une petite caſſerole de bon beurre, & y mettez vos Oeufs, & les faites cuire au four, qui ſoit, pour ainſi dire froids, ou entre des cendres chaudes, pour que vos Oeufs ne boufent point, cependant qu'ils cuiſent, & qu'ils ſoient durs & fermes. Etant cuits, levez-les de la caſſerole, & enſuite, coupez-les en filets de la groſſeur que vous juge-

jugerez à propos ; après quoi, coupez-les en dez, & vous en servez pour ce qui a besoin de jaunes d'Oeufs durs ; ils se soûtiennent beaucoup mieux que les jaunes d'Oeufs qu'on fait durcir ; ils servent pour toutes sortes de viandes, comme il est marquez au titre.

Entrée d'Oeufs farcis.

Faites durcir une douzaine d'Oeufs ; étant durs, épluchez-les, fendez-les en deux, & tirez-en les jaunes. Mettez-les dans un mortier, avec un morceau de beurre, de la ciboule, persil haché, quelqus champignons, un morceau de mie de pain, cuite dans du lait; si vous avez de la chair de poisson ajoûtez-y en ; assaisonnez-les de sel, poivre, fines herbes, fines épices; pilez bien le tout ensemble, & en remplissez les blancs de vos Oeufs, & rendez-les unis, en trempant vôtre coûteau dans l'Oeuf. Ensuite, prenez le plat que vous voulez servir, mettez, dans le fond de ce plat de la même farce de vos Oeufs ; ensuite, arrangez-y vos blancs d'Oeufs farcis ; après quoi, panez-les de mie de pain, & les mettez cuire au four pour leur faire prendre couleur. Etant cuits, mettez-y une petite sausse de ce que vous jugerez à propos, sans les masquer, & les servez chaudement pour Entrée.

Autre Entrée d'Oeufs farcis aux Concombres.

Prenez quatre ou cinq Concombres, & les pelez ; étant pelez, ôtez-en la graine, & les coupez par filets; ensuite, faites-les mariner avec du sel, poivre, vinaigre, ognons coupez en tranches, & un peu d'eau. Étant marinez, mettez-les dans un linge, & les pressez bien pour en tirer le jus. Ensuite, mettez-les dans une casserole avec un morceau de beurre, & les passez sur un fourneau un peu vif; ayant pris couleur, poudrez-les d'une pincée de farine, & les moüillez d'un jus maigre, ou gras si vous le voulez. Laissez-les mitonner tout doucement. Après celà, faites durcir une douzaine d'Oeufs; épluchez-les, fendez-les en deux & en ôtez le jaune. Mettez les jaunes dans un mortier, avec un bon morceau de beurre, de la chair de carpe hachée, ou d'autre poisson, si vous en avez, & un morceau de mie de pain cuite dans du lait; assaisonnez-les de sel, poivre, ciboules, persil haché, fines herbes & fines épices. Le tout étant bien pilé, remplissez-en vos blancs d'Oeufs, & les arrangez dans une tourtière; panez-les, & leur faites prendre couleur au four. Étant cuits, & de belle couleur; observez que vôtre ragoût de Concombres soit d'un bon goût; & s'il n'est pas assez lié, mettez-y un morceau de beurre manié, ou bien un peu de coulis maigre. Dressez-le, ensuite, dans le plat que vous voulez servir; mettez vos Oeufs par-dessus, & servez chaudement pour Entrée. Vous pouvez mettre sous cette sortes d'Oeufs farcis, toutes sortes de ragoûts de légumes, comme de laitües, chicorée, celeri, pointes d'asperges, blanc, ou aux roux, &c.

Oeufs pochez au beurre, à la Chicorée.

Prenez de la Chicorée, & la faites blanchir; étant blanchie, mettez-là dans de l'eau froide, &

& la pressez bien. Ensuite, donnez-lui quelques coups de coûteau, & la mettez dans une casserole avec un morceau de beurre. Passez-là quelques tours sur le feu, & la poudrez d'une pincée de farine. Ensuite, moüillez-là de boüillon maigre, & l'assaisonnez de sel, & de poivre, & la laissez mitonner tout doucement. Aprez celà, prenez de la friture, mettez-en un peu dans une petite poële ou casserole, & la mettez sur un fourneau allumé ; quand vôtre friture sera chaude, cassez-y un Oeuf, & faites ensorte qu'il soit bien rond, & d'une belle couleur, & que le jaune ne soit point dur. Vous les faites frire les uns après les autres, selon la grandeur du plat où vous voulez les servir. Ensuite, faites une liaison de trois ou quatre jaunes d'Oeufs; délayez-les avec du boüillon maigre, un peu de muscade, & un filet de vinaigre. Observez que vôtre ragoût soit d'un bon goût; dressez-le dans son plat, mettez vos Oeufs par-dessus, & servez chaudement pour Entrée. Vous pouvez mettre, sous cette façon d'Oeufs, toutes sortes de ragoûts de légumes que vous jugerez à propos.

Autre Entrée d'Oeufs pochez à l'eau, à la Chicorée.

Mettez de l'eau dans une casserole sur un fourneau ; quand elle boüillira, mettez-y une poignée de sel, un demi verre de vinaigre ; cassez-y quatre Oeufs frais, les uns après les autres ; couvrez vôtre casserole, & l'ôtez de dessus le feu ; prenez garde que vos Oeufs ne durcissent ; étant pochez & mollets, mettez-les dans de l'eau

fraifraîche, & les tenez chaudement; remettez vôtre casserole sur le feu, & achevez d'y pocher des Oeufs, la quantité dont vous aurez besoin, pour mettre sur vôtre chicorée. Ensuite, faites blanchir ce que vous jugerez à propos de Chicorée, étant blanchie, donnez-lui quelques coups de coûteau, & la marquez dans une casserole, & après quoi, mouillez-là de jus maigre; assaisonnez-là de sel, & de poivre, & la laissez cuire tout doucement. Etant cuite, liez-là de vôtre coulis maigre, ou bien d'un morceau de beurre manié dans de la farine. Observez que vôtre ragoût soit d'un bon goût; mettez-y un filet de vinaigre, & le dressez dans le plat que vous voulez servir. Tirez vos Oeufs sur une serviette, & les parez bien proprement. Mettez-les par-dessus vôtre Chicorée, & servez chaudement pour Entrée ou pour hors-d'œuvre. Une autrefois, vous pouvez mettre dessous vos Oeufs au blanc ou au roux; des concombres, du celeri, des pointes d'asperges, ou des petits pois, ou bien une sauce aux anchois, faites avec un morceau de beurre, un filet de vinaigre, & un couple d'anchois hachés.

Entrée d'Oeufs, glacez, aux Concombres.

Prenez une demi douzaine de Concombres; pelez-les, coupez-les en quatre, & en ôtez les dedans; ensuite, coupez-les en tranches, en dez, ou en olives; faites-les mariner avec du sel, poivre, ognons, coupez en tranches, vinaigre, & de l'eau. Etant marinez, pressez-les dans une serviette; ensuite, mettez-les dans une casserole avec un morceau de beurre, & les passez sur un fourneau qui pousse; ayant pris un peu

de

de couleur, poudrez-les d'une pincée de farine, & les mouillez de jus maigre, ou gras, si vous le voulez; ils en seront meilleurs. Laissez-les mitonner tout doucement; ayez soin de les dégraisser, & observez qu'ils soient d'un bon goût; & achevez de les lier de vôtre coulis: si vous n'en avez point, mettez-y un morceau de beurre manié dans de la farine; dressez ensuite vôtre ragoût dans le plat que vous voulez servir. Ayez ensuite, des Oeufs frais, selon la grandeur de vôtre plat; cassez-les sur vôtre ragoût de distance en distance, pour qu'ils puissent s'ensevelir dans les Concombres: assaisonnez vos Oeufs par-dessus, d'un peu de sel, & de muscade; ensuite, mettez-les sur un fourneau qui aille doucement, & tenez une pêle rouge par-dessus, pour glacer vos Oeufs. Observez qu'il ne faut pocher vos Oeufs, dans le ragoût de Concombres, que dans le tems que vous êtes prêt servir. Vos Oeufs étant cuits & point durs, servez chaudement pour Entrée, ou pour hors d'œuvre. Vous pouvez mettre sous cette façon d'Oeufs, de la chicorée, des laitues, céleri, pointes d'asperges, petits poids, ou cus d'artichaux en filets.

Oeufs à l'Oseille.

Prenez de l'Oseille, & l'épluchez avec quelques laitues; étant épluchées & lavées, mettez-les sur une table, & leur donnez quelques coups de coûteau. Ensuite, mettez-les dans une casserole avec un morceau de beurre, persil & ciboules hachées, champignons, si vous en avez; assaisonnez de sel & de poivre; mettez le tout sur le feu, & le faites cuire tout doucement; étant presque au sec, poudrez-le d'une pincée de farine, & le moüillez de jus ou de boüillon, ou du lait. Ensuite, faites une liaison de quatre à six jaunes d'Oeufs, selon la quantité d'Oseille; délayez vôtre liaison avec de la crême ou du lait, & y mettez un peu de muscade : mettez-y quelques petits morceaux de beurre; liez vôtre Oseille observez qu'elle soit d'un bon goût, & la dressez dans le plat que vous voulez servir, & y mettez des Oeufs durs par-dessus, coupez en quatre ou en deux. Pour bien faire, il ne faut pas que le jaune de vos Oeufs soit tout-à-fait dur. Vous pouvez mettre sous cette façon d'Oeufs durs, de la chicorée, des laituës, des concombres, celeri, pointes d'asperges, & petits pois dans la saison, ou une sausse blanche.

Oeufs aux Champignons.

Prenez des Champignons, épluchez & bien lavez; coupez-les par tranches, & les mettez dans une petite casserole, avec un morceau de beurre; passez-les quelques tours sur le feu; poudrez-les d'une pincée de farine, & les laissez mitonner tout doucement. Faites une liaison de quatre ou cinq jaunes d'Oeufs, & la délayez avec de la crême, avec un peu de muscade & du persil haché. Observez si vôtre ragoût est d'un bon goût, & le liez de vôtre liaison. Ayez des Oeufs frais tout prêts & pochez à l'eau, comme ceux marquez ci-devant; dressez-les proprement dans leur plat; mettez vôtre ragoût de Champignons par-dessus, & servez chaudement pour Entrée ou pour hors-d'œuvre. Une autrefois, vous pouvez mettre vos Champignons au roux, en les moüillant de jus. Vous pouvez y mettre également un ragoût de mousserons des deux
cou-

couleurs, ou de morilles, ou de truffes, ou une sauſſe hachée, ou une sauſſe au jambon, coupé en petits dez.

Oeufs à la Grand-Mére.

Mettez six jaunes d'Oeufs, dans une caſſerole, & les aſſaiſonnez de ſel, d'un peu de poivre concaſſé, & un peu de muſcade. Délayez-les avec de bon jus, & les paſſez à l'étamine. Mettez, enſuite, une caſſerole, avec de l'eau, ſur un fourneau, & mettez, ſur vôtre caſſerole, le plat que vous voulez ſervir; obſervez que le cu du plat touche l'eau; mettez-y vos Oeufs, & les couvrez d'un autre plat avec un peu de feu deſſus. Vos Oeufs étant pris, ayez un peu de jus de veau que vous mettrez par-deſſus, & ſervez chaudement pour Entremêts. Une autrefois, vous les pouvez faire également avec du boüillon.

Oeufs à la Huguenotte.

Mettez un plat ſur le feu, avec du jus; enſuite, caſſez y des Oeufs frais; aſſaiſonnez-les de ſel, poivre, & muſcade, le tout légérement. Enſuite, mettez une pêle rouge par-deſſus, pour les faire changer de couleur, & qu'ils ſe pochent. Couvrez-les d'un autre plat, afin qu'ils ayent le tems de cuire, & prenez garde qu'ils ne durciſſent. Etant cuits, ôtez-les de deſſus le feu, & mettez leurs jus dans une caſſerole, & le faites boüillir, pour qu'il ſe clairifie. Paſſez-le, enſuite, dans un tamis de ſoie, remettez-le ſur vos Oeufs, & ſervez chaudement pour Entremêts.

Oeufs à la Huguenotte, à l'essence de jambon.

Mettez une légere essence de jambon dans un plat, cassez-y des Oeufs comme ci-dessus, & les faites cuire de même. Etant cuits, remettez une petite essence de jambon par-dessus pour les rafraichir, & servez chaudement pour Entremêts.

Oeufs à la Huguenotte, au coulis d'Ecrevices.

Mettez un peu de coulis d'Ecrevices dans un plat, & y cassez la quantité d'Oeufs frais que vous voudrez servir. Mettez-les sur un fourneau, & ayez une pêle rouge pour les faire pocher en dessus. Vos Oeufs étant cuits, sans être durs, mettez-y un petit coulis d'Ecrevices par-dessus, & servez chaudement pour Entremêts. Vous trouverez la manière de faire les coulis d'Ecrevices en gras, au Chapitre des Coulis. Une autrefois, vous pouvez mettre dans vôtre Coulis, des queues d'Ecrevices.

Petits Oeufs mignons.

Mettez six jaunes d'Oeufs dans un plat, & quatre avec les blancs; mettez-y quelques biscuits d'amandes amére & autres biscuits d'amandes, avec de l'écorce de citron confit, hachée; un peu d'eau de fleurs-d'orange, ou de feuilles de fleurs d'orange pralinées, une pincée de sel, avec un peu de crême. Mettez vôtre plat sur le le feu, & remuez toûjours avec une cuillere de bois ou d'argent. Vos Oeufs étant cuits, étendez-les jusques sur le bord de vôtre plat; ensuite, poudrez-les de sucre, glacez-les avec la pêle rouge, & servez chaudement pour Entremêts.

Oeufs au Lait.

Mettez une pinte de Lait dans une casserole, avec un morceau de sucre, un peu de canelle en bâton, un morceau d'écorce de citron verds, & une pincée de coriandre concassée; faite-le boüillir, & le laissez réfroidir. Etant froid, mettez une étamine sur un plat, & y cassez six Oeufs, dont vous ôterez les blancs de trois. Vous y vuiderez vôtre Lait, & passerez le tout à l'étamine une fois ou deux. Etant passé, mettez une casserole avec de l'eau sur le feu; mettez-y le plat que vous voulez servir, & faites que le cû du plat touche l'eau, & y vuidez vôtre appareil, & le couvrez d'un autre plat avec du feu dessus. Etant cuit, poudrez-le de sucre, & le glacez avec la pêle roule, & le servez chaud ou froid pour Entremêts.

Oeufs au Lard.

Ayez du Lard fondu; prenez, ensuite, du petit Lard, & le coupez en petits dez, le plus fin que vous pourrez; il en faut une certaine quantité, afin qu'il y en ait pour tous les Oeufs. Vos petits dez étant faits, mettez-les sur le feu dans une casserole pour en faire fondre une partie du Lard. Ensuite, mettez du Lard fondu dans une casserole sur le feu, plein une cuillére

à

à dégraisser, & y mettez environ une douzaine de vos petits dez de Lard. Panchez vôtre casserole de côté; cassez-y un Oeuf, & faites-ensorte que vôtre Oeuf se tienne bien rond : les petits dez de Lard s'attachent ordinairement à l'Oeuf, quand on a soin d'y prendre garde; observez aussi, que le jaune de l'Oeuf ne durcisse point. Pochez ainsi tous vos Oeufs, les uns après les autres, c'est-à-dire, la quantité que vous en voulez mettre dans un plat. Si vous avez des petits dez de Lard de reste, mettez-les dans une casserole avec un peu de coulis & de jus; & si vous n'avez point de petits dez de reste, il en faut faire de nouveaux préparez comme les autres. Vos petits dez étant cuits & d'un bon goût, mettez-y un jus de citron : dressez vos Oeufs dans leur plat, mettez vos petits dez de Lard par-dessus, & servez chaudement.

Oeufs au petit Lard, à l'Angloise.

Mettez dans le fond du plat, que vous voulez servir, une cuillerée à dégraisser de coulis. Cassez-y une douzaine d'Oeufs, plus ou moins, selon la grandeur de vôtre plat. Ensuite, il faut avoir du petit Lard, qui soit presque cuit, & coupé en morceaux, longs comme la moitié du doigt, & épais comme une lame de coûteau. Ayez des morceaux de pain de même, que vous passez dans un morceau de beurre sur le feu, pour leur faire prendre couleur. Après cela, vous les arrangez tout autour de vôtre plat avec vos morceaux de petit Lard, alternativement l'un après l'autre, & quelques morceaux de petit Lard, & de pain par-dessus vos Oeufs; as-

saifaisonnez vos Oeufs d'un peu de sel, poivre & muscade; arrosez-les d'un peu de coulis, & les mettez cuire feu dessus & dessous; mais prenez garde que les jaunes ne durcissent. Etant cuits, servez-les chaudement pour Entremêts.

Oeufs à l'Angloise.

Mettez de la friture sur le feu, dans une poële ou casserole; quand la friture sera bien chaude, cassez-y un Oeuf, & lui faites prendre couleur de tous côtez; pochez-en, de cette maniére, la quantité que vous en voudrez mettre dans le plat que vous servirez. Vos Oeufs étant pochez, faites une petite sauffe, de la maniére suivante. Maniez un petit morceau de beurre dans de la farine; mettez-le dans une casserole avec un peu de jus, un peu de sel, un peu de poivre concassé, & un filet de vinaigre; liez vôtre sauffe; mettez-là dans le plat que vous voulez servir; mettez vos Oeufs par-dessus, & servez chaudement.

Oeufs au Miroir.

Frottez de beurre le cu du plat où vous voulez servir vos Oeufs, & y cassez des Oeufs, ce qu'il en pourra tenir; assaisonnez-les d'un peu de sel, poivre & muscade, & y mettez un peu de crême ou du lait par-dessus. Mettez-les sur une petite braise, & les couvrez d'un autre plat. Ayez une pêle rouge pour les faire changer de couleur par-dessus; étant cuits, servez-les chaudement.

Oeufs à la Crême, à la Piémontoise.

Mettez de la Crême dans un plat, & qu'il soit presque plein: Quand la Crême bouillira, cassez-y autant d'Oeufs qu'il en pourra tenir dans le plat; ensuite, assaisonnez les de sel, poivre & muscade; après cela, couvrez-les d'un autre plat; & prenez garde qu'ils ne durcissent. Étant cuits, servez-les chaudement.

Oeufs à la Lombardie.

Pochez des Oeufs dans de l'eau bouillante; étant pochés, mettez-les dans de l'eau fraîche, & en faites sortir le jaune sans être dur. Quand le jaune en est ôté, remplissez les blancs d'une crême pâtissiére, bien fine & bien assaisonnée, avec quelque peu de marmelade d'abricôts dans vôtre crême; garnissez-en le fond d'un petit plat; mettez vôtre crême sur un fourneau pour la faire gratiner; ensuite, poudrez vos Oeufs de sucre, & les mettez un moment dans le four; ensuite, glacez-les avec la pêle rouge, & les poudrez de non-pareille, & servez chaudement.

Oeufs à l'Antidame.

Ayez du persil, de la ciboule, anchois, câpres, hachez-les chacun en particulier. Ensuite, mettez de bonne huile d'olive dans le plat que vous voulez servir; cassez-y une demi douzaine d'Oeufs. Prenez quatre autres Oeufs, mettez-en les jaunes sur une assiette, & en faites foüetter les blancs en nége: Vos blancs étant bien foüettez en nége, mettez-y les jaunes,
avec

avec le perſil, la ciboule, les anchois & les câpres, & batez bien le tout enſemble; aſſaiſonnez-le de ſel, poivre, un peu de muſcade, & un jus de citron. Mettez, enſuite, cette compoſition avec vos autres Oeufs qui ſont déja dans le plat, & les faites cuire feu deſſus & deſſous; ne les y laiſſez pas long-tems, parce qu'il ne faut qu'un moment pour les cuire. Vos Oeufs étant cuits, ſervez chaudement.

Oeufs piquez & glacez.

Ayez des Oeufs frais, la quantité que vous jugerez à propos, ſelon la grandeur de vôtre plat, faites boüillir de l'eau, & quand elle boüillira, mettez-y vos Oeufs, & quand ils auront fait quelques boüillons, que vous jugerez qu'ils auront été à moitié durs, vous les mettrez dans l'eau fraiche, & en ôterez les coquilles; enſuite, il faut en peler un, & que le jaune de l'Oeuf ne ſoit pas dur, à celle fin de le pouvoir faire ſortir plus aiſément. Le jaune étant déhors, vous y mettrez un petit hachi de perdrix, ou autres volailles, ou bien une petite farce de volaille, ou bien un petit hachi de truffes fraiches, ou de mouſſerons, dans la ſaiſon, ou bien un petit ſalipicon, fait de crêtes de coq. Celà étant fait, vous les ferez piquer de petit lard, & mettez dans une caſſerole, environ une livre de veau, que vous couperez en petits morceaux, & avec quelques tranches de jambon, des ognons, la moitié d'une carote, & moüillerez de boüillon ou bien d'eau, & le ferez cuire : vôtre veau étant cuit, paſſez le boüillon, & le remettez dedans une caſſerole, & le faites boüillir, juſqu'à ce qu'il ſoit en caramel.

mel. Ensuite, mettez-y vos Oeufs piqués, le côté du lard sur la glace, & les couvrez de bardes de lard, & les mettez dessus de la petite braise, à cette fin qu'ils se glacent, & que le lard puisse cuire. Si vous les farcissez d'une farce, il faut qu'elle soit cuite avant que de la mettre dedans ; étant glacés dressez-les dans leur plat, mettez dessous une sausse, ou bien un coulis de perdrix, & servez chaudement.

Omelette au Jambon.

Prenez du Jambon cuit, rien que le maigre, hachez-le ; cassez la quantité d'Oeufs qu'il en faut, pour une Omelette ; assaisonnez-les d'un peu de poivre, persil haché, & y mettez la moitié de vôtre Jambon haché, & une cuillerée à bouche de crème, le tout bien batû ensemble ; faites vôtre Omelette, & dressez-la dans un plat, & qu'elle ne déborde point le fond du plat. Mettez le reste de vôtre Jambon haché dans une casserole avec un peu de coulis, & le mettez par-dessus vôtre Omelette, & servez chaudement pour Entremêts.

Omelette de Rognon de Veau.

Prenez un Rognon de Veau, avec sa graisse cuite, hachez-le bien avec du persil ; prenez la quantité d'Oeufs que vous jugerez à propos pour vôtre Omelette ; cassez-les dans une casserole, & les assaisonnez d'un peu de sel, & y mettez vôtre Rognon haché, & trois à quatre cuillerées à bouche de crème ; faites vôtre Omelette avec du bon beurre ; dressez-la dans son plat, & la servez chaudement pour Entremêts.

Omelette soufflée, au Rognon de Veau.

Prenez un Rognon de Veau rôti, hachez-le avec sa graisse; étant bien haché, mettez-le dans une casserole, & le mettez un moment sur le feu pour le détacher; ôtez-le, ensuite, de dessus le feu; & y mettez une cuillerée à dégraisser, de crême douce; ensuite, mettez-y une douzaine de jaunes d'Oeufs, dont vous ferez foüetter les blancs en nége; assaisonnez vôtre appareil d'un peu de sel, persil haché, un peu d'écorces de citron confit, hachées. Vos blancs d'Oeufs étant foüettez en nége, mêlez-les avec le reste, & les batez bien. Ensuite, mettez un morceau de beurre dans une pocle; & quand vôtre beurre sera fondu, mettez-y vôtre appareil, & le menez tout doucement; ayez une pêle rouge par-dessus; renversez, ensuite, vôtre Omelette dans le plat où vous voulez la servir; & là mettez sur un petit fourneau, pour qu'elle pousse; étant poussée, d'une assez belle hauteur, poudrez-là de sucre, & la glacez avec la pêle rouge, sans toucher à l'Omelette, & servez chaudement pour Entremêts.

Oeufs à la Tripe, à la Bourgeoise.

Faites durcir des Oeufs, la quantité que vous jugerez à propos; étant durs, ôtez-en les coquilles, & les coupez en tranches; étant coupées, mettez un morceau de beurre dans une casserole, avec un ognon haché; mettez vôtre casserole sur le feu, pour faire cuire vôtre ognon, & le poudrez d'une pincée de farine, & le moüillez d'eau ou bien de lait, & l'assaisonnez de sel, poivre, persil haché, & y mettez vos Oeufs, que vous avez coupez, & observez qu'il soit d'un bon goût, & y mettez un peu de moutarde, si on l'aime, & dressez-les dans leur plat, & servez chaudement.

Omelette fourrée.

Il faut avoir un colier de fer blanc, de la largeur de vôtre plat, qui s'ouvre en deux; vous le mettrez dessus vôtre plat, ou bien dessus un plat-fond: cassez deux ou trois douzaines d'Oeufs, & les assaisonnez de très-peu de sel, de persil, ciboules hachées finement; il faut avoir trois à quatre ragoûts differens, un de culs d'huitres, un de ris de veau coupez en filets, un de champignons coupez en tranches, un de jambon cuit & haché, & un de truffes vertes, si vous en avez; mettez dans le ragoût de ris de veau du jus & coulis, & le faites cuire doucement, étant cuit, observez qu'il soit d'un bon goût, & y mettez un jus de citron, faites de même à tous les autres ragoûts. Faites une Omelette de vos Oeufs, d'environ une demi douzaine: l'Omelette étant faite, tournez-là dans un plat, & la dressez dans vôtre moule le plus adroitement qu'il vous sera possible; mettez-y un de vos petits ragoûts, & ensuite une autre Omelette, & continuërez jusqu'à ce que vôtre moule soit plein, ensuite vous le mettrez au four l'espace d'une demi-heure, ou trois quarts d'heures, ensuite vous les dresserez dans vôtre plat le plus adroitement que vous pourrez, & servirez sur le champ.

Oeufs au miroir.

Frottez le cu d'un plat d'un peu de beurre, & y cassez des Oeufs, la quantité que vous jugerez

gerez à propos, & les assaisonnez d'un peu de sel, poivre, un peu de muscade rapée, & un peu de lait ou de la crême, & le mettez cuire, feu dessous & dessus tout doucement; prenez garde qu'ils ne durcissent. Etant cuits, servez-les sur le champ.

Omelette au Sucre.

Fouettez une douzaine de blancs d'Oeufs en neige, & y mettez, ensuite, les jaunes, avec du citron haché bien fin, un peu de crême de lait, & du sel. Le tout étant bien batû ensemble, mettez un morceau de beurre dans une poêle sur le feu. Vôtre beurre étant chaud, mettez-y vos Oeufs; vôtre Omelette étant faite, dressez-la dans son plat; ensuite, poudrez-la de Sucre; glacez-la tout d'un tems avec la pêle rouge, & servez chaudement.

Omelette de Féves vertes, & autres choses, à la Crême.

Il faut prendre des Féves, en ôter la peau, & les passer, ensuite, avec un peu de bon beurre, un brin de persil, & de ciboule. Après, il faut y mettre un peu de Crême de lait, & les assaisonner modérément, & les faire cuire à petit feu. Formez une Omelette avec des œufs frais, où il y entre de la crême, & salez-la. Etant faite, dressez-la sur son plat; liez les Féves avec un ou deux jaunes d'œufs, & versez-les sur l'Omelette, qu'elles tiennent jusques sur le bord; & servez chaudement. Une autrefois, vous mettrez la moitié de vôtre ragoût de Féves dans l'Omelette,

& la ferez cuire à la poêle comme l'autre. Etant faite, vous mettrez le restant de vôtre ragoût dedans, & la roulerez, & la dresserez dans le plat.

Omelette à la Noaille.

Prenez une chopine de lait; mettez dans une casserole une cuillerée à bouche de farine de ris, un peu de sel; délayez avec un peu de lait cette farine, & y mettez huit jaunes d'œufs frais, & les délayez bien avec le reste de la chopine de lait; ajoûtez-y une demi chopine de crême douce, mettez un morceau de canelle en bâton, & du sucre à proportion, & un morceau de beurre, & les faites cuire sur un fourneau, en les remuant toujours, jusques à ce que cela commence à bouillir, & le retirez, & le mettez refroidir; hachez-y de l'écorce de citron verd confite, avec des biscuits d'amandes amères, & d'autres biscuits, un peu de fleurs-d'orange; mêlez le tout avec vôtre crême, & ôtez-en le bâton de canelle; prenez dix-huit œufs frais, fouettez les blancs en nége, & y remettez douze jaunes d'œufs, en les fouettant toujours, & y vuidez la crême qui est preparée, & mêlez bien le tout ensemble; frottez une poupetonnière, ou une casserole de bon beurre, par tout, & y vuidez vôtre Omelette, & la mettez au four; lorsqu'elle est cuite, vous la renversez dans un plat, & la servez chaudement pour Entremets. L'on peut la glacer, si l'on veut, avec du sucre, & la pêle rouge.

Omelette à la moëlle.

Prenez un quarteron d'amandes douces, & une demi-douzaine d'amandes amères; pelez-les,

MODERNE. 213

les, & les pilez, en les arrosant d'un peu de lait, & d'eau de fleurs-d'orange, de peur qu'elle ne tourne; étant pilées, ajoutez-y de l'écorce de citron verds hachées, quelques confitures sèches, comme abricots, & autres; & y mettez gros comme le poing de la moelle de bœuf, le tout repilé bien ensemble, & le délayez bien avec une demi chopine de créme de lait, pour le rendre liquide; prenez dix-huit œufs frais, fouettés en les blancs en nége, & y remettez les jaunes avec la pâte d'amandes & de la moelle de bœuf pilée, mélez bien le tout ensemble, & y mettez un peu de sel, frottez une poupetonnière, ou une casserole de bon beurre, & y vuidez vôtre Omelette, & la mettez cuire au four, étant cuite, vous la dressez, en la renversant dans un plat, & la glacez avec du sucre en poudre, & la pêle rouge, & la servez chaudement pour Entremets.

Omelette roulée aux Croutons de pain.

Ayez de petites Croutes de pain bien séches, de la grandeur d'une petite pièce, & un peu de persil haché, de la ciboule, & des champignons. Batez dix-huit œufs, & mettez-y vôtre ciboule & vôtre persil haché, & vos champignons, avec une cuillerée à dégraisser de créme, un peu de sel, poivre, & vos Croutons de pain. Ensuite, batez vos œufs, & mettez de bon beurre dans vôtre poêle; faites-le fondre sur un feu clair: vôtre beurre étant fondu, mettez-y vos œufs, & formez vôtre Omelette. Etant cuite, roulez-la d'un bout à l'autre, & la dressez proprement dans son plat, & servez chaudement pour Entremets.

Omelette aux Huitres.

Prenez des Huitres; étant écaillées, faites-les blanchir dans leur eau; nettoyez-les proprement une à une, & les mettez sur une assiette; passez les deux tiers de vos Huitres dans une casserole avec un peu de beurre, & les mouillez d'un peu de leur eau, & un peu de coulis, & y mettez un peu de poivre. Prenez garde que l'Huitre ne cuise pas trop, & que le ragoût soit d'un bon goût. Cassez une douzaine d'œufs, assaisonnez-les d'un peu de sel, de persil haché; ayez des petits Croûtons de pain, de la grandeur d'une petite pièce; donnez trois à quatre coups de couteau au tiers des Huitres, & qui vous restent, & les mettez dans vos Œufs, avec un peu de crême; battez le tout ensemble, mettez du beurre dans une poêle; étant fondu, vuidez-y vôtre Omelette, & la remettez sur le feu; & la remuez toûjours: vôtre Omelette étant cuite, mettez-y vos Huitres en ragoût sans leur sausse; roulez vôtre Omelette dans la poêle, & la renversez sur le champ dans le plat où vous la voulez servir; ensuite, mettez par-dessus, la sausse de vos Huitres, & servez chaudement pour Entremêts. Une autrefois, vous pouvez faire une Omelette aux queues d'Ecrevices; au lieu de vous servir des Huitres, vous vous servirez d'Ecrevices, & de coulis d'Ecrevices.

Omelette en galantines.

Il faut pour cet effet faire differens ragoûts, un de jambon coupé en petits dez, l'autre de truffes, l'autre de foies gras coupez en dez, avec quelques garnitures; l'autre, de champignons, l'aul'autre de mousserons, & l'autre de ris de veau coupez en dez, avec quelques garnitures. Voici la maniére de faire celui de ris de veau. Vos ris de veau étant coupez en dez, avec un peu de champignons, mettez-les dans une casserole, & les mouillez d'un peu de jus; faites-les mitonner pendant un quart-d'heure; dégraissez-les bien, & les liez de coulis: vous faites les autres ragoûts de même chacun dans une casserole: étant tout prêt, vous tirez un tiers du ragoût de chacun, que vous hachez en particulier. Vous faites six Omelettes de huit œufs chacune, dans six plats, & y mettez dans chacunes leur differens ragoûts, haché avec un peu de persil haché, un peu de crème douce, & des petits croutons de pain; vous les batez toutes: vous metterez chauffer vos six ragoûts; observez qu'ils soient de bons goûts, & qu'ils n'y ayent point de sausses trop longues. Mettez la poêle sur le feu, avec de bon beurre, & vous faites cuire une de vos Omelettes; étant cuite, vous la renversez dans un plat, vous versez par-dessus le ragoût, duquel il y en a de haché dedans: vous faites une autre Omelette; étant cuite, vous la renversez sur une assiette, & la dressez sur l'autre, & y mettez le ragoût par-dessus, de même que celui qui est haché dans l'Omelette: vous continuez de faire les autres de même, en les renversant les unes sur les autres, avec leurs ragoûts differents; étant fini, vous la servez chaudement pour Entremêts.

Omelette au Sang.

Prenez quinze Oeufs frais, fouettez-en les blancs en nége, & y remettez les jaunes. Ayez

O 4 le

le Sang de dix à douze pigeons, que vous passez au travers d'un tamis, & le mettez dans l'Omelette, & la foüettez, & y mettez un peu de sel, & de poivre, & pendant que vous la foüettez, mettez-y un bon quarteron de bon beurre, coupé par petits morceaux, avec quatre à cinq cuillerées à bouche de crême douce; mettez un autre quarteron & plus, de bon beurre frais, dans une poêle; faites un feu clair, & mettez vôtre poêle sur le feu; vôtre beurre étant fondu, vuidez-y vôtre Omelette, & tournez-la toûjours sur le feu, jusqu'à ce qu'elle soit cuite; ayez une pêle rouge, & la mettez sur vôtre Omelette pour qu'elle se cuise en dessus; dressez-la dans un plat, & servez-la chaudement pour Entremets. Vous la pouvez servir roulée.

Omelette en Sur-prise.

Prenez des estomacs de poulardes ou poulets rôtis, ou autres volailles, & coupez-les en petits dez, des champignons en dez, du jambon cuit en dez, des foies gras, des truffes, & autres garnitures; le tout passé en ragoût & cuit. Formez l'Omelette, & avant que de la dresser sur son plat, mettez vôtre ragoût dans vôtre Omelette; ensuite, prenez le dessus d'un pain rond, que vous aurez frottez de beurre, & fait prendre couleur au feu; ensuite, ramenez vôtre Omelette par-dessus vôtre crouton de pain; mettez le plat que vous voulez servir dessus vôtre Omelette, & la tournez sans-dessus dessous, & servez chaudement. On peut faire ces Omelettes de toutes sortes de ragoûts, sans qu'il soit nécessaire d'en dire ici d'avantage, comme

rognons

rognons de veau cuits, foies de lapins ou de lévreaux cuits, ris de veau, foies gras, aussi bien qu'en maigre, d'une farce de poisson, de laitances de carpes, & farces d'herbes d'oseille bien nommées.

Omelette de foie de Chevreüil.

Prenez un foie de Chevreüil, ôtez-en la peau, & le faites bien hacher. Ensuite, prenez une casserole & y mettez un bon morceau de beurre; mettez-la sur le feu avec un peu de ciboule, persil, & champignons hachés, si vous en avez. Après cela, mettez-y vôtre foie de Chevreüil haché, assaisonnez-le de sel, poivre, fines herbes, & fines épices. Ensuite, ôtez le tout de dessus le feu, & le laissez refroidir. Étant froid, cassez-y une douzaine d'œufs blancs & jaunes; batez bien le tout ensemble; mettez, ensuite, une pôele sur le feu avec de bon beurre; vôtre beurre étant fondu, videz-y vôtre Omelette; ayez une pêle rouge que vous tiendrez au-dessus de vôtre Omelette, afin qu'elle cuise des deux côtez à la fois. Ensuite, dressez-la dans le plat où vous la voulez servir, & servez chaudement pour Entremets.

Omelette en Poupiette.

Cassez deux douzaines d'œufs, & les assaisonnez de sel, poivre, ciboules, persil & champignons hachés, fines herbes, & fines épices. Faites un hachis de viandes rôties; sçavoir, chair de poulardes, poulets, perdrix & pigeons; toutes ces viandes étant bien hachées, vous les mettrez dans une casserole, & les assaisonnerez de sel, poivre, ciboules, & persil haché,
fines

fines herbes, & fines épices, une pointe de rocambole, & un jus de citron; observez que le tout soit de bon goût; mettez-y sept ou huit jaunes d'œufs pour bien lier le hachis. Ensuite, mettez une poêle sur le feu avec un bon morceau de beurre; vôtre beurre étant fondu, mettez-y la moitié de vos œufs; vôtre Omelette étant cuite, étendez la moitié de vôtre hachis dessus, par toute l'étenduë de l'Omelette; ensuite, roulez-là bien serré; tirez-là de la poêle, & la mettez dans une tourtière. Ensuite, faites-en autant à l'autre moitié qui vous reste. Vos deux Omelettes étant ainsi faites, arrosez-les de beurre fondu, & les panez d'une mie de pain bien fine, ou bien de moitié parmesan, & moitié mie de pain; après cela, faites leur prendre couleur au four ou sous un couvercle de tourtière; ensuite, mettez une essence de jambon dans le plat où vous voulez les servir; coupez vos Omelettes en tronçons de la longueur de quatre pouces, & servez chaudement, pour Entrées. Une autrefois, vous pouvez servir cette Omelette sans la paner, en mettant seulement une essence par-dessus. Vous pouvez aussi la faire de même au jambon, & de toutes autres volailles, chacune en leur particulier.

Omelette d'Anguilles.

Cassez deux douzaines d'œufs, & les assaisonnez de sel, poivre, ciboules & persil haché; fines herbes, fines épices, & les batez bien. Ensuite, prenez une Anguille, dépouillez-là, vuidez-là, & en tirez toute la chair, que vous hacherez bien; étant bien hachée, mettez un morceau de beurre dans une casserole; mettez-y vôtre

tre hachis d'Anguille, & l'assaisonnez de sel, poivre, persil, ciboules & champignons hachés, fines herbes, fines épices; étant bien assaisonné, mettez vôtre hachis sur le feu, poudrez-le d'une pincée de farine, & le mouillez d'un peu de jus & d'un peu de vin blanc; ensuite, faites-le cuire, & que la sausse en soit fort courte; ajoûtez-y une demi douzaine de jaunes d'œufs pour le lier; observez que vôtre hachis soit de bon goût. Ensuite, mettez un morceau de beurre dans une poêle sur le feu; mettez-y la moitié de vos œufs batus, & ensuite, une partie de vôtre hachis; roulez vôtre Omelette d'un bout à l'autre, & la dressez dans le plat que vous voulez servir. Faites l'autre Omelette de même: vos deux Omelettes étant faites, mettez-les dans un plat, trempez-les dans du beurre fondu, panez-les de mie de pain, & étant panées, coupez-les en tronçons, & leur faites prendre couleur au four ou sur le gril. Arrangez vos tronçons dans leur plat, & servez chaudement.

Oeufs brouillez, aux Anchois.

Cassez une douzaine d'Oeufs dans une casserole, & en ôtez la moitié des blancs; mêlez-y trois ou quatre Anchois; assaisonnez d'un peu de sel, poivre concassé, un peu de muscade, du jus de coulis, où essence de jambon, si vous en avez, un bon morceau de beurre frais, manié un peu dans de la farine; ensuite faites-les cuire; étant cuits, mettez-y une petite poignée de parmesan rapé, un jus de citron, ou bien un jus d'orange. Observez qu'il soit d'un bon goût, & servez chaudement pour un petit Entremêts.

Autre Oeufs brouillez, aux Truffes.

Caſſez des Oeufs comme ci-devant, ajoutez-y des Truffes hachées bien menuës, ſelon la ſaiſon, au lieu de fromage & d'anchois. Une autrefois, vous y pouvez mettre des mouſſerons, ſelon la ſaiſon, au lieu de Truffes. Une autrefois, des pointes d'aſperges.

Fonduë de Fromage, aux Truffes fraiches.

Ayez de bon Fromage de gruyere ou parmeſan, ou autres bons Fromages, & en mettez ſelon la quantité que vous voudrez faire de Fonduë; le tout coupez par petites tranches ou râpé; mettez-le dans un plat, avec un demi verre d'eau, ou bien de bon vin blanc, aſſaiſonnez-le de poivre concaſſé, un peu de muſcade, du perſil, des ciboules, & quelques Truffes fraiches hachées fort fin; mettez vôtre plat ſur un petit fourneau ou rechaud, & y mettez un morceau de beurre, de la groſſeur d'un œuf; & quand vôtre Fonduë commencera à fondre, vous aurez ſoin de la remuer avec ce que vous jugerez à propos. Etant fonduë, vous aurez un couple de blancs d'œufs foüettés en nége, que vous jetterez dedans, & le jaune. Vous aurez auſſi des moüillettes de pain que vous frirez, ou grillerez, longues comme le doigt, que vous mettrez dans la Fonduë, tout autour de vôtre plat. Ajoûtez-y un jus d'orange, & ſervez chaudement. Une autrefois, vous la pouvez faire ſans truffes, ſi vous voulez, & ſans perſil, ni ciboules, en y ajoûtant une rocambole, échalotte, perſil, & un verre de vin de Champagne.

Oeufs

MODERNE.

Oeufs en surprise.

Pochez des Oeufs dans de la friture, & prenez garde que le jaune soit bien mollet, & reglez-vous selon la grandeur de vôtre plat; ensuite, percez-les par un bout, & en faites sortir tout le jaune; mettez du jambon coupez en petits dez, gros comme la tête d'une épingle dans une casserole, & un petit morceau de beurre, passez-le sur le feu, & qu'il prenne une petite couleur d'or, & le poudrez d'une pincée de farine, & mouillez de jus, & le faites cuire. Si vous avez des truffes vertes, vous pouvez y en mettre en petits dez, comme le jambon & des champignons; mettez-y un jus de citron: observez qu'ils soient d'un bon goût, & en remplissez vos Oeufs, & les dressez dans le plat que vous voulez les servir, & mettez une sauce à l'Espagnole dessus. Vous trouverez la manière de le faire au Chapitre des Coulis: quand vous voudrez le servir en maigre, vous n'avez qu'à y mettre un hachis de carpes ou d'autres poissons, & une sauce par-dessus en les servant.

Oeufs au beurre noir.

Mettez dans une poêle un morceau de beurre, cassez une douzaine d'Oeufs dans un plat: faites roussir vôtre beurre, & mettez vos Oeufs sur le champ, & une pèle rouge par-dessus, à celle fin qu'ils se pochent dessus; étant cuits, & les jaunes point durs, dressez-les dans leur plat, & les assaisonnez d'un peu de sel, poivre, muscade rapée, un peu de vinaigre, & les servez sur le champ.

Œufs à la Sultane.

Ayez des pistaches échaudées, du petit lard coupé en feuillets, grands comme le pouce, & plus à moitié cuit. Prenez une demi douzaine d'Oeufs, & les batez bien ensemble, assaisonnez-les de sel, & un peu de basilic en poudre, & y mettez quelques filets de pistaches, quelques petits morceaux de vôtre lard, avec quelques cuillerées à bouche de coulis, & de jus, un morceau de bon beurre fondu; ensuite, mettez la moitié de vos Oeufs dans le plat que vous voulez servir; garnissez, de vôtre petit lard, les bords de vôtre plat; ensuite, cassez-y une autre demi douzaine d'Oeufs, ou une douzaine, selon la grandeur du plat que vous voulez servir, & mettez le reste de vos autres Oeufs par-dessus, avec des filets de pistaches, & poudrez le tout de sucre. Ensuite, mettez votre plat sur un feu moderé avec un couvercle de tourtière par-dessus. Prenez garde que vos Oeufs ne cuisent pas trop, & servez chaudement pour Entremets.

Autre maniére d'Oeufs, à la Sultane.

Cassez une douzaine d'Oeufs blancs, & jaunes tout ensemble, selon la grandeur du plat que vous voulez servir. Il n'en faut pas moins d'une douzaine pour un petit plat. Vos Oeufs étant bien batus, assaisonnez-les d'un peu de sel, sucre en poudre, un peu de canelle en poudre, écorces de citron confit hachées, fleurs-d'orange pralinées, quelques filets de pistaches, quelques biscuits d'amandes améres écrasées, un morceau de bon beurre fondu. Ensuite, mettez sur un feu mode-

MODERNE. 223

moderé le plat que vous voulez servir, & y vuidez vôtre composition d'Oeufs; mettez un couvercle de tourtiére avec du feu par-dessus; vos Oeufs commençant à pousser, vous les poudrerez de sucre, & leur ferez prendre une belle couleur, & les servirez sur le champ pour Entremets.

Omelette à la Savoyarde.

Coupez une douzaine d'ognons en tranches, & les mettez dans une casserole avec un bon morceau de beurre; faites-les cuire tout doucement, prenant garde qu'ils ne prennent pas de couleurs. Etant cuits, mettez-y une cuillerée à bouche de farine, & mouillez-les avec de bonne crême, & l'assaisonnez de sel, poivre, muscade rapée; observez que vôtre composition reste épaisse, comme forte crême pâtissiére, & la laissez refroidir. Etant froide, mettez-y deux douzaines de jaunes d'Oeufs, & les blancs fouëttez en nége; mêlez bien le tout ensemble. Beurrez bien une feüille de papier, & la mettez dans une casserole, & y mettez vôtre composition, & la faites cuire au four, ou sous un couvercle, feu dessus, & dessous. Etant cuite, vous la tournerez sans-dessus-dessous, & ôterez le papier, & les servirez avec une essence, ou naturelle, chaudement.

CHA-

CHAPITRE XVII.

Des Soles & Lotes.

Soles piquées, & glacées.

PRenez des Soles, vuidez-les par les oüies, & coupez le bout de la tête, de la queuë & les nageoires; ensuite, levez la peau sur le ventre, & les faites piquer de petit lard; étant piquées, prenez une boûteille de vin blanc, & la mettez dans une casserole; assaisonnez d'un peu de sel, persil, ciboules en branches, basilic, laurier, quelques tranches de citrons; & quand vôtre vin boüillira, mettez-y vos Soles, si elles peuvent y aller; autrement, mettez-les les unes après les autres roidir, & leur faites faire deux ou trois boüillons, & les tirez; prenez une casserole, mettez-y un morceau de veau coupé en petits morceaux, quelques tranches de jambon, un ognon coupé en tranches, & le moüillé de bon boüillon, & le faites cuire: vôtre veau étant cuit, passez vos Soles un moment dans la casserole, & les tirez égoûter; ensuite, passez le boüillon au travers d'un tamis, & le mettez dans une casserole assez grande pour y pouvoir arranger vos Soles, & le mettez au feu, & le laissez tarir jusqu'à ce que vôtre boüillon soit réduit en caramel; ensuite, mettez-y vos Soles, & les couvrez, en les mettant sur des cendres chaudes pour les faire glacer

cer tout doucement; étant glacées comme il faut, & prêt à servir, dressez-les dans leur plat, avec une sausse à l'Italienne dessous, ou bien une essence, & les servez chaudement pour Entrée.

Filets de Soles piqués.

Prenez des Soles, & les écaillez; ensuite, levez-en les quatre filets, & les faites piquer de petits lard; étant piquées, vous les faites roidir dans du vin blanc boüillant; assaisonnez d'un peu de sel, persil, ciboules, basilic, du thin en branches, & laurier, quelques tranches de citron, & leurs faites donner un boüillon; ensuite, tirez-les égoûter, mettez quelques petits morceaux de veau, & quelques tranches de jambon, avec un ognon coupé en quatre, dans une casserole, le moüillez de boüillon, & le mettez cuire: vôtre veau étant cuit, mettez-y un moment vos Filets de Soles, & les tirez égoûter; ensuite, passez ce boüillon dans une casserole sufisamment grande, pour y pouvoir arranger vos Filets, & laissez tarir ce boüillon, jusqu'à ce qu'il soit en caramel, & y arrangez vos Filets, le lard dans le caramel, & le mettez sur des cendres chaudes, à se glacer tout doucement; étant prêt à servir, vous mettrez dans le plat ou vous voulez servir, une sauffe à la Romaine, que vous trouverez au Chapitre des Sauffes, & vous mettrez vos Filets de Soles par-dessus, & servez chaudement pour Entrée.

Soles à la sauffe aux Rois.

Prenez des Soles, les écaillez & vuidez; ensuite,

Tome IV.   P

suite, lavez-les bien proprement, & les essuyez bien, & les faites frire: étant frites d'une belle couleur, tirez-les égoûter; faites hacher chacun en particulier, persil, ciboules, rocamboles, anchois; prenez vos Soles, & les fendez le long du dos, & ouvrez les deux côtez, & en tirez l'arrête sans les offenser: vous y mettrez un peu de sel, un peu de poivre, un peu de persil, ciboules, rocamboles, anchois, & câpres hachées, avec deux ou trois petits morceaux de beurre: ensuite, réfermez les deux flancs de la Sole, & la mettez mitonner, en tournant proprement dans une casserole, ou plat où vous voulez la servir, avec un peu de vin blanc, bien couverte d'un autre plat, jusqu'à ce qu'il faille servir: étant prêt à servir, mettez-y un jus de citron, quand vous n'avez point d'orange, & servez chaudement pour Entrée, ou pour hors d'œuvre.

Soles en Filets, aux fines herbes.

Prenez des Soles, écaillez-les, vuidez-les, & les lavez bien proprement; étant lavées, levez-en les Filets, & les mettez dans une casserole, garnie de tranches d'ognons, de persil en branches; ensuite, vous les arrangez dans vôtre casserole, & vous y mettez un bon morceau de beurre, & le couvrez de tranches d'ognons, tranches de citrons; assaisonnez de sel, poivre, fines herbes en branches, & y mettez un couple de verres de vin blanc, & les mettez cuire tout doucement: étant cuites, tirez-les, & les panez de mie de pain bien fines; arrangez-les dans une tourtiére, & les faites prendre couleur au four, ou bien vous les faites griller, & les servez

vez avec une sauſſe hachée, ou bien une sauſſe au perſil, & ſervez chaudement pour Entrée.

Soles en Filets, au Vin de Champagne.

Prenez des Soles, après les avoir fait écailler, vuider & laver, faites-les eſſuyer, & frire : étant frites, tirez-les égoûter, & en levez des Filets bien proprement; prenez les rognures de vos Soles, & les mettez dans une caſſerole avec un morceau de beurre, quelques tranches d'ognon, du perſil, une rocambole, ſel, poivre, deux verres de vin blanc, un peu de fines herbes; & les laiſſez mitonner tout doucement, afin que cette sauſſe prenne du goût; enſuite, paſſez-là à l'étamine dans une caſſerole, & y mettez vos Filets de Soles, avec un verre de vin de Champagne, un peu de jus maigre; liez-les d'un peu de coulis maigre : voyez qu'elles ſoient de bon goût : étant prêt à ſervir, mettez-y un jus de citron, & ſervez chaudement pour petite Entrée, ou hors d'œuvre.

Soles à la Hollandoiſe.

Prenez des Soles, vuidez-les : enſuite, ôtez-en la peau, & les lavez bien proprement; mettez de l'eau & du ſel au feu boüillir, & quand l'eau boüillira, mettez-y vos Soles, & les laiſſez cuire; prenez une caſſerole, mettez-y du perſil haché, avec un peu d'eau ſur le feu, & quand il n'y aura plus d'eau, & prêt à ſervir, tirez vos Soles égoûter, & mettez un morceau de beurre dans vôtre perſil, avec une pincée de farine, & un peu de muſcade rapée; liez vôtre sauſſe, & dreſſez vos

P 2   So-

Soles: mettez vôtre sauſſe par-deſſus, & ſervez chaudement pour Entrée.

Soles au vin de Champagne.

Prenez de moyennes Soles, les vuidez, & les écaillez; lavez-les bien, & les eſſuyez; coupez la tête, la queuë, & le tour des nageoires, les arrangez dans une caſſerole; aſſaiſonnez-les de ſel, de poivre, un bouquet de fines herbes, ciboules entiéres, quelques tranches de citron; moüillez-les d'une demi boûteille de vin de Champagne, & un peu de boüillon de poiſſon; y mettez un morceau de beurre frais, & faites cuire le tout enſemble ſur un fourneau bien allumé: étant cuit, & diminué à propos, liez-le d'un coulis d'Ecrevices, ou autres: voyez que le ragoût ſoit d'un bon goût; dreſſez proprement les Soles dans un plat; mettez la ſauſſe deſſus, & le ſervez chaudement pour Entrée. Vous trouverez la maniére de faire les coulis au Chapitre des Coulis.

Soles à la Bourgeoiſe.

Prenez des Soles, vuidez-les, & les écaillez; lavez-les, & les eſſuyez; fendez-les ſur le dos, les farinez, & les faites frire : étant frites, coupez-en la tête, & le bout de la queuë ; mettez un petit morceau de beurre dans une caſſerole, & la mettez ſur un fourneau: le beurre étant fondû, mettez-y un peu de ciboule hachée; moüillez-les d'un peu de boüillon maigre, l'aſſaiſonnez de ſel, de poivre, & les laiſſez mitonner à petit feu : mettez-y quelques câpres fines ; liez la ſauſſe de coulis maigre, & y mettez

tez les Soles mitonner: voyez qu'elles soient d'un bon goût; dressez-les proprement dans le plat que vous voulez les servir; donnez-leur de la pointe, & mettez la sauffe par-dessus, & les servez chaudement pour Entrée, ou hors d'œuvre.

Soles aux Concombres.

Prenez des Soles, les vuidez, & les ratiffez; coupez-en la tête, la queuë, & les farinez, & les faites frire; étant frites, tirez-les, & les mettez égoûter: pelez trois à quatre Concombres, & les coupez par moitié, & en ôtez le dedans, & les coupez en dez; mettez-les mariner avec un ognon coupé par tranches; assaisonnez de sel, de poivre, & y mettez un peu de vinaigre, & les remuez, & les laissez mariner pendant un couple d'heures; ensuite, passez-les dans un linge; mettez une casserole sur un fourneau, avec un peu de beurre: étant fondû, mettez-y les Concombres, & les faites roussir légerement; étant roussis, mettez dedans une pincée de farine; moüillez-les d'un boüillon de poisson, ou autres, & les laissez mitonner à petit feu; étant cuits, dégraissez-les bien, & les faites mitonner & lier de coulis; mettez les Soles qui sont frites dans la casserole, où sont les Concombres: étant mitonnées, tirez-les, & les dressez dans le plat que vous voulez les servir: voyez que le ragoût de Concombres soit d'un bon goût, & les mettez dessus, & les servez chaudement pour Entrée, ou hors d'œuvre.

P 3

Soles farcies aux Ecrevices.

Prenez des Soles, vuidez-les, & les ratissez; étant lavées, & bien essuyées, coupez-leur le bout de la tête & la queue; fendez-les sur le dos, & en ôtez l'arrête. Prenez une petite Sole, & la dossez; mettez la chair sur une table, avec un peu de persil, & ciboules hachées, quelques champignons; assaisonnez de sel, de poivre, de fines herbes, & tant-soit-peu de fines épices, du beurre frais, à proportion de ce qu'il en faut, trois ou quatre jaunes d'œufs cruds; la grosseur d'un œuf de mie de pain cuite dans de la crême; hachez bien le tout ensemble, & le pilez; ensuite, farcissez les Soles de la farce: frotez un plat ou tourtiére de beurre frais; assaisonnez de sel, de poivre, tant-soit-peu de fines herbes, & y mettez deux ou trois ciboules entiéres; renversez les Soles dessus, & les assaisonnez dessus comme dessous; arrosez-les de beurre fondu, & les panez legerement d'une mie de pain bien fine, & les mettez cuire au four, ou sous un couvercle; étant cuites, & de belle couleur, tirez-les, & les dressez proprement dans le plat que vous voulez les servir; vôtre ragoût d'Ecrevices dessous; & lorsque vous voulez les servir, aux huitres, vous mettez un ragoût d'huitres dessous, ou bien une autrefois, un ragoût de mousserons, & une autrefois, un ragoût de truffes. On trouvera la maniére de faire ces ragoûts, au Chapitre des Ragoûts.

Soles farcies aux Anchois.

Farcissez des Soles de la même maniére que celles aux écrevices, & les faites cuire de même: faites

tes une sauſſe blanche de cette manière. Prenez du beurre frais, que vous mettrez dans une caſſerole, avec une pincée de farine; aſſaiſonnez de ſel, de poivre, & d'un peu de muſcade; moüillez-la d'un peu d'eau, & d'un peu de vinaigre; lavez un couple d'Anchois, ôtez-en l'arrête, les hachez, & les mettez dans la ſauſſe; mettez-y une ciboule entiére, & une tranche de citron; & démêlez la ſauſſe ſur un fourneau: étant liée, voyez que la ſauſſe ſoit d'un bon goût, & la mettez dans le plat que vous voulez la ſervir: les Soles étant cuites, & d'une belle couleur, tirez-les, & les dreſſez ſur la ſauſſe, & les ſervez chaudement pour Entrée.

Soles à la Sainte Menoux, grillées.

Vuidez, & ratiſſez des Soles; les lavez, & les eſſuyez: coupez-en les nageoires; mettez une chopine de lait dans une caſſerole, & les faites bouillir; enſuite, les changer de caſſerole, & y mettez les Soles, avec un morceau de bon beurre de la groſſeur du poing, aſſaiſonnées de ſel, de poivre, ognons, coupez par tranches; ciboules entiéres, perſil, feüilles de laurier, baſilic, & fines épices; mettez-les cuire: étant cuites, laiſſez-les réfroidir dans leur jus; enſuite, tirez-les; panez-les d'une mie de pain bien fine, & les faites griller à petit feu: étant grillées, & de belle couleur, dreſſez-les dans leur plat, avec une remoülade deſſous, & ſervez chaudement. L'on peut lorſqu'on veut faire des filets de Soles à la ſainte Menoux, il n'y a qu'à couper les Soles en filets, & les mettre cuire de la même manière que les Soles à la ſainte Menoux, marqué ci-deſſus; les paner, les faire gril-

griller, & les servir, de la même manière. Et lorsqu'on veut les faire frire, étant cuites, il faut les tirer de leur assaisonnement, & les tremper dans des œufs batus, & les paner d'une mie de pain bien fine, & les faites frire, étant fries, & de belle couleur, tirez-les, & les mettez égouter; pliez une serviette sur le plat que vous voulez les servir, & les dressez dessus avec du persil frit, & les servez chaudement pour Entrée.

Soles au Fenoüil.

Prenez de grandes Soles, les vuidez & les ratissez, les lavez, & les essuyez; coupez la tête, & le bout de la queuë: faites fondre du beurre, & y mettez un peu de sel, & de poivre, & les frotez dedans; mettez du Fenoüil verds sur un gril, & y arrangez les Soles, & les mettez griller à petit feu: étant grillées, retournez-les, & y remettez du feu: faites une sausse avec un peu de ciboule, & persil haché, que vous mettez dans une casserole, avec un peu de beurre sur un fourneau, & la remuëz de tems en tems, & la mouillez d'un peu de bouillon de poisson, ou d'autre: étant diminuée à propos, mettez-y un couple d'anchois hachez, avec un peu de câpres, & de Fenoüil haché, & la liez de coulis ordinaire: voyez qu'elle soit d'un bon goût, & qu'elle ait de la pointe, & la mettez dans le plat que vous voulez servir: tirez les Soles de dessus le gril, & en ôtez le Fenoüil qui pourroit y être attaché, & les dressez proprement dans le plat où est la sausse, & les servez chaudement pour Entrée.

Soles aux fines herbes.

Les Soles étant netoyées, coupez la tête, & la queue, fendez-les sur le dos, frottez un plat d'argent de beurre ou une tourtiére; assaisonnez de sel, de poivre, tant-soit-peu de fines herbes, du persil haché, quelques ciboules entiéres, & y arrangez les Soles; assaisonnez-les de la même maniére dessus que dessous, & les arrosez de beurre fondus, les panez d'une mie de pain bien fine, & les mettez au four; étant cuites, & de belle couleur, tirez-les, & les dégraissez, & y mettez dessous un peu de sausse d'anchois, & les servez chaudement pour Entrée ou hors d'œuvre.

Soles aux Laituës.

Farcissez des Soles de la même maniére que les Soles aux écrevices, & les faites cuire de même; prenez une ou deux douzaines de cœurs de Laituës, & les faites blanchir; étant blanchis, tirez-les, & les mettez dans de l'eau froide, & les pressez; partagez-les par moitié, & les mettez dans une casserole; mouillez-les d'un peu de bouillon, & les assaisonnez de sel, de poivre, & d'un bouquet, & les laissez mitonner à petit feu; étant cuits, dégraissez-les, & les liez de coulis; voyez que le ragoût soit d'un bon goût, & le mettez dans le plat que vous voulez les servir; tirez les Soles, & qu'elles soient d'une belle couleur, & les dressez sur les Laituës, & les servez chaudement pour Entrée.

Autres

Autres Soles à la Hollandoise.

Prenez des Soles, écailles-les, & les fendez à deux doigts de la queuë, jusqu'aux oüies; ensuite, on les met dans de l'eau fraiche, pendant une heure. Vous faites boüillir de l'eau, dans laquelle vous faites aussi boüillir des racines de persil bien ratissées, & la tête fenduë en quatre, si elles sont grosses; mais qu'ils se tiennent ensemble, & une bonne pincée de persil, lavé, & ficellé; laquelle étant cuite, vous la retirez avec l'écumoire pour faire cuire le poisson, en le mettant dedans, & il faut copieusement saler l'eau, & ensuite, on les laisse boüillir environ un demi quart d'heure, y remettant les racines, & le persil un moment avant que vous retirez vôtre poisson, afin qu'il prenne le goût du sel; ensuite, vous arrangez proprement les poissons dans un plat creux de porcelaine, ou autres, & les racines de persil, & le persil par-dessus, en remplissant le plat de cette même eau salée, où ont cuits vos poissons, & on le sert chaudement, & il se mange ordinairement, avec des tartines, autrement des beurrées.

Barbottes, ce que l'on apelle Lotes, piquées & glacées.

Ayez de l'eau boüillante, prenez des Lotes, & les mettez dans l'eau boüillante; remüez-les avec une écumoire, & les tirez sur le champ, & les ratissez légerement, de peur que la peau ne s'en aille; observez qu'elles soient bien blanches & les vuidez; mais prenez garde de ne pas arracher les foies des corps de vos Lotes, car c'est c'est le morceau le plus délicat de la Lote ; faites piquer de petit lard vos Lotes, après avoir été bien essuyées : étant piquée, prenez une casserole, & y mettez une boûteille de vin blanc, des ognons coupez bien minces en tranches, du basilic, quelques tranches de citron, du sel, du poivre, des cloux de girofle ; ayez un fourneau allumé, & mettez vôtre casserole dessus ; & quand vôtre vin boüillira, mettez-y vos Lotes, deux ou trois à la fois ; quand elles auront fait quelques boüillons, vous les retirez, & y en remettez d'autres ; cela se nomme les faire réfroidir : prenez une casserole assez grande pour y pouvoir arranger vos Lotes ; prenez un couple de livres de veau, & les coupez en petits morceaux, quelques tranches de jambon, coupées en petits morceaux, & un ognon ou deux ; moüillez ce veau avec du boüillon, ou bien de l'eau ; mettez vôtre casserole sur le feu : quand vôtre veau sera presque cuit, mettez-y vos Lotes : prenez garde qu'elles ne cuisent pas trop, retirez-les, & prenez garde de les casser ; passez le boüillon, & le remettez dans la casserole, & le faites diminuer sur le feu, jusqu'à ce qu'il se réduise en caramel ; ensuite, arrangez-y vos Lotes du côté du lard, & les mettez sur des cendres chaudes, pour qu'elles se glacent tout doucement ; étant prêt à servir, mettez une essence de jambon, ou bien une sauffe à l'Italienne dans le plat que vous voulez servir, & mettez vos Lotes dessus ; si vos Lotes ne sont pas assez glacées, mettez la casserole avec vos Lotes sur le fourneau, & les faites toûjours marcher dans la casserole, & ne les quitez point : étant comme il faut, dressez-les, & servez chaudement pour Entrée.

Lotes

Lotes au vin de Champagne.

Prenez des Lotes, échaudez-les biens proprement, & les vuidez; laissez les foies dans le corps de vos Lotes, & ôtez l'amer, lavez-les bien, & les essuyez bien, & les poudrez de farine, & les faites frire dans du sain-doux, ou du beurre rafiné pour les jours maigres: étant frites, mettez-les dans une casserole avec un peu de coulis, un peu de jus, & leur faites faire un boüillon, pour en ôter la friture; tirez les égoûter, & les remettez dans une autre casserole avec de l'essence de jambon, du jus, deux verres de vin de Champagne, une rocambole bien hachée; quand vos Lotes auront boüillies quelques tems, goûtez-les, & leur donnez du goût, & un jus de citron, & les dressez dans leur plat, avec la sauffe par-dessus, & servez chaudement pour Entrée. Pour s'en servir en maigre, il n'y a qu'à se servir de Coulis maigre, & jus.

Lotes au vin de Champagne, à l'Italienne.

Prenez des Lotes, échaudez-les & les vuidez; laissez les foies dans le corps, & les lavez bien proprement; essuyez-les, & les poudrez de farine; faites-les frire dans du bon sain-doux: étant frites, mettez-les dans une casserole avec un peu de jus & de coulis; faites leur faire un boüillon, & les tirez égoûter, ayez une sauffe à l'Italienne, faite de cette façon. Prenez une demi cuillere à pot de coulis, autant de jus, autant de boüillon, autant d'essence de jambon, une gousse d'ail, un peu de basilic, la moitié d'un citron coupé en en tranches, une pincée de coriandre concassée, deux verres de vin de Champagne, un demi verre de bonne huile; faites bien boüillir cette sauſſe, & la dégraiſſez bien: obſervez qu'elle ſoit de bon goût; & étant comme il faut, paſſez-là dans un tamis de ſoie, & la mettez dans une caſſerole, & y mettez vos Lotes, & les faites mitonner quelques tems; étant bien comme il faut, dreſſez-les dans leur plat, & ſervez chaudement pour Entrée.

Lotes aux fines herbes, en gras

Prenez des Lotes, limonnez-les, vuidez-les, & les lavez; prenez garde de ne pas arracher les foies; prenez une caſſerole, & y mettez quelques bardes de lard; mettez-y vos Lotes, & les aſſaiſonnez de ſel, poivre, fines herbes, fines épices, ciboules, tranches de citron, quelques feuilles de laurier, un morceau de beurre frais, un couple de verres de vin de Champagne ou autres vins blanc, pourvû qu'il ſoit bon, & point doux: couvrez vos Lotes de bardes de lard; enſuite, couvrez-les de leur couvercle, & les mettez cuire tout doucement; feu deſſus & deſſous; étant cuites, tirez-les, & les panez de mie de pain, & leur faites prendre couleur deſſous un couvercle de tourtiére, ou bien au four; étant de belle couleur, faites une remoulade, dont voici la maniére. Hachez du perſil, de la ciboule, de l'échalote, un peu d'ail, un peu de baſilic, des anchois, des câpres; mettez le tout dans une caſſerole, avec une ou deux cuillerées de moutarde; deux cuillerées de bonne huile, un jus de citron, une goûte de jus, du ſel, du poivre; mêlez bien le

tout

tout ensemble, & le mettez dans le plat où vous voulez servir ; ensuite, mettez-y vos Lotes, & servez pour Entrée.

Lotes à la Perigord.

Prenez des Lotes, après les avoir limonnées, vuidées, & lavées ; laissez-leurs les foies dans le corps, essuyez-les bien ; ensuite, mettez-les dans une casserole, avec une boûteille de vin de Champagne, un bouquet, une pincée de fleurs de muscade, un couple de gousses d'ail, un peu d'eau, des truffes coupées par tranches, un peu de sel, poivre ; mettez cuire vos Lotes à grand feu : étant cuites, tenez la sauffe bien courte, ajoûtez-y un peu d'essence, avec un jus de citron, un morceau de beurre, & observez qu'elle soit de bon goût ; dressez, ensuite, vos Lotes dans leur plat, avec la sauffe & truffes par-dessus, & servez chaudement pour Entrée.

Lotes à l'Italienne.

Mettez dans une casserole des Lotes, limonnées, vuidées & lavées proprement, sans en ôter les foies ; assaisonnez-les de sel, poivre, persil, ciboules, champignons, truffes, si vous en avez, le tout haché finement. Mettez-y une demi boûteille de vin de Champagne, après l'avoir fait boüillir, un peu de jus, du coulis, ou bien de la sauffe à l'Espagnole, un demi verre de bonne huile, deux ou trois gousses d'ail entiéres, un couple de tranches de citron, après en avoir ôté la peau. Faites cuire vos Lotes ; étant cuites, & la sauffe point trop longues, tirez-en les tranches de citron, & les gousses d'ail :

d'ail: obfervez qu'elle foit d'un bon goût, & dreffez vos Lotes dans un plat, & la fauffe par-deffus, & fervez chaudement. Une autrefois, vous les pouvez faire frire, & les accommoder de la même maniére. Pour les fervir en maigre, vous n'avez qu'à vous fervir de coulis maigre. L'on peut accommoder l'Efturgeon de la même maniére que ci-deffus, foit en gras ou en maigre, en les coupant par tranches.

Lotes en maigre, à la Sauffe à l'Efpagnole.

Prenez des Lotes, limonnez-les, & les vuidez; laiffez les foies dans le corps de vos Lotes, lavez-les bien, effuyez-les, & les poudrez de farine, & faites-les frire dans du beurre rafiné; étant frites, faites la fauffe de cette façon. Prenez une cafferole, coupez un couple d'ognons en tranches, la moitié d'une carote, le tout coupé en petits morceaux; mettez-y un demi verre d'huile; mettez vôtre cafferole fur le feu, & faites un peu cuire ces racines, & les moüillez de jus maigre, & de boüillon de poiffon; affaifonnez-les de fines herbes, fines épices, quelques tranches de citron, quelques gouffes d'ail, des cloux de girofle, une pincée de coriandre, un couple de verres de vin blanc; faites bien boüillir le tout, & le dégraiffez bien; liez-le de coulis maigre: obfervez qu'il foit de bon goût, & le paffez à l'étamine; mettez vos Lotes dans une cafferole, & vôtre coulis par-deffus, & le mettez fur le feu mitonner tout doucement, & y mettez un bon verre de vin de Champagne, une rocambole hachée, un jus de citron; étant prêt

prêt à servir, dreſſez-les dans leur plat, & la ſauſſe par-deſſus, & ſervez chaudement pour Entrée.

Lotes à la ſauſſe blanche.

Vos Lotes étant limonnées, vuidées & lavées, ſans en ôter les foies, mettez-les dans une caſſerole avec des ognons coupez, du perſil en branches, baſilic, une feüille de laurier, une demi boüteille de vin blanc, ſel, poivre, cloux, un morceau de beurre, de l'eau boüillante que vous mettez par-deſſus vos Lotes, & les faites cuire tout doucement; étant cuites, prenez une caſſerole, & y mettez un bon morceau de beurre, une pincée de farine, un filet de vinaigre, du poivre, du ſel, de la muſcade, une goûte d'eau; liez vôtre ſauſſe, tirez vos Lotes égoûter, & les dreſſez dans leur plat, & mettez la ſauſſe par-deſſus, & ſervez chaudement pour Entrée.

Lotes au Coulis d'Ecreviſes.

Vos Lotes étant limonnées, vuidées & lavées, mettez-les cuire dans une caſſerole, avec une demi boüteille de vin blanc, des ognons coupez en tranches, quelques tranches de citron, du perſil en branches, fines herbes, cloux de girofle, un bon morceau de beurre, de l'eau boüillante, ſeulement que les Lotes trempent; étant cuites, tirez-les égoûter, & les dreſſez dans leur plat; mettez un Coulis d'Ecreviſes par-deſſus, & ſervez chaudement pour Entrée.

Autres

Autre Lotes en maigre, au Coulis d'Ecrevices.

Vos Lotes étant limonnées, vuidées, & lavées comme les autres ci-dessus, & cuites de même, prenez une casserole, mettez-y un morceau de beurre frais, & une pincée de farine, & vous l'assaisonnerez de sel, poivre, jus de citron, un peu goûte d'eau; mettez vôtre sausse sur le feu. Vôtre sausse étant liée, mettez-y un peu de Coulis d'Ecrevices, fait en maigre, & quelques queuës d'Ecrevices, si vous en avez; ne faites pas bouillir vôtre Coulis, de peur qu'il ne tourne. Vos Lotes étant cuites, tirez-les égoûter, & les dressez dans leur plat; mettez vôtre Coulis par-dessus, & servez chaudement pour Entrée.

LE CUISINIER

CHAPITRE XVIII.

Des Entrées de Vives.

Vives frites.

Vuidez des Vives, lavez-les & les essuyez; ciselez-les, farinez-les, & les faites frire dans une friture de beurre rafiné; étant bien frites, & de belle couleur, tirez-les, & les mettez égoûter; dressez-les dans un plat, & les garnissez de persil frit, & les servez chaudement pour un plat de rôt.

Vives aux Câpres.

Faites frire des Vives de la même maniére qu'il est marqué ci-dessus; faites une sausse de la composition suivante. Prenez la grosseur de deux noix de beurre, que vous mettrez dans une casserole sur un fourneau; étant fondu, mettez-y une pincée de farine, & la remuez: étant roux, mettez-y un peu de ciboule & de champignons hachez, & le moüillez d'un peu de bouillon de poisson; assaisonnez de sel, & de poivre, & y mettez mitonner les Vives dedans: étant diminué à propos, tirez les Vives de la casserole, & les dressez dans un plat; mettez une petite poignée de Câpres dans la sausse, & la liez d'un coulis d'écrevices; voyez que la sausse soit d'un

bon

bon goût, & la mettez sur les Vives, & les servez chaudement.

Vives aux Concombres.

Faites frire les Vives de la même manière qu'il est marqué ci-devant : étant frites d'une belle couleur, faites un ragoût de Concombres de cette manière : pélez trois ou quatre Concombres, & les coupez par moitié, & en ôtez le dedans, & les coupez en tranches, & les mettez mariner avec du poivre, du sel, du vinaigre, & un ognon coupé par tranches : étant marinez pressez-les dans un linge; mettez un morceau de beurre dans une casserole sur un fourneau : étant fondu, mettez-y les Concombres, & leur faites prendre couleur; ensuite, poudrez-les d'une pincée de farine, & mouillez-les de boüillon de poisson ou autre, & les laissez mitonner à petit feu : étant cuits, dégraissez-les, & achevez de les lier d'un peu de coulis ordinaire : mettez mitonner les Vives dans la casserole avec les Concombres; ensuite, tirez-les, & les dressez dans un plat : voyez que le ragoût soit d'un bon goût, & le mettez sur les Vives, & les servez chaudement.

Vives aux Laituës.

Vuidez des Vives, les lavez, & les essuyez entre deux linges, & les ciselez; faites fondre un peu de beurre, & y mettez un peu de sel, poivre, & mettez vos Vives dedans prendre du goût : Ensuite, faites-les griller à petit feu : étant grillées, prenez les cœurs d'une douzaine de Laituës, & les faites blanchir dans de l'eau; étant blanchis, tirez-les dans de l'eau froide; ensuite, les presser une à une; mettez la grosseur d'un œuf de beurre dans une casserole sur un fourneau: le beurre étant fondu, mettez-y une pincée de farine, & le remuez toujours: lorsqu'il est roux, mouillez-le d'un bouillon de poisson ou autre, assaisonnez de sel, de poivre, & d'un bouquet; mettez vos laitues dedans, & les laissez mitonner à petit feu: étant cuites, dégraissez-les, & les liez d'un coulis d'écrevices ou autre; voyez que le ragoût soit d'un bon goût, & le dressez dans le plat que vous les voulez servir: étant grillées, & de belle couleur, tirez-les, & les dressez sur le ragoût de Laitues, & les servez chaudement.

Vives à la Perigord.

Faites griller les Vives de la même manière que celles aux laitues; faites un ragoût de truffes; voyez qu'il soit d'un bon goût: les Vives étant grillées de belle couleur, dressez-les dans un plat, mettez le ragoût de truffes dessus, & les servez chaudement. Les Vives aux mousserons, & les Vives aux champignons, se font de la même manière que celles aux truffes. Faites-le ragoût de cette façon: prenez des truffes, & les pélez, & les lavez bien proprement, coupez-les en tranches, & les mettez dans une casserole: mettez-y une demie cuillerée de jus, demi cuillerée de coulis, un verre de vin de Champagne, un bouquet, tranches de citron, une pincée de poivre concassé, une gousse d'ail; mettez vôtre casserole sur le fourneau, & laissez-les cuire: étant cuites, dégraissez-les, & ôtez la gousse d'ail, & y mettez un jus d'orange, observez
vez

MODERNE. 245

vez qu'il soit d'un bon goût: vos Vives étant grillées, dressez-les dedans le plat où vous voulez les servir, & mettez votre ragout de truffes par-dessus, & servez chaudement pour Entrée. Une autrefois, vous pouvez les faire cuire dedans un petit assaisonnement, & mettre le même ragout par-dessus, ou un ragout de pointes d'asperges, ou de petits pois.

Vives à la sauffe aux Anchois.

Prenez des Vives, les vuidez, les lavez, les essuyez, & les ciselez; mettez dessus du beurre fondu, & du sel; puis, les faites griller, & ayez soin de les retourner de tems en tems, afin qu'elles prennent belle couleur: faites une sauffe de cette manière. Prenez du beurre frais la quantité qu'il en faut, & le mettez dans une casserole, avec une pincée de farine, un couple d'Anchois, que vous avez lavez, & ôté l'arrête, une ciboule entière, assaisonnez de poivre, de sel, & de muscade; mouillez-la d'un peu d'eau, & d'un peu de vinaigre, & la tournez sur le feu lorsqu'elle est liée à propos, dressez les Vives dans un plat, voyez que la sauffe soit d'un bon goût, & la mettez sur les Vives, & les servez chaudement.

Vives au Coulis d'Ecrevices.

Mettez griller les Vives de la même manière qu'il est marqué ci-devant; faites une petite sauffe blanche, de cette manière. Mettez du beurre frais dans une casserole la quantité qu'il en faut, avec une pincée de farine, un anchois, que vous lavez, & en ôtez l'arrête; une ciboule entière,

Q 3

un peu de câpres; assaisonnez de sel, de poivre, & de muscade, & la moüillez d'un peu d'eau, & d'un peu de vinaigre; tournez la sauffe sur le fourneau avec une cuillere; & étant liée, mettez y du coulis d'Ecrevices la quantité qu'il en faut, afin qu'il soit de la même couleur; goûtez le coulis, qu'il soit d'un bon goût: dreffez les Vives dans un plat, & mettez la fauffe blanche au coulis d'Ecrevices par-deffus, & les fervez chaudement.

Vives aux Huitres.

Prenez des Vives, les vuidez, & les lavez, & les effuyez; arrangez-les dans une cafferole de la grandeur qu'il faut, & les affaifonnez de fel, de poivre, fines épices, d'un couple d'ognons, & un bouquet, une feuille de laurier, tranches de citron; moüillez d'une demi boûteille de vin blanc, avec un peu de boüillon de poiffon ou autre, & du beurre, & les laiffez achever de cuire: voyez qu'elles foient bien nourries, & qu'elles foient d'un bon goût: étant cuites, retirez-les, & les dreffez dans un plat: étant bien égoûtées, ayez un ragoût d'Huitres tout prêt: voyez qu'il foit d'un bon goût, & le mettez fur les Vives, & les fervez chaudement. On trouvera la maniére de faire le ragoût d'Huitres, au Chapitre des Ragoûts. L'on fert auffi ces Vives, étant cuites, de cette maniére, avec un ragoût de laitances deffus. On trouvera la maniére de faire le ragoût au Chapitre des Ragoûts. L'on fert auffi les Vives cuites de cette maniére, avec une fauffe hachée deffus, ou une fauffe à l'Efpagnole.

Vives

Vives aux Ecrevices.

Faites cuire les Vives de la même manière que celles aux huitres, marquée ci-devant : étant cuites, tirez-les égoûter, & les dressez dans un plat ; mettez dessus un ragoût de queües d'Ecrevices, qui soit d'un bon goût, & les servez chaudement. On trouvera la manière de faire le ragoût d'Ecrevices au Chapitre des Ragoûts. L'on sert ces Vives grillées, avec ces mêmes Ragoûts par-dessus, d'Huitres, de Laitances, & d'Ecrevices.

Vives aux Moûles.

Faites cuire les Vives de la même manière que les Vives aux huitres, ci-devant : étant cuites, tirez-les, & les mettez égoûter, & les dressez dans un plat ; mettez un ragoût de Moûles dessus, qui soit d'un bon goût. L'on trouvera la manière de faire le ragoût de Moûles, au Chapitre des Ragoûts.

Vives au vin de Champagne.

Prenez des Vives, les vuidez, les lavez, & les essuyez ; coupez la tête, & le bout de la queüe, & les coupez en deux ; arrangez-les dans une casserole, & les assaisonnez de sel, de poivre, un peu de fines épices, d'une feüille de laurier, d'un ognon, & d'un bouquet ; mettez-y quelques champignons & mousserons ; faites boüillir une demi-boûteille de vin de Champagne, & ensuite, la mettez dans la casserole où sont les Vives, & les mettez cuire sur un fourneau : étant à demi diminuée, mettez y un morceau

ceau de bon beurre, & les achevez de faire cuire ; étant diminuée à propos, liez-les d'un coulis d'écrevices, ou autre coulis, voyez qu'elles soient d'un bon goût, & les dressez dans un plat ; tirez l'ognon, le bouquet, & la feuille de laurier, mettez le coulis dessus, & les servez chaudement.

Vives en Fricassée blanche.

Prenez des Vives, vuidez-les, lavez, & les essuyez ; coupez-les par morceaux : prenez une casserole, & y mettez un morceau de beurre frais, & la mettez sur un fourneau bien allumé : le beurre étant fondu, mettez-y les Vives, avec des champignons, des mousserons, quelques truffes vertes, si vous en avez, assaisonnez de sel, de poivre, un bouquet ; passez le tout ensemble, & y mettez une pincée de farine ; prenez garde qu'elle ne s'atache à la casserole ; mouillez-la d'un peu de bouillon de poisson, ou autre, & de vin blanc que vous avez fait bouillir avant, & la laissez cuire à petit feu : étant cuite, faites une liaison de trois à quatre jaunes d'œufs délayez avec du citron, & un peu de persil haché : la Fricassée étant diminuée à propos, mettez-y la liaison, & la remuez toujours sur le fourneau, jusqu'à ce qu'elle soit liée, prenant garde qu'elle ne tourne : voyez qu'elle soit d'un bon goût, & la dressez dans un plat, & la servez chaudement.

Vives en Filets.

Les Vives étant frites ou grillées, coupez la tête, & le bout de la queue, & les ouvrez ; ôtez-

ôtez-en l'arrête, & les coupez en quatre; arrangez-les dans un plat, & y jettez un ragoût dessus, tel qu'on jugera à propos. Celles qui sont grillées, il faut y mettre une sauffe aux Anchois dessus, ou bien un coulis d'écrevices, de la même manière que les Vives à la sauffe aux anchois, où au coulis d'écrevices.

Vives farcies dans le corps.

Prenez des Vives, les vuidez, les lavez, & les essuyez; faites une petite farce de cette manière. Prenez une Vive, & la désofez; mettez la chair sur une table, avec des champignons, un peu de persil, & de ciboule hachée; assaisonnez de sel, poivre, & un peu de muscade; hachez le tout ensemble, & y mettez un morceau de beurre frais, à proportion de ce qu'il en faut; un couple de jaunes d'œufs cruds, un peu de mie de pain cuite dans de la crème ou du lait; hachez le tout bien ensemble. Etant haché, farcissez-en les Vives par les ouies; & après, les arrangez dans une casserole, & les assaisonnez dessus & dessous, avec des tranches d'ognons, fines herbes, bon beurre, sel, poivre, cloux de girofle, une demi bouteille de bon vin blanc, & une cuillerée de bouillon maigre, & les faites cuire doucement, & d'un bon goût. Après-quoi, tirez-les, & les mettez égouter, & les dressez dans un plat, & jettez dessus un ragoût de mousserons, ou truffes vertes, ou autres ragoûts, & servez chaudement.

Vives

Vives en Filets, au jus d'orange.

Faites frire des Vives; étant frites, levez-en les Filets, & les mettez dans une casserole, & les assaisonnez de sel, poivre concassé, un peu de jus, un peu d'essence de jambon, un verre de vin de Champagne, ou autre vin blanc, que vous ferez boüillir, avant que de le mettre dedans. Vous les ferez mitonner un moment sur le feu, & y mettrez un peu de rocambole, ou une petite pointe d'ail, un jus d'orange, avec quelques zestes; & observez qu'ils soient d'un bon goût. Etant prêt à servir, dressez-les dans leur plat, & servez chaudement pour Entrée, ou pour hors d'œuvre. Vous pouvez également vous servir de celles qui sont cuites à la braise, pour mettre au jus d'orange, & l'on y peut mettre aussi de l'huile, cela dépendra du goût de ceux qui l'aime.

Vives au Jambon.

Ayez des Vives, vuidez-les, & lavez-les; coupez-en la tête, & garnissez une casserole avec quelques bardes de lard & tranches de veau, & Jambon, tranches d'ognons, basilic, quelques feüilles de laurier. Arrangez-y vos Vives, & les assaisonnez de poivre, cloux, fines herbes, & les couvrez de quelques bardes de lard, & tranches de veau, & les moüillez d'une cuillerée de boüillon ou jus, & les mettez cuire feu dessus & dessous, tout doucement. Etant cuites, vous mettrez un ragoût de Jambon dessus, fait de cette manière. Prenez deux ou trois tranches de Jambon, épaisses comme
la

la lame de vôtre coûteau, & les arrangez dans une casserole, & les mettez dessus le feu tout doucement, & leur faites prendre coûleur des deux côtez. Ayant prises coûleurs, tirez-les, & y mettez un petit morceau de beurre, une pincée de farine, que vous ferez prendre un peu de coûleur: ensuite, moüillez-le avec un peu de boüillon, & un peu de jus, un peu de vôtre coulis ordinaire, un verre de vin blanc, une gousse d'ail, un couple de tranches de citron, un peu de basilic, & quand le tout aura boüilli un peu de tems ensemble, dégraissez-le bien, & le passez dans un tamis de soie: ensuite, coupez vos tranches de Jambon en petits filets, & achevez de les faire cuire dans vôtre coulis; & étant prêt à servir, tirez vos Vives, & les égoûtez: dressez-les dans leur plat, & observez que vôtre ragoût soit d'un bon goût, & point trop lié; le mettez par-dessus, & servez chaudement.

Vives en Filets frits.

Vuidez des Vives, les lavez, & les essuyez; coupez la tête, & le bout de la queüe, les fendez, & en ôtez l'arrête; coupez-les en quatre, & les mettez mariner avec du vinaigre, du sel, du poivre, quelques ognons coupez par tranches, feüilles de laurier: étant marinées, tirez les Filets de la marinade, & les mettez égoûter sur un linge; ensuite, farinez-les, & les faites frire dans la friture de beurre rafiné: étant frits, & de belle coûleur, tirez-les, & les mettez égoûter, & les dressez sur un plat garni de persil frit, & les servez chaudement.

Vives

Vives à la Broche, en maigre.

Prenez des Vives, les vuidez, lavez, & les essuyez; faites des lardons de chair d'anguille, & en piquez des Vives, avec des anchois: passez une brochette au travers de chaque Vives, & les atachez à la broche; faites une marinade, que vous mettrez dans la lechefrite, qui soit bien propre, de cette manière: mettez un peu de vinaigre, un demi verre de bouillon de poisson, ou autre, quelques ciboules entières, des ognons, coupez par tranches, quelques tranches de citron, du sel & du poivre; mettez la broche au feu, & les arrosez toujours de cette marinade en cuisant; faites une sauße hachée de cette manière. Hachez une truffe verte, un couples de champignons, & un peu de ciboules, le tout à part sur une assiette; mettez un petit morceau de beurre dans une casserole, sur un fourneau; étant fondu, mettez-y une pincée de farine, & le remuez; étant roux, mettez-y la ciboule hachée; ensuite, les champignons, & truffes: faites faire deux ou trois tours, le tout ensemble, & le mouillez d'un peu de bouillon de poisson, ou de jus maigre, & le faites mitonner à petit feu; assaisonnez de sel & de poivre: étant diminué à propos, mettez-y des câpres, & un anchois, & le liez de coulis: voyez que la sauße soit d'un bon goût: tirez les Vives de la broche, & les dressez dans leur plat, & mettez la sauße dessus, & les servez chaudement.

Vives piquées & glacées.

Prenez des Vives, les vuidez, & lavez; ensuite,

suite, faites-les piquer de petit lard; ensuite, mettez une casserole sur le feu, avec une boûteille de vin; assaisonnez de sel, persil, ciboules, fines herbes, tranches d'ognons, & citrons; & quand vôtre vin bouillira, passez-y vos Vives, & leurs faites faire deux ou trois bouillons pour les roidir; ensuite, tirez-les: marquez dans une casserole quelques petits morceaux de veau, quelques tranches de jambon, un ognon coupez en quatre, & le mouillez de boüillon, & le mettez au feu. Quand vôtre veau sera cuit, mettez-y un moment vos Vives, pour leur faire prendre du goût; ensuite, tirez-les égoûter, & passez le boüillon par le tamis, dans une casserole, qui soit suffisamment grande, pour y pouvoir glacer vos Vives; mettez la casserole au feu, & la laissez tarir, jusqu'à ce qu'il soit reduit en caramel: étant d'une belle glace, mettez-y vos Vives, & les couvrez, en les mettant sur des cendres chaudes. Vos Vives étant glacées, & prêt à servir, mettez une essence de jambon dans le plat, ou une sausse à l'Italienne, & vos Vives par-dessus, & servez chaudement pour Entrée.

Vives en Filets piqués.

Prenez des Vives les plus grandes que vous pourrez avoir, & les vuidez, & lavez, ensuite, fendez-les tout du long le ventre, & en ôtez l'arrête, qu'elle soit en deux; ensuite, parez-les, & les faites piquer de petit lard: étant piquées, mettez une boûteille de vin dans une casserole sur le feu; assaisonnez de persil, & ciboules en branches, tranches d'ognons, citrons, basilic, thin & laurier, avec un peu de sel;

sel; & quand celà boüillira, mettez-y vos fricandeaux de Vives, & leurs faites donner deux boüillons; ensuite, tirez-les égoûter: marquez dans une casserole quelques morceux de veau, quelques tranches de jambon, un ognon coupez en tranches, & le moüillez de boüillon, & le mettez au feu à cuire: vôtre veau étant cuit, mettez un moment vos Filets de Vives piqués, pour leur faire prendre du goût; ensuite, tirez-les égoûter, & passez le boüillon par un tamis, dans une casserole, qui soit sufisamment grande pour y pouvoir glacer vos fricandeaux de Vives, & la mettez au feu à tarir, jusqu'à ce qu'il soit réduit en caramel; ensuite, mettez-y vos fricandeaux de Vives, & les mettez sur des cendres chaudes, afin qu'elles se glacent tout doucement: étant glacées, & prêt à servir, mettez dans le plat ou vous les voulez servir une ravigotte blanche, & servez chaudement pour Entrée.

Vives à l'Italienne.

Prenez des Vives, les vuidez & lavez; prenez une tourtiére, & y mettez des bardes de lard, tranches d'ognons, basilic, laurier, citron coupez en tranches; mettez-y vos Vives ciselées; assaisonnez de sel menu, poivre, fines épices, jus de citron, & citron coupez en tranches; couvrez-les de bardes de lard, & les faites cuire au four: hachez une douzaine d'échalotes; mettez-les dans une casserole, avec un verre de vin de Champagne, du jus, & d'essence; mettez la sausse à chauffer, en y mettant un peu d'huile, le jus de deux citrons, un peu de sel, poivre concassé: vos Vives étant cuites,

cuites, dressez-les dans leur plat, & mettez vôtre sauffe par-deffus, & servez chaudement pour Entrée.

Vives à la broche, en gras.

Prenez des Vives, les vuidez, lavez, & les effuyez; piquez-les de moyen lard; assaisonnez, & les paffez chacune dans une brochette, & les atachez à la brochette, les arrofant d'une marinade de cette maniére : mettez un peu de vinaigre dans la l'échefrite, avec un peu d'essence de jambon, du poivre, un peu de sel, quelques ognons coupez par tranches, & des ciboules entiéres, & tranches de citron, un morceau de beurre; mettez les Vives au feu, les arrofant de tems en tems de la marinade; étant cuites, tirez-les, & les dreffez dans un plat; mettez une effence de jambon deffus, & les fervez chaudement.

Vives en gras, aux Ecrevices.

Faites cuire les Vives de la même maniére que les Vives au jambon, marquées ci-deffus, étant cuites, tirez-les de leur jus, & les mettez égoûter, & les dreffez dans un plat, & mettez deffus un ragoût de queuës d'Ecrevices en gras, & les fervez chaudement. On trouvera la maniére de faire le ragoût de queuës d'Ecrevices en gras, au Chapitre des Ragoûts.

Vives en gras, aux Huitres.

Mettez cuire les Vives de la même maniére que les Vives au jambon, marquée ci-deffus;
les

les tirer de leur jus, & les laissez égoûter, & les dressez dans un plat; mettez dessus un ragoût d'Huitres en gras, & les servez chaudement. On trouvera la manière de faire le ragoût d'Huitres, au Chapitre des Ragoûts.

Vives à la braise.

Prenez des Vives, les vuidez, les lavez & les essuyez; garnissez une casserole ovale, de la grandeur des Vives que vous voulez y mettre, des bardes de lard, & des tranches de bœuf, assaisonnez de sel, de poivre, fines épices, & fines herbes, quelques ognons coupez par tranches, ciboules, feüilles de laurier; y arrangez les Vives, les assaisonnez dessus comme dessous, & les couvrez de tranches de bœuf, & de bardes de lard; couvrez la casserole, & les mettez cuire feu dessus & dessous: étant à demi cuites, mettez-y deux verres de vin blanc, & les achevez de faire cuire: étant cuites, tirez-les, & les mettez égoûter; les dressez dans un plat, & mettez un ragoût de foies gras, de ris de veau, de crêtes, champignons, truffes, & mousserons dessus, & les servez chaudement. On trouvera la manière de faire le ragoût au Chapitre des Ragoûts. On sert les Vives à la braise, avec un ragoût de champignons, ou bien un ragoût de mousserons, ou bien un ragoût de truffes, ou sausse hachée, ou aux anchois.

Filets de Vives, en gras.

Vuidez des Vives, les lavez, & les essuyez, & les mettez dans du beurre fondu, & un peu
de

de sel, poivre, & les mettez griller: étant grillées, coupez la tête & le bout de la queue, ouvrez-les, & en ôtez l'arrête, & les coupez en quatre, & les dressez dans un plat, mettez dessus une essence de jambon, ou un coulis clair de veau, & de jambon, & les servez chaudement: on y met aussi un ragoût de mousserons, ou un ragoût de truffes vertes.

Vives Farcies en gras, aux Mousserons.

Prenez des Vives: étant habillées, farcissez-les par les oüies, d'une farce de blancs de volailles, & les mettez cuire à la braise, de la même manière qu'il est marqué ci-devant: étant cuites, tirez-les, & les laissez égouter, & les dressez dans un plat, & y mettez un ragoût de Mousserons en gras dessus. On trouvera la manière de faire le ragoût, au Chapitre des Ragoûts, & la manière de faire la Farce en plusieurs endroits.

Vives en gras, aux Cardons d'Espagne.

Mettez cuire les Vives à la braise, comme il est marqué ci-dessus, & faites un ragoût de Cardes, ou de montans. Vous trouverez la manière de le faire, au Chapitre des Cardes: observez qu'il soit d'un bon goût, & le dressez au fond d'un plat; tirez les Vives de la braise, & les laissez égouter, & les dressez sur le ragoût de Cardes, & les servez chaudement. Les Vives en gras, au celeri, se font de la même manière que celles aux Cardes, marquées ci-dessus. Vous trouverez la manière de faire le ragoût de celeri, en plusieurs endroits.

Tome IV. R *Vives*

258 LE CUISINIER

Vives en gras, au Coulis de Perdrix.

Prenez des Vives, & les faites cuire à la braise de la même manière qu'il est marqué ci-devant: étant cuites, tirez-les, & les mettez égoûter, & les dressez dans un plat, & mettez dessus un Coulis de Perdrix, & les servez chaudement. On trouvera la manière de faire le Coulis de Perdrix, au Chapitre des Coulis. On sert les Vives à la braise, avec toutes sortes de Coulis.

CHA-

MODERNE 259

CHAPITRE XIX.
Des Brochets, Brêmes, Aloses, Lubines, Bars, Lieus, Vaudreüils, & Tontines.

Brochets glacez.

PRenez des Brochets, la quantité que vous jugerez à propos, selon la grandeur de vôtre plat, quand le Brochet est grand, un suffit: prenez un Brochet, ecaillez-le, vuidez-le, lavez-le, & l'essuyez bien; levez la peau d'un côté, & le faites piquer de petit lard; étant piqué, prenez une casserole ovale, & la garnissez de tranches de veau, & de jambon, de quelques ognons, de fines herbes, une boûteille de vin blanc, & d'une cuillerée de boüillon, avec un citron coupé en tranches. Prenez une serviette, pliez-y vôtre Brochet, & le mettez dans cette nourriture. Quand la viande sera à moitié cuite, & que vous verrez aprochant que vôtre Brochet peut être cuit, tirez-le de cette nourriture. Passez le boüillon au travers d'un tamis, & le remettez dans cette casserole ovale; puis, vous le ferez boüillir jusqu'à ce qu'il soit réduit en caramel; ensuite, mettez-y vôtre Brochet du côté du lard, & le mettez sur une cendre chaude, jusqu'à ce que vous soyez prêt à servir.

R 2 Etant

Étant prêt à servir, s'il n'est pas assez glacé, mettez la casserole sur un fourneau, & faites-le toujours marcher dans vôtre casserole ; & lorsqu'il sera comme il faut, mettez une essence de jambon dans le plat que vous voulez servir; jupitez vôtre Brochet le plus adroitement qu'il vous sera possible, & le mettez sur vôtre essence de jambon, & servez chaudement pour une grande Entrée. Une autrefois, au lieu de le mettre à la casserole, vous n'avez qu'à faire une petite farce, & la mettre dans le corps du Brochet, & le mettez dans un grand plat, avec des bardes de lard, & assaisonnez de sel, poivre, ognons, fines herbes, & une bouteille de vin blanc, & le faites cuire au four. Étant cuit, tirez-le égouter, dressez-le dans son plat, & mettez-y par-dessus une essence de jambon, avec un jus de citron, ou une sauste à l'Espagnole, & servez chaudement.

Brochet en Fricandeaux.

Prenez un grand Brochet ; étant écaillé, vuidé & lavé, coupez-le en tronçons, de la longueur de six pouces, ensuite fendez-le en deux du côté du ventre, ôtez-en l'arrête, & les faites piquer de petit lard ; étant piqués, faites-les bouillir dans du vin, prenez une bouteille de vin blanc, mettez-la dans une casserole, avec un peu de sel, poivre, ciboules, persil, fines herbes, clous de girofle, & d'abord qu'il bout, mettez-y un ou deux tronçons, s'ils y peuvent tenir, & quand ils auront fait deux ou trois bouillons, tirez-les, & faites la même manœuvre à tous vos tronçons ; étant fait, mettez-les égouter, prenez un morceau de veau de deux livres, & quelques tranches de jambon,

cou-

MODERNE. 261

coupez en tranches, ognons, & cloux de girofle; mettez le tout à cuire avec du bouillon; étant à moitié cuit, mettez-y vos Fricandeaux de Brochet, pour qu'ils cuisent, prenez garde qu'ils ne cuisent pas trop; ensuite, tirez-les égouter, & passez le bouillon; étant passé, remettez-le dans la casserole, & le faites cuir, jusqu'à ce qu'il soit réduit en caramel. D'abord qu'il est bien glacé, mettez-y vos tronçons de Brochet; ensuite, mettez-les sur des cendres chaudes, pour qu'ils se glacent tout doucement; étant glacés, & prêt à servir, mettez dans vôtre plat une sauce à l'Italienne, ou à la romaine, & vos tronçons par-dessus, & servez chaudement pour grande Entrée. Vous pouvez mettre la queüe d'un Brochet, de la même maniére, ou bien des tronçons de Brochet. Vous trouverez la maniére de faire les Sausses, au Chapitre des Sausses au premier Volume.

Brochet à la Matelotte.

Après l'avoir écaillé, vuidé, & lavé, coupez-le en tronçons de quatre à cinq pouces de long; mettez-le dans une casserole, assaisonnez-le de sel, poivre, persil, ciboules, champignons, truffes, si vous en avez, le tout haché; un bouquet composé de ciboules, persil, branches de thin, branches de basilic, quatre ou cinq cloux de girofle dans le cœur du bouquet, deux gousses d'ail, pliez bien cela, & le ficellez, & le mettez dans vôtre casserole, avec vôtre Brochet; observez que par-tout où il y a un bouquet, il se fait de même pour le poisson. Moüillez vôtre Brochet d'une bouteille de vin blanc, ou d'une demi-bouteille, si vôtre Brochet est

R 3   petit,

petit, & une bouteille d'eau: observez qu'il trempe, & que la nourriture passe par-dessus; faites-le cuire à grand feu. Étant cuit, mettez-y un morceau de beurre manié, & des huîtres blanchies dans leur eau, la quantité que vous jugerez à propos, un jus de citron: observez que vôtre ragoût soit d'un bon goût, & aile lie & le dressez dans vôtre plat, & servez chaudement. Quand vous le voudrez avoir au roux, vous n'avez qu'à mettre un morceau de beurre dans une casserole, avec de la farine, la quantité que vous jugerez à propos; la ferez roussir d'une belle couleur, & la mouillerez de jus d'ognons, & mettrez par-dessus vôtre Brochet, & le ferez cuire de la même manière que l'autre ci-devant, en y ajoutant des huîtres de la même manière. Une autrefois, au lieu d'y ajouter des huîtres, vous pouvez y mettre des cornichons, câpres, anchois, & de petits ognons.

Brochet à l'Allemande.

Prenez un Brochet d'une moyenne grandeur, ou selon la grandeur de vôtre plat, écaillez-le, vuidez-le, & le fendez en deux, & le coupez en quatre morceaux, chaque moitié, mettez-les dans une casserole, assaisonnez-les de sel, poivre, un bouquet; faites-les cuire à moitié; ensuite, tirez-les, & en levez une petite peau qui est dessus, & observez qu'ils soient bien blanc, & les remettez dans une autre casserole, avec une demi bouteille de bon vin blanc, & un peu de leur eau où ils ont cuits, un bon morceau de beurre manié dans de la farine, une petite poignée de câpres fines, deux ou trois anchois hachés. Achevez de faire cuire vôtre Brochet, & prenez

nez garde qu'il ne se casse, & observez qu'il soit d'un bon goût, & le servez dans le plat chaudement. Une autrefois, vous pouvez y ajouter du persil, ciboules hachées, truffes, & champignons, si vous en avez, morilles, & mousserons frais, dans la saison ; pourvû que le tout soit d'un bon goût, & que vos Brochets soient entiers, & servez toûjours chaudement. Une autrefois, vous aurez des navets tournez en olive, ou autres figures ; vous les ferez cuire, en y ajoutant un morceau de beurre manié dans de la farine ; étant cuits, & bien blanc, vous les mettrez avec vôtre Brochet, & le servirez au blanc. Vous pouvez nommer cette Entrée, un haricôt de Brochet aux Navets ; vous pouvez aussi faire cuire vôtre Brochet sans l'écailler, & après en lever les écailles, il sera beaucoup plus blanc.

Brochet à la Broche.

Il faut avoir un Brochet d'une belle grandeur, l'écailler, le vuider, & le laver proprement ; & le larder d'anchois & d'anguilles ; faites une farce composée de chairs de carpes, d'anguilles, ou de petits Brochets. Hachez bien le tout, & l'assaisonnez de sel, poivre, fines herbes, & fines épices, champignons, si vous en avez ; joignez-y un bon morceau de beurre, deux ou trois jaunes d'œufs, un morceau de mie de pain trempée dans du vin blanc ; mêlez bien le tout, & le mettez dans le corps de vôtre Brochet. Embrochez-le, & le pliez de papier beurré, & le serrez de chaque côté, avec des hatelets de bois, de la largeur d'un pouce, pour le soutenir à la Broche, & le faites cuire. Faites une sausse composée d'un bon morceau de beurre, demi dou-

264 LE CUISINIER

douzaine d'anchois, poignée de câpres fines, muscade râpée, sel, poivre, une pincée de farine, & mouillez-la de jus, & la faites cuire. Votre Brochet étant cuit, tirez-le de la Broche, & en ôtez le papier, & le dressez dans son plat le plus adroitement que vous pourrez, prenant garde de le casser, & mettez votre sauce par dessus, & servez chaudement. Vous pouvez sur ce Brochet, y mettre des hâtelets faits de cette manière. Prenez de la chair d'anguilles coupées en morceaux, de la largeur d'un pouce en quarré, de la chair de carpes, & de Brochets ; mettez le tout dans une casserole, avec un bon morceau de beurre, des huitres, si vous en avez, de la saison ; assaisonnez-les de sel, poivre, fines herbes, fines épices, persil, ciboules, basilic, champignons, si vous en avez. Passez le tout un moment sur le fourneau ; & ensuite, formez-en vos hâtelets, un morceau de carpe, un d'anguille, une huitre, une tranche de champignon si vous en avez d'assez grand, & continuerez de même jusqu'à ce que votre hâtelet soit plein ; ensuite, les tremperez dans du beurre fondu, les panerez, & les ferez griller. Etant grillés, les piquerez par-dessus votre Brochet. Vous les pouvez faire frire, en les trempant dans de l'œuf batu, les panez, & les faire frire. Je n'en marque point la quantité, cela dépend de l'Officier de Cuisine qui travaille.

Autre Brochet à la Broche, en gras.

Ayez un grand Brochet, comme l'autre ci-devant, écaillé, & vuidé de même, piquez-le à moitié lard, & moitié jambon, ou bien d'anchois, faites une petite farce composée de chairs

de

MODERNE.

de volailles cuites à la Broche, un morceau de lard, le tout bien hachez, assaisonnez de sel, poivre, persil, ciboules, fines herbes; mettez la dans le corps de vôtre Brochet, & l'embrochez, & le pliez de bardes de lard, & de papier, & l'accommodez à la Broche comme l'autre ci-devant, & le faites cuire, en l'arrosant d'une bouteille de vin blanc, & de beurre frais. Etant cuit, ôtez-en le papier, & le dressez dans son plat le plus adroitement que vous pourrez, & mettez par-dessus une poivrade liée, ou une sauce à l'Espagnole. Vous trouverez la maniére de la faire, au Chapitre des Sausses, au premier Vol. Une autrefois, au lieu de les faire cuire à la Broche, vous les faites cuire au four, en les mettant dans le plat que vous voulez servir, soit en long, ou en rond, en les arrosant d'une bouteille de vin. Etant à moitié cuits, tirez-les du four, & en tirez toute la nourriture. Arrosez vôtre Brochet de beurre fondu, & le panez de mie de pain bien fine, & le remettez au four pour achever de le faire cuire. Mettez la sausse que vous avez retirez du Brochet dans une casserole, un peu de sausse à l'Espagnole, & deux ou trois anchois, le jus d'un couple de citrons, faites bouillir cette sausse, & observez qu'elle soit d'un bon goût, & bien dégraissée, tirez vôtre Brochet du four, & nettoyez bien le bord de vôtre plat, & servez chaudement.

Brochet à l'Ettorale.

Ayez un beau Brochet, qui ne sente point la bourbe, écaillez-le, le vuidez, & le lavez, lardez-le de jambon, & anchois, mettez dans le corps de vôtre Brochet une farce de chair de volailles

R 5

les cuire à la broche ; un morceau de lard haché ; assaisonnez de sel, & de poivre, fines herbes, fines épices, champignons, truffes si vous en avez, quelques jaunes d'œufs ; mettez ensuite vôtre farce dans le corps de vôtre Brochet ; garnissez une brochetiére de la longueur de vôtre Brochet, de bardes de lard, tranches de veau & de jambon bien minces, & tranches d'ognons, basilic, quelques feüilles de laurier, & un peu de sel. Ensuite, mettez-y vôtre Brochet, & l'assaisonnez de sel, poivre, basilic, thin, feüilles de laurier ; achevez de le couvrir dessus comme dessous, & l'arrosez d'une bouteille ou deux de vin blanc ou de Champagne, & le faites cuire au four. Etant cuit, tirez-en toutes les bardes de lard, de veau, de jambon, & la nourriture, & remettez vôtre Brochet dans le four, pour qu'il prenne un peu de couleur. Mettez la nourriture que vous avez tirez, dans une casserole, & en ôtez les bardes, & mettez-y une cuillerée de bon jus, un peu de coulis, & le faites boüillir. Ensuite, passez cette sausse dans un tamis de soie, & la dégraissez bien, & y mettez trois ou quatre anchois hachez, le jus d'un citron : observez que vôtre sausse soit d'un bon goût, & tirez vôtre Brochet du four, & le glissez dans son plat ; mettez vôtre sausse par-dessus, & servez chaudement. Une autrefois, vous pouvez y mettre une sausse à l'Espagnole, ou bien une sausse à l'Italienne, ou bien un coulis d'écrevices. Vous pouvez faire cuire le Brochet en maigre, dans cette brochetiére ; au lieu de le faire cuire à la broche, vous pouvez le faire cuire au four, & le servir toûjours de même. Vous pouvez garnir ce Brochet d'hâtelets faits de poissons, comme

MODERNE. 267

me l'autre ci-devant, ou bien d'hâtelets de poulets, faits de cette manière. Coupez des poulets, comme pour une fricassée de poulets, & les faites d'égorger dans de l'eau ; mettez dans une casserole des morceaux de lard maigre, de l'épaisseur de deux lames de coûteaux ; mettez les sur le feu pour en faire sortir une partie de la graisse ; mettez-y, ensuite, un morceau de beurre, les cuisses, ailes & estomacs de vos poulets, que vous avez coupez, & les mouillez de bouillon ; étant à demi cuits, ajoûtez-y des ris de veau coupez par petits morceaux, & champignons coupez en tranches ; achevez de faire cuire le tout, & observez qu'il soit d'un bon goût, & le laissez refroidir. Prenez un hâtelet, & y mettez une aile de poulet en long ; ensuite, un morceau de ris de veau, un morceau de lard, un morceau de champignon ; ensuite, une cuisse de poulet, & continuez de même, jusqu'à ce que vos hâtelets soient remplis ; panez-les, ensuite, de mie de pain, & les faites griller, & les piquez dessus vôtre Brochet en servant. Une autrefois, mettez-les dans de l'œuf batu, les panez, & les faites frire.

Brochet à l'Espagnole.

Il faut avoir un Brochet, écaillé, vuidé, & lavé, ou bien de moyens Brochets ; mettez-le dans une casserole, & l'assaisonnez de sel, poivre, cloux ; mouillez-le d'une bouteille de vin blanc, un peu d'eau, un verre d'huile, deux ou trois gousses d'ail, deux feuilles de laurier, tranches de citron & ognons coupez en tranches. Faites-le cuire, étant cuit, & la sauce réduite, tirez-en les ognons, tranches de citrons, & ail ;

met-

mettez-y un peu de vôtre coulis maigre, ou bien d'autres coulis gras. Si vous n'avez ni l'un ni l'autre, mettez-y un morceau de beurre manié dans de la farine, & observez que votre sauce soit d'un bon goût. Si vous avez des racines de safran, ou bien du piment, le piler, & y ajoûter un peu d'eau, le passer, & le mettre dans la sauce de vôtre Brochet, cela relevera la sauce comme il faut: dressez ensuite vôtre Brochet dans son plat, & la sauce par-dessus, & servez chaudement. Vous les pouvez couper par morceaux, ou par tronçons, & les accommoder de même.

Brochets à l'Italienne.

Ayez des Brochets accommodez comme celui-ci-devant; mettez-les dans une casserole, assaisonnez de sel, poivre, fines herbes, fines épices; joignez-y du persil, ciboules, champignons, truffes, si vous en avez, le tout bien haché finement; mettez-y une bouteille de vin de Champagne, du jus maigre, ou de l'eau, deux ou trois gousses d'ail, trois ou quatre tranches de citron, après en avoir ôté l'écorce, un verre de bonne huile, faites-les cuire; étant cuits, tirez-en les tranches de citron, & les gousses d'ail; mettez-y un morceau de beurre manié dans de la farine, & le faites bouillir; observez que vôtre sauce ne soit pas trop liée, & qu'elle soit de bon goût. Dressez vos Brochets dans le plat que vous voulez servir, & la sauce par-dessus, & servez chaudement. Au lieu de beurre manié, vous n'avez qu'à y mettre du bon coulis de veau, & de jambon, ou du coulis maigre.

Bro-

MODERNE. 169

Brochet au Parmesan.

Ayez un Brochet, écaillé, vuidé, & lavé; lardez-le d'anchois, faites-y des incisions de distance en distance, jusqu'à l'arrête; pliez-le ensuite, c'est-à-dire, amener la queue dans la gueule, & y passer une brochette pour l'arrêter. Mettez dans une casserole des ognons coupez en tranches, perfil, basilic, feuilles de laurier, ensuite, mettez-y vôtre Brochet, le dos dans le fond de la casserole. Assaisonnez-le de sel, poivre, clous de girofle, mettez-y un couple de boûteille de vin blanc, une boûteille d'eau, & un morceau de beurre; couvrez-le d'une autre casserole, ou bien d'un couvercle, & le faites cuire à demi. Il faut avoir une farce toute prête, composée de chair d'anguilles, de carpes, & de Brochets, bien hachée; joignez-y un morceau de bon beurre, une poignée de Parmesan rapé, une demi douzaine d'anchois hachés, assaisonnez de sel, poivre, fines herbes, & fines épices, un morceau de mie de pain, cuite dans de la crême ou du lait, trois ou quatre jaunes d'œufs; le tout étant bien haché, vous dresserez vôtre Brochet dans le plat que vous voulez servir, le ventre sur le plat, & vous l'arroserez un peu de son court-bouillon, & remplirez les incisions de cette farce, & le panerez moitié mie de pain, & moitié Parmesan, ensuite, vous l'arroserez d'un peu de beurre par-dessus tout doucement, de peur d'en ôter la mie, & vous le repanerez, & le mettrez au four pour l'achever de cuire, & qu'il soit d'une belle couleur. Vous pouvez mettre un peu de cette farce dans le corps de vôtre Brochet, avant de le faire cuire. Si vous n'avez point

de

de plat d'argent, vous pouvez le faire cuire dans une tourtiere, ou bien dessus un plafond, & le faire cuire au four de même. Étant cuit, & de belle couleur, dressez-le proprement sur le plat que vous jugez à propos, & mettez dessous, une sausse à l'Espagnole, maigre ou grasse. La maigre, est au Chapitre des Coulis Maigres & le gras, au Chapitre des Coulis Gras, au premier Vol. Vous pouvez accommoder ce Brochet, sans y mettre du Parmesan. Vous pouvez le laisser de sa longueur, si vous avez des plats ovales. Vous pouvez aussi vous servir de la queue du Brochet, & l'accommoder de même, ou des tronçons de Brochets.

Brochet mariné, frit.

Ayez un Brochet, ou de moyens Brochets, vuidés, écaillés, & lavés; ciselez-les sur le dos, mettez-les dans un grand plat, & les poudrez de sel, poivre & du vinaigre, persil en branches, & les laissez mariner dans leur plat, étant marinez, tirez-les, & les essuyez; poudrez-les de farine, & les faites frire dans du beurre raffiné; étant frits, d'une belle couleur, pliez des serviettes sur des plats, & les dressez dessus, & servez chaudement pour plat de rôt.

Brochets en Vives grillées.

Ayez de petits Brochets, écaillés, vuidés, & lavés; coupez la tête en glissant votre couteau, de façon qu'il imite la Vive, essuyez-les, & les mettez dans un plat, & les assaisonnez de sel, poivre, & y mettez du beurre fondu par-dessus, ou bien de l'huile, tournez-les de-

dedans cet assaisonnement pour qu'ils prennent du goût; faites-les griller: ensuite, faites une sauffe composée de bon beurre, anchois, câpres, une pincée de farine, un peu d'eau, un filet de vinaigre; assaisonnez de sel, poivre, & muscade râpée; faites cuire vôtre sauffe. Vos Brochets étant grillés, dressez-les dans leur plat, & la sauffe étant liée, & de bon goût, mettez-la par-dessus, & servez chaudement. Une autrefois, vous pouvez y mettre une sauffe à l'Espagnole, ou une à l'Italienne, ou bien un ragoût de concombres, dessous.

Brochets à la Sauffe Robert.

Vous écaillez, & vuidez vos Brochets; vous les fendez, & les coupez en quatre; vous les ciselez, & les mettez mariner avec poivre, sel, ognons, tranches de citrons, basilic, laurier, & vinaigre. Au bout d'une heure, vous retirez vos Brochets de vôtre marinade, & vous les mettrez sur un linge blanc pour les essuyer; vous les farinez, & les faites frire: ensuite, vous faites une sauffe Robert; vous prenez un morceau de beurre dans une casserole, que vous mettez sur le fourneau; vous avez des ognons coupez en dez, que vous faites frire dans vôtre casserole, jusqu'à ce qu'ils soient un peu colorez, & vous les moüillez de jus ou de boüillon maigre. Etant cuits, vous les dégraissez bien, & vous les liez d'un bon coulis; vous mettez vôtre Brochet dans vôtre sauffe mitonner sur des cendres chaudes. Quand on est prêt à servir, dressez proprement vôtre Brochet dans un plat, & avant que de mettre la sauffe dessus, vous la remettez un peu sur le feu, & vous y mettez un peu de
mou-

moutarde, avec un filet de vinaigre: prenez garde qu'elle soit de bon goût; vous la mettez sur vôtre Brochet, & servez chaudement. Ceux qui n'ont point la commodité de faire des coulis, n'ont qu'à se servir d'un peu de farine, dans le tems que l'ognon est presque roux, avant que de les moüiller, afin que la farine ait un peu de tems à cuire. La marinade ci-dessus sert pour toutes sortes de poissons d'eau douce, à frire. Une autrefois, vous les pouvez servir sans les mettre dans la sauce: on les coupe aussi en filets, en les servant de même.

Brochets Farcis.

Il faut écailler les Brochets, & les désosser par le ventre, que la tête & la queüe tiennent à la peau: vous en prenez la chair, avec chair d'anguilles ou de carpes; vous mettez un peu de champignons, ciboules, & persil, vous l'assaisonnez de sel, poivre, fines épices, & fines herbes; vous hachez le tout ensemble, & y mettez un bon morceau de beurre; vous y ajoûtez, gros comme un œuf, de mie de pain que vous avez fait mitonner dans de la crême ou lait, sur le fourneau: vous la mettez dans vôtre farce, avec quatre jaunes d'œufs, cruds; vous mêlez bien le tout ensemble. Après, vous en farcissez vos Brochets, & les coulez. Prenez une casserole, garnissez-la de tranches d'ognons, basilic, laurier, citrons en tranches, après en avoir ôté l'écorce, & y arrangez vos Brochets. Achevez de les assaisonner d'ognons, de persil, de sel, poivre, clous, & fines herbes. Moüillez-les de boüillon de poissons ou autres, & une boüteille de vin blanc, & vous
les

les ferez cuire à petit feu dessus & dessous. Vous faites un ragoût avec quelques champignons, queues d'écrevices, truffes, pointes d'asperges, dans la saison, & cus d'artichaux; vous passez les champignons dans une casserole avec un peu de beurre frais; vous les mouillez d'un bouillon de poisson, & vous les liez d'un bon coulis d'écrevices ou d'autre. Quand vôtre ragoût est fini, qu'il est d'un bon goût, & que vous êtes prêt à servir, vous tirez vos Brochets de dedans leur jus, & vous les mettez dans un plat pour les laisser égouter: Après cela, vous les mettrez dans le plat que vous avez destiné à les servir, & le ragoût par-dessus; le tout servi chaudement. Vous observerez, quand vous vous servirez des pointes d'asperges qui auront été blanchies, de ne les mettre dans vôtre ragoût, qu'un moment avant que de servir, de peur qu'elles ne cuisent trop. Les carpes farcies en ragoût, & les truites se font de la même manière. Ces sortes de poissons, comme Brochets, carpes, tanches, & truites étant Farcis, comme il est marqué ci-dessus, vous les frotez dans de bon beurre fondu, & les arrangez dans un plat d'argent ou tourtière, avec quelques tranches d'ognons dessous, ciboules entières, & vous y mettez un peu de beurre fondu par-dessus; vous les panez bien fin, & vous les mettez au four, afin qu'ils cuisent & qu'ils prennent une belle couleur. Vous les pouvez servir avec une sausse à l'Italienne. Vous trouverez la manière de la faire, au Chapitre des Coulis Maigres.

Tome I. Bro-

Brochets en Casserole.

Ecaillez les Brochets, & les lardez d'anguilles, faites-les cuire avec du beurre, vin blanc, verjus, sel, poivre, muscade, clous, un bouquet de fines herbes, laurier, bazilic & tranches de citrons. Quand ils seront cuits, faites un ragoût de champignons, que vous passez dans une casserole avec un peu de bon beurre frais, & que vous moüillez de bouillon de poisson, ou de jus ; vous le liez, ensuite, avec un bon coulis, que le tout soit de bon goût ; & quand vous êtes prêt à servir, vous dressez vos Brochets dans un plat, vous mettrez le ragout par-dessus, & servez chaudement. Une autrefois, vous pouvez les dresser dans le plat, les paner de mie de pain, & les faire prendre couleur au four, ou dessous un couvercle de tourtiére.

Brochets frits, aux Anchois.

Ecaillez vos Brochets, & les ouvrez par le ventre, & les incisez ; mettez-les mariner avec vinaigre, sel, poivre, ciboules, & laurier ; farinez-les quand vous les voudrez frire. Etant frits, mettez dans une casserole du coulis maigre, du jus, un couple de verre de vin blanc, & y mettez vos Brochets frits, une demi douzaine d'Anchois ; hachez un morceau de bon beurre, faites bouillir le tout un moment, & y mettez un jus de citron : observez que vôtre sausse soit d'un bon goût, & dressez vos Brochets, & la sausse par-dessus, & servez chaudement.

Autre Brochet à la Broche.

Il faut l'écailler, & l'inciser légerement, le larder de moyens lardons d'anguilles, & assaisonnez de sel, poivre, muscade, ciboules, & fines herbes; mettez-le à la broche tout de son long, & l'arrosez en cuisant, de beurre, vin blanc, vinaigre, citron verd. Etant cuit, faites fondre des anchois dans la sauce, & les passez par l'étamine, avec un peu de coulis; ajoutez dans la sauce, des huitres, avec câpres, & poivre blanc, & servez. Ceux qui n'ont point de coulis, peuvent employer un petit roux de farine.

Brochet à la Polonoise.

Prenez un Brochet en vie, & une heure avant que de servir, écaillez-le, de façon qu'il soit bien blanc. Pour cet effet, il faut que vôtre couteau coupe bien; fendez-le en deux, essuyez-le bien, & coupez-le en morceaux, longs de quatre pouces, ensuite, arrangez vos morceaux sur la table, couvrez-les de sel, mettez de l'eau sur le feu, & coupez des racines de persil en filets, hachez du persil, & quelques champignons: après cela, secouez bien le sel de dessus vos morceaux de Brochet, arrangez-les dans vôtre casserole, mettez-y une bonne pincée de fleurs de muscade, avec vos racines de persil, le persil & les champignons hachez, allumez un fourneau: étant bien allumé, mettez vôtre casserole dessus, & les mouillez d'eau boüillante; laissez-là sur le feu jusqu'à ce qu'elle soit presque toute diminuée; ensuite, mettez-y un bon morceau de beurre, gros comme le poing, en petits morceaux, & lui donnez du goût, s'il n'en a pas assez, & dressez vôtre Brochet par morceaux dans son plat, & les racines de persil par-dessus avec la sausse, & servez chaudement pour Entrée. Observez qu'il faut le faire cuire à grand feu.

Autre Brochet à la Polonoise, au Safran.

Prenez un Brochet nettoyé tout comme celui ci-devant, coupé par morceaux, & salé de même; mettez-le dans une casserole avec des racines de persil, & fleurs de muscade; mettez-le cuire tout de même, avec un morceau de beurre; prenez des ognons, épluchez-les, & les coupez en tranches, dans une casserole, avec de l'eau, & les faites bien cuire; étant bien cuits, passez-les dans une étamine & qu'il soit bien épais, comme du coulis; vôtre Brochet étant bien diminué, mettez-y de ce coulis d'ognons, tant que vous jugerez à propos; ayez du Safran tout pilé, mettez-en le tiers d'une cuillere à caffé, dans ce que vous jugerez à propos, pour le bien détremper; mettez-en dans vôtre Brochet, jusqu'à ce qu'il ait une belle couleur: observez que cela soit d'un bon goût, & dressez vôtre Brochet dans son plat, & servez chaudement pour Entrée.

Autre Brochet à la Polonoise, au limon.

Prenez un Brochet, nettoyez-le tout comme l'autre ci-devant, coupez-le, & le salez de même; faites-le cuire sur le champ à l'eau comme les autres, avec des racines de persil, & des cornichons, & limons, coupez en tranches. Ces sor-

sortes de limons ne se trouvent guéres en France, ils viennent de Pologne, confits dans du vinaigre. Voilà tout ce que je vous en puis dire. Il faut lier cette Entrée de Brochet, avec du coulis d'ognons, qui est marqué ci-devant; observez qu'il soit de bon goût, car cette Entrée de Brochet n'est pas mauvaise, & vous la servez chaudement pour Entrée.

Autre Brochet à la Polonoise, au gris bleu.

Prenez un gros Brochet, vuidez-le, fendez-le en deux, & le coupez en morceaux de cinq pouces de long. Arrangez ces morceaux dans un grand plat, & les salez de gros sel en abondance; faites boüillir une boüteille de vinaigre, & la versez doucement sur vôtre Brochet; remettez-y du sel, ayez de l'eau dans un vaisseau grand, pour y pouvoir faire cuire vôtre Brochet, & lorsque vôtre eau boüillira, mettez-y vôtre Brochet, & tout le sel, afin qu'il prenne goût; prenez environ un quarteron de bons anchois, lavez-les, ôtez-en l'arrête, & les hachez bien; prenez une livre de bon beurre frais, & le mettez dans une casserole avec vos anchois, une douzaine de grains de poivre blanc, de la muscade, & de la fleurs de muscade; tirez vôtre Brochet égoûter, & le dressez dans son plat chaudement, avec vôtre sausse par-dessus, & servez pour Entrée.

Brochet d'une autre façon.

Prenez un Brochet, écaillez-le, vuidez-le, &

lavez-le bien; étant lavé, essuyez-les, ensuite, coupez-le en deux, fendez la hure en deux, sans la séparer; prenez une casserole, & mettez un bon morceau de beurre, & votre hure; assaisonnez de sel, poivre, fines herbes, fines épices; mettez-la sur le fourneau pour faire fondre le beurre, & que la hure de Brochet puisse prendre du goût; ensuite, il faut la paner avec de la mie de pain, & la faire griller; préparez une sauffe-Robert, aux ognons. Prenez une demi douzaine d'ognons, & les coupez en tranches, ou bien en dez; prenez une casserole, & mettez-y un bon morceau de beurre, avec vos ognons, en même tems, & les faites cuire tout doucement sur le feu; couvrez-les, & les remuez de tems en tems: lorsqu'ils auront pris couleur, égoutez le beurre, & les poudrez d'une pincée de farine; mouillez-les de jus maigre, & les laissez mitonner tout doucement: étant comme il faut, & votre hure bien grillée, & prêt à servir, dressez votre ragoût d'ognons dans le plat que vous voulez servir, & mettez votre hure dessus, & servez chaudement pour Entrée. Si le Brochet est petit, vous pouvez aussi mettre la queue avec la tête; sinon, vous en pouvez faire une autre Entrée, en la faisant cuire au court-bouillon; étant cuite, la servir avec un coulis à l'Italienne, ou bien la mariner, & la faire frire, & la servir avec une sauffe Robert, comme elle est marquée ci-dessus; ou bien au gratin, en mettant une petite farce de Brochet dans le fond du plat, & les filets de Brochet cuits, par-dessus, en arrosant avec un peu de coulis gras, ou maigre, n'importe, & le panez avec de la mie de pain, & moitié parmesan; faites lui prendre cou-

couleur au four, & servez chaudement pour Entrée.

Brochet à la Civita-vecchia.

Prenez un Brochet, sortant de l'eau, & l'écaillez bien, qu'il soit blanc tant que vous pourrez; fandez-le par la moitié, & le lavez bien; ensuite, coupez-le en morceaux, long de quatre à cinq pouces, & le ciselez sur le dos; mettez-le à plat sur la table; poudrez-le de quelques poignées de gros sel; ayez du persil haché, des racines de persil en filets, quelques mousserons concassé, quelques truffes hachées; ôtez le sel de dessus vôtre Brochet, en le secouant, l'arrangez dans vôtre casserole avec le foie; mettez-y vôtre persil haché, avec les racines en filets, truffes & mousserons, & fleurs de muscade; un morceau de beurre, une pincée de poivre concassé; allumez un bon fourneau qui pousse bien, & y mettez vôtre casserole, avec vôtre Brochet; mouillez-le d'eau bouillante, & le faites tarir à force; étant cuit, qu'il y reste fort peu de sausse; mettez-y un morceau de beurre manié dans de la farine, trois à quatre gousses d'ail bien hachées, autant de jus de citron; voyez qu'il soit de bon goût, & un peu relevé, & servez chaudement pour Entrée.

Brochet à la Hollandoise.

Prenez un Brochet, écaillez-le, & lavez-le bien; mettez une casserole ovale sur le feu, avec de l'eau, & du sel; & lorsque l'eau bouillira, mettez-y vôtre Brochet, faites une sausse avec de bon beurre, un anchois haché; assaisonnez de de sel, poivre, muscade, un filet de vinaigre, une pincée de farine, un peu d'eau, ou bien du jus; liez vôtre sausse, & tirez vôtre Brochet égoûter, & le dressez dans son plat; mettez-y vôtre sausse par-dessus, & servez chaudement pour l'Entrée. Une autrefois, vous le pouvez faire cuire sans l'écailler; étant cuit, vous leverez l'écaille, & le dresserez dans son plat, & mettrez vôtre sausse par-dessus.

Brochet au court-boüillon, ou au bleu.

Mettez vôtre Brochet dans un plat, & mettez du sel dessus, avec du vinaigre tout boüillant. Faites boüillir, ensuite y du vin blanc, verjus, sel, poivre, clous, laurier, ognons, & citron verd; quand il boüillira à grand feu, mettez-y vôtre Brochet plié dans une serviette, avec l'assaisonnement marqué ci-dessus, comme des fines herbes, ognons, laurier, sel, poivre, & clous, avec un gros morceau de bon beurre dans le corps de vôtre Brochet. Etant cuit, servez-le sur une serviette blanche, pour un plat de rôt garni de persil. En ôtant les écailles de ce Brochet, on peut aussi le servir avec une sausse blanche par-dessus, ou une sausse au persil. Toutes sortes de Brochets petits ou gros peuvent s'accommoder de même, ou bien arroser de bon beurre, le paner de mie de pain, & le faites prendre couleur au four. Une autrefois, le paner de parmesan.

Manière d'accommoder les Brêmes, Aloses Lubines, Bars, Lieus, Vaudreüils, & Tontines.

Comme j'ai laissez une certaine quantité de poissons sans donner la manière de les accommoder, chacun en son particulier ; ce qui fait que je donne en gros, & à la manière la plus usitée. Il y a la *Brême*, qu'on fait griller, & se sert avec telle sausse qu'on juge à propos, ou à l'oseille. L'*Alose* se sert grillée, & à la sausse à l'oseille, ou bien une sausse aux anchois, ou aux câpres, ou bien une sausse hachée, ou bien boüillie à l'eau, & au sel, ou bien dans un court-boüillon, moitié eau, moitié vin, & une boüteille de vinaigre ; assaisonnez de sel, de poivre, thin, basilic, feüille de laurier, cloux de girofle, un morceau de beurre : quand le court-coüillon boüil, vous y mettez l'*Alose*, & la faites cuire, & la servez, ensuite, & les sausses en particulier. On fait cuire encore cette *Alose*, en la coupant par tronçons, dans un court-boüillon de cette même manière. Autre poisson qu'on nomme *Lubine*, c'est un poisson qui se trouve en Bretagne, qui est fort gros, & plus gros que la morue ; on la sert grillée avec telle sausse qu'on le juge à propos, on la sert grillée, ou boüillie à l'eau, & au sel, ou frite en la coupant par morceaux, & la faire mariner comme d'autres poissons. Le *Bar* se sert de même, & est un poisson beaucoup plus ferme. Le *Lieu* est un poisson qui ressemble le merlan, qui est beaucoup plus gros, & plus délicat ; la chair de ce poisson est fort bonne pour faire des farces au lieu de carpes ; & pour tirer du boüillon de poisson en place de

car-

carpes. Le *Vaudreüil* est beaucoup meilleur que tous ces poissons-ci; pour les farces, on le nomme le veau des jours maigres, parce que sa chair est très-blanche, & excellente pour faire toutes sortes de farces de poissons; ce poisson se prend à la côte de la Provence, aussi-bien que la *Tonfine*, qui est un poisson fort vilain, qui n'est qu'en pates; quand on la lave, elle rend l'eau plus noire que l'ancre. Toutes ces pates on les hachent pour en faire une farce, ou bien de la chair de *Vaudreüil*, bien assaisonnée de sel, poivre, mie de pain cuit dans du lait, bon beurre, persil, cibooules, gousses d'ail hachées, des truffes, un couple de jaunes d'œufs crus; on les fait cuire avec un peu de vin, de l'eau, un verre d'huile, gousses d'ail, tranches de citron, persil, basilic; étant cuits, on les dressent proprement dans un plat, & une dans le milieu tout de bout; cette sorte de poisson a une figure de vessie de carpes; & quand elle est dressée dans son plat, c'est comme une étoile, & on met dessus une sausse au beurre, aux câpres, & anchois, ou sausse hachée.

CHA-

CHAPITRE XX.

Des Lamproyes & Anguilles.

Lamproyes à la sauffe douce.

APrès les avoir limonnées, vous les coupez par petits morceaux, & en ôtez la corde; vous les passez au roux, avec du bon beurre, un peu de farine frite, & vous y ajoûtez du vin rouge, un peu de sucre, canelle, sel, poivre, un morceau de citron verd; étant cuites, vous y mettez le sang que vous avez mis à part, & vous leurs faites faire encore un bouillon; vous dressez vôtre ragoût dans un plat, & servez chaudement pour Entrée.

Lamproyes grillées.

Ayant limonnez vos Lamproyes, on les coupe comme des tronçons d'anguilles, que l'on veut faire griller, vous faites fondre un morceau de beurre, & y mettez du persil haché, de la ciboule, & de fines herbes, du poivre, & du sel: mettez vos morceaux de Lamproyes dans vôtre casserole, & remuez le tout ensemble, & panez-les d'une mie de pain bien fine, & les faites griller à petit feu; servez-les, avec une sausse rousse, que vous faites avec un morceau de beurre, que vous mettez dans une casserole;

avec

avec une pincée de farine, que vous faites roussir, & y mettez un peu de ciboules, & de persil haché, un peu de câpres, & un anchois, & assaisonnez de poivre, & de sel, & y moüillez d'un peu de boüillon de poissons, & achevez de dresser d'un coulis d'écrevices, ou d'autres coulis : voyez que vôtre sauffe soit d'un bon goût, & qu'elle ait de la pointe; mettez-là dans le plat où vous voulez servir, & vôtre Lamproye tout autour, & servez-la chaudement pour Entrée. On la sert aussi avec une sauffe douce, que vous faites avec du vinaigre, ou du vin, un morceau de sucre, de la canelle en bâton, une feüille de laurier, & vous faites boüillir le tout ensemble; retirez vôtre canelle, vôtre laurier, & dressez vôtre sauffe dans un plat, vôtre Lamproye grillée autour, & servez chaudement pour Entrée. On sert aussi cette Lamproye grillée, à l'huile ; vous mettez de l'huile, du vinaigre, du poivre, du sel, un peu de moutarde fine, un anchois, câpres hachées, du persil haché, & vous mêlez le tout ensemble, & le versez dans une sauffiére, & vos Lamproyes, étant grillées, servez-les chaudement pour Entrée.

Lamproyes à la Portugaise.

Vos Lamproyes étant échaudées, & nettoyées comme les tanches, vous les fendrez tout de leur long, & vous les arrangerez dans une casserole avec du vin rouge, du citron, un bouquet de fines herbes de plusieurs sortes, gros comme une noix de sucre, une petite cuillerée d'huile, & beurre, gros comme deux œufs,

œufs, de la muscade, poivre, sel; coupez-les en filets de la longueur du petit doigt, & les ferez aller grand feu, & tout cela se liera, comme s'il y avoit un roux; vous n'y oublierez point des ognons, de l'ail, & du persil haché : pour le servir, il faut retirer seulement le bouquet, & la finir avec force jus de citron.

La Matelote à la Portuguaise, & de toutes sortes de Poissons.

Se fait de la même maniére ; excepté qu'il y faut mettre des poreaux. Il est à remarquer de n'y jamais mettre de roux : il faut observer de ne la point couper, la tournez en rond dans la casserole, toute entiére.

Anguilles à la broche.

Prenez de belles Anguilles, dépoüillez-les, vuidez-les, & les lavez. Coupez-les en tronçons de la longueur de trois doigts; prenez une casserole ; faites-y fondre un morceau de beurre, & y mettez vos tronçons d'Anguilles. Assaisonnez-les de sel, poivre, rocamboles, fines herbes, & fines épices. Ayez, ensuite, un pain, levez-en la croûte, & la coupez en morceaux, de la grandeur de vos tronçons d'Anguilles; embrochez-les après sur un hâtelet de fer, un tronçon d'Anguille, & un morceau de pain, alternativement jusqu'à la fin de tous vos tronçons, & les attachez sur une broche pour les faire rôtir. Arrosez-les de beurre en cuisant. Etant cuits, débrochez-les, & les mettez dans le plat que vous voulez servir, avec du coulis,

ou

ou une sauce piquante, ou une poivrade liée, & servez chaudement pour Entrée.

Anguilles à la Ste. Menoux.

Prenez des Anguilles, les plus belles que vous pourrez trouver, les dépouillez, vuidez, lavez, & les coupez par tronçons de six pouces de long, & les ciselez ; prenez une casserole, & y mettez quelques ognons en tranches, du beurre, du basilic, du thin, du fenouil, du laurier ; mettez-y vos Anguilles, & les assaisonnez de sel, poivre, quelques gousses d'ail, mouillez d'une demi bouteille de vin blanc, un peu d'eau, & les mettez cuire tout doucement, prenant garde qu'elles ne cuisent pas trop, il faut qu'elles soient un peu fermes ; tirez-les, & les panez, & les faites griller ; étant grillées, mettez une remoulade dans leur plat, & vos Anguilles par-dessus, & servez chaudement. Vous pouvez les faire frire, en les trempant dans des œufs, & les panez, & les faites frire, & les garnissez de persil frit.

Anguilles à la Bavaroise.

Prenez de belles Anguilles, dépouillez, vuidez-les, & les lavez ; ouvrez-les tout du long du côté du ventre, sans les séparer ; ôtez en l'arrête ; coupez vos Anguilles en deux par le travers. Il en faut tout au moins deux pour une Entrée. Prenez ensuite une crépine de veau, étendez-la sur votre table, & y mettez une moitié d'Anguille, assaisonnez-la de sel, poivre, fines herbes, & fines épices. Mettez-y du persil haché, champignons, truffes, si vous

en

en avez, avec des cus d'huitres, des queuës d'écrevices, du jambon haché, une pointe de rocambole, quelques petits morceaux de beurre, & un peu de lard rapé; & faites la même cérémonie pour celle-ci, que pour l'autre. Ensuite, roulez-les bien serré avec vôtre crépine qui les envelope, & attachez vôtre crépine par les deux bouts avec une ficelle; & ficellez vôtre Anguille avec quelques tours de ficelle, pour la soûtenir, & afin qu'elle ne se casse point. Vos deux rouleaux d'Anguilles étant faits, ainsi l'un comme l'autre, mettez-les sur un hâtelet, pliez-les de bardes de lard, & de papier; attachez-les à la broche, & les faites cuire. Quand elles seront à peu-près cuites, vous en ôterez les bardes de lard, & le papier, pour leur faire prendre couleur. Vous les panerez aussi, si vous voulez; & si c'est en maigre, vous n'y mettrez ni lard, ni jambon, en ne vous servant que de beurre. Vos Anguilles étant cuites, & étant prêt à servir, mettez-les dans leur plat, avec une essence de jambon, ou un coulis d'écrevices, & servez chaudement pour Entrée.

Anguilles en Fricandeaux.

Prenez de belles Anguilles, dépouillez-les, vuidez-les, & les lavez, coupez-les en tronçons de quatre à cinq pouces de long; fendez-les, ensuite, tirez-en l'arrête, & les faites piquer de petit lard. Etant piquées, prenez une casserole, mettez-y une boüteille de vin blanc, des ognons coupés en tranches, du sel, & du poivre; mettez vôtre casserole sur le feu, & quand le vin boüillira, mettez-y vos tronçons d'Anguilles, deux ou trois à la fois, & leur faites faire quelques boüillons; vous continuerez à y mettre ceux qui

qui vous reſtent, en leur faiſant faire auſſi quelques boüillons; celà s'apelle faire roidir vos Anguilles. Prenez, enſuite, une caſſerole avec une livre de roüelle de veau, quelques tranches de jambon, le tout coupé en petits morceaux, avec un ognon coupé auſſi en morceaux, mettez le tout dans vôtre caſſerole, & le moüillez de boüillon, & le mettez ſur le feu. Le veau étant cuit, vous paſſez le boüillon dans un tamis, & vous le remettez dans vôtre caſſerole, remettez-le, enſuite, ſur le feu, & le faites tarir, juſqu'à ce que vôtre boüillon ſoit réduit en caramel. Arrangez-y vos tronçons d'Anguilles, le lard du côté de la glace; couvrez vôtre caſſerole, & la mettez ſur des cendres chaudes, afin que vos tronçons d'Anguilles ſe glacent plus aiſément, & achevent de ſe cuire. Etant prêt à ſervir, vous mettrez une ſauſſe à l'Italienne, ou une eſſence de jambon dans le plat que vous voulez ſervir; dreſſez-y vos tronçons d'Anguilles, & ſervez chaudement pour Entrée.

Anguilles farcies.

Vous les pouvez farcir ſur l'arrête, en façon de boudin blanc. Vous faites un godiveau de la chair de vos Anguilles, que vous hachez bien avec vos coûteaux: vous y mettez de la crême, de la mie de pain cuite, avec un peu de perſil, & ciboules, champignons, & truffes: & vôtre godiveau étant de bon goût, & bien aſſaiſonné, vous en farciſſez vos arrêtes bien proprement, vous les panez bien de mie de pain, & vous les faites cuire au four dans une tourtiére, qu'elles ſoient de belles couleurs.

Anguille au blanc.

Quand l'Anguille sera dépoüillée, coupez-là par morceaux, que vous ferez blanchir à l'eau boüillante: étant égoûtées, mettez-les dans une casserole avec un morceau de beurre, un bouquet, des champignons. Passez le tout, & le poudrez d'une pincée de farine, & les moüillez d'eau, & de vin blanc; assaisonnez de sel, & de poivre; étant presque cuits, mettez-y des cus d'artichaux, & pointes d'asperges, dans la saison, la liez d'une liaison d'œufs, avec un jus de citron: observez qu'elle soit d'un bon goût, & servez chaudement.

Anguilles à la Sauße rousse, pour Entrée.

Etant coupées par morceaux, vous les passez à la casserole, avec du beurre, un peu de farine, un peu de boüillon de poisson, ou jus maigre; champignons, ciboules, un bouquet fait de persil, & de fines herbes; assaisonnez de sel, & poivre; faites boüillir le tout ensemble, avec du vin blanc: vôtre ragoût étant cuit, mettez-y un jus de citron, & servez chaudement.

Anguille frite.

Il faut la dépoüiller, ôter l'arrête, la couper par tranches, la ciseler, & la faire mariner pendant deux heures, dans du vinaigre, sel, poivre, laurier, ciboules; puis, les fariner, & les faites frire dans du beurre rafiné, & servez chaudement; garnissez de persil frit.

290 LE CUISINIER

Anguille sur le gril.

Après l'avoir dépouillée, mise par tronçons, & ciselée, faites-les mariner un peu de tems dans du beurre fondu, un peu de fines herbes, persil, ciboules, poivre, & sel; puis, faites-les chauffer un peu, & remuez bien le tout ensemble; les tirer morceaux à morceaux, & les paner de mie de pain, & les faites griller à petit feu, qu'elles soient de belles couleurs: étant grillées, faites une petite sausse, avec ciboules, persil, & câpres; puis, vous mettrez vôtre sausse dans le plat, & l'Anguille dessus. On la sert aussi à la sausse verte, que l'on fait ainsi: pilez de l'ozeille, & exprimez le jus; après, coupez un ognon fort fin, le passez au beurre dans une casserole, avec câpres hachées; mêlez-y vôtre jus d'ozeille, & celui d'une orange, avec sel & poivre, & servez pour Entrée. On la sert aussi, à la sausse à Robert. On la peut servir aussi, avec une sausse au beurre.

Anguille à l'Angloise.

Il faut la dépouiller, la bien laver, & la couper en trois, ou quatre morceaux, selon la longueur; ensuite, mettez l'Anguille dans un plat, versez dessus de bon vin blanc, & l'y ayant laissez quelques tems, retirez-là; faites-lui des incisions de distance en distance sur le dos, & aux côtez; emplissez ces incisions d'une farce, que vous composerez ainsi; prenez des mies de pain bien éfraisées, toutes sortes de fines herbes, persil, ciboules, le tout bien haché; poivre, & sel: ajoûtez-y quelques jaunes d'œufs durs, anchois pilés, & de bon beurre frais, ce

qu'il

qu'il en faut, & mêlez le tout ensemble: emplissez de cette farce, les incisions de vôtre Anguille; ensuite, remettez-là proprement dans sa peau, & liez-là par les deux bouts; piquez-là avec une fourchette en plusieurs endroits: puis, faites-là rôtir sur le gril, ou à la broche, ou roulée dedans une tourtiére, cuite au four; étant cuite, ôtez la peau, & servez-là à sec, avec un jus de citron; ou faites-y une sauffe blanche, avec bon beurre, vinaigre, sel, & poivre concassé; avec anchois, & câpres: observez qu'il n'y a que les grosses Anguilles qui s'accommodent de cette sorte.

Anguilles en saucissons.

Hachez de la chair d'Anguilles, & de carpes; assaisonnez de sel, poivre & fines épices; faites des lardons d'autres chair d'Anguilles; faites un lit de farce sur la peau, & un lit de filets de carpes; continuant ainsi d'un pié de long: enveloppez-les dans un linge, & faites-les cuire moitié vin rouge; assaisonnez de clous, laurier, poivre & fines herbes: étant réfroidi dans son boüillon, servez par tranches pour Entremêts, plûtôt que pour Entrées.

T 2   CHA-

CHAPITRE XXI.

Des Entremêts de Bignets.

Benoiles, autrement, Pets de Putains.

PRenez une casserole, & y mettez de l'eau, avec gros comme une noix de beurre, & un peu de sel, avec de l'écorces de citron verds, & confit, haché bien menu. Faites boüillir celà sur un fourneau, & y ayant mis deux bonnes poignées de farine, tournez-le à force de bras, jusqu'à ce que celà se détache de la casserole. Alors vous le tirerez en arriére, en y mettant deux œufs; vous les mêlerez bien ensemble, continuant d'y mettre deux œufs à deux œufs, jusqu'à dix ou douze, que vôtre pâte soit délicate. Mettez-là dans un plat ou assiette, selon la quantité que vous en avez. Ensuite, ayez du sain doux chaud sur le feu, & avec la queuë de l'écumoire que vous tremperez dans le saindoux; formez vos Benoiles de la grosseur que vous les voudrez, en les faisant tomber dans la friture. Etant frites, tirez-les, & y jettez sur le champ du sucre en poudre, avec de l'eau de fleurs-d'orange, si vous voulez, & servez chaudement pour Entremêts. Une autrefois, vous les ferez au lait, si vous le voulez, vos bignets en seront plus délicats. Toute la différence, c'est de mettre du lait dans vôtre casserole, au lieu d'eau.

En-

Entreméts de Bignets, au blanc-manger.

Il faut avoir du ris, & le laver en cinq ou six eaux, & le faire bien sécher à l'air du feu. Vous le pilerez après cela, dans un mortier, & passez cette farine par le tambour, afin qu'elle soit bien fine; il en faut une bonne demi-once, selon la grandeur de vos plats. Vous prendrez une casserole, vous y mettrez cette farine, & la délayerez bien avec du lait, & deux ou trois œufs, blancs, & jaunes. Vous y ajoûterez après, une chopine de crême, & mettant le tout sur le fourneau, vous aurez soin de remuer toûjours. Ensuite, assaisonnez-là de sucre, écorces de citron confit, & de citron verds rapé. Mettez-y quelques blancs de poulardes rôtie bien hachés, & pilés. Vous formerez vôtre pâte, comme si c'étoit pour faire une crême pâtissiére. Il faut fariner son tour, vuider cette pâte dessus, & l'étendre. Coupez vôtre pâte, & en formez des boulettes de la grosseur d'un bouton, & les faites frire dans du sain-doux. Etant frites, poudrez-les de sucre, & servez chaudement pour Entremêts. Pour bien servir ces sortes de Bignets; observez qu'ils ne doivent point être comptez pour un plat; parce que pour bien faire, il faut les servir sur une assiette à mesure qu'on les frit: au lieu de farine, vous n'avez qu'à faire crever vôtre ris à l'eau, & achevez de le faire cuire au lait, & le passer à l'étamine, & l'assaisonner comme les autres ci-devant.

Autres Bignets.

Echaudez des amandes douces, & les pilez dans le mortier; arrosez-les de tems en tems, de blancs d'œufs, afin qu'elles ne deviennent pas en huile: étant pilées comme il faut, vous les ôterez du mortier, & pilerez, ensuite, de l'écorces de citron confites, des jaunes d'œufs durs, biscuits d'amandes améres, un peu de canelle en poudre, un peu d'eau de fleurs d'orange pour les humecter, le tout à proportion. Ayant bien pilé le tout, vous y remettrez vôtre pâte d'amandes, & vous y ajoûterez trois ou quatre blancs d'œufs foüettez en nége, & sucre en poudre, & fleurs de farine; le tout à discretion. Vous mêlerez bien le tout ensemble, & en formerez une pâte sufisante pour la manier sur le tour; ensuite, vous la roûlerez, & la couperez par morceaux, empêchant qu'ils ne s'attachent l'un à l'autre; & quand on sera prêt à servir, vous les frirez dans du bon saindoux, & les ayant tirez, vous poudrerez du sucre dessus, & servirez promtement pour Entremêts.

Bignets en Pavôts.

Prenez environ une livre de farine, que vous mettrez dans une casserole, ou autre vaisseau; cassez-y une douzaine d'œufs, deux blancs de moins, & détrempez le tout avec du lait. Observez que cette pâte soit assez claire, pour qu'il en reste fort peu sur vôtre doigt quand vous le mettez dedans. Mettez-y beaucoup d'écorces de citron verd rapé, avec environ une once ou deux de sucre, canelle en poudre, fleurs-d'od'orange, oranges confites, & qui dominent un peu, écorces de citron confit, bien hachées, un verre de bonne eau-de-vie, & du sel. Ensuite, mettez une casserole sur le feu avec du sain-doux, & en même tems le fer qui doit former la figure de vos Bignets. Ce fer peut être fait de telle figure qu'il vous plaira; comme l'empreinte que j'en donne ici d'une sorte. On en peut faire de toutes sortes de figures. Vôtre fer étant chaud, vous le trempez dans vôtre pâte, & prenez garde, que la pâte ne passe pas par-dessus. Ensuite, portez-le dans vôtre sain-doux; quand le Bignet aura pris couleur, vous lui ferez quitter le moûle, & le retournerez dans la friture. La couleur étant belle, tirez-le sur le champ, & le mettez sur le cu d'un plat: observez que vôtre fer reste toûjours dans le sain-doux pour le tenir chaud; retrempez-le dans la pâte, & sur le champ dans le sain-doux, & continuez de même à tous vos Bignets. Goûtez les premiers que vous avez faits, & si vous n'y trouvez pas assez de sucre, remettez-en dans la pâte; mais, prenez garde d'y en trop mettre, car vous ne viendriez pas à bout de faire vos Bignets. Etant tous faits, arrangez-les sur une table propre, les uns après les autres, & poudrez-les d'un sucre fin; passez, ensuite, une pêle rouge par-dessus pour leur faire prendre une belle couleur, & vous en servez pour des petits ou des grands Entremêts; vous en pourrez faire une piramide de la hauteur qu'il vous plaira. Vous pouvez les faire deux jours avant, si vous le voulez, en les tenant dans un lieu sec, ou dans une étuve; ils sont aussi bons que le premier jour.

Bignets au point du jour, perlés.

Prenez deux poignées de farine, & les détrempez avec du lait tiéd, ou du vin d'Espagne, ils en seront beaucoup meilleurs. Si vous les détrempez avec du lait, il y faudra mettre un peu d'eau-de-vie, & les assaisonner d'un peu de sel, sucre, un peu d'écorces de citron verds rapé, & citron confit, haché bien fin. Foüettez trois ou quatre blancs d'œufs en nége, & les mettez avec vôtre pâte. Faites chauffer du sain-doux dans un poëlon, de la rondeur du cu d'une petite assiette. Il faut avoir un entonnoir de fer blanc, qui ait trois méches. Mettez-vôtre entonnoir au-dessus de vôtre poëlon, & y versez de vôtre composition de pâte; observez de n'y en pas mettre beaucoup à la fois; & tournez vôtre entonnoir à mesure que la pâte tombe dans le sain-doux, afin que vos Bignez se perlent plus aisément, & tournez-les sur le champ, parce qu'ils prennent couleur dans le moment. Etant cuits, vous aurez un roûleau à pâte auprès de vous, & y poserez vôtre Bignet dessus, & y mettrez la main pour qu'il se plie. Si vôtre premier Bignet vous paroît trop épais pour y avoir mis trop de pâte, mettez-y-en moins aux autres; observez qu'ils soient légers, en n'y mettant pas trop de pâte; la composition en est bonne, il n'y a qu'à prendre garde que vôtre pâte ne soit pas trop épaisse; car elle rendroit vôtre Bignet plus materiel; ainsi, il la faut tenir plus legére. Si elle est trop claire, vôtre Bignet ne se soûtiendra pas; ainsi, en commençant à les faire, il vaut mieux que vôtre pâte soit plûtôt épaisse que claire, parce que vous serez toûjours à tems de la rendre legére;

c'est

c'est la façon du premier Bignet qui doit vous regler. Vos Bignets étant tous faits, & prêts à servir, dorez-les avec un peu de sucre fondu, & les poudrez de nonpareilles; dressez-les dans leur plat, & servez pour Entremêts, ou bien naturel.

Bignets en Bilboquets.

Prenez deux poignées de farine, & y cassez six œufs, & les détrempez avec du lait; assaisonnez-les d'un peu de sel, sucre, canelle en poudre, citron verd rapé, écorces de citron confit hachées bien fin; prenez une petite casserole, & la beurrez, & y vuidez vôtre appareil. Si vous avez un four qui ne soit pas trop chaud, mettez-y vôtre appareil: ou bien sur une petite braise, & du feu par-dessus pour le faire cuire tout doucement, sans le remuer. Quand la pâte sera cuite, tirez-là de la casserole, & la coupez en morceaux longs comme le doigt, larges comme le doigt en quarés. Vous donnerez à chaque bout de vos morceaux, un petit coup de couteau en croix, afin que vôtre Bignet s'ouvre en Bilboquet. Mettez chauffer du saindoux sur le feu, & quand vôtre friture sera chaude, mettez-y vos Bilboquets, & n'en mettez pas beaucoup à la fois, parce que cela enfle beaucoup; étant cuits, poudrez-les de sucre; dressez-les dans leur plat, & servez chaudement pour Entremêts.

Bignets à la Créme.

Ayez une bonne crême patissiére; vôtre Crême étant froide, formez-en des morceaux de la

gros-

grosseur d'un bouton. Faites une petite pâte; prenez une poignée de farine, mettez-là dans une casserole avec un couple d'œufs, & les détrempez avec du lait. Ensuite, ayez du saindoux tout prêt sur le feu; mettez vôtre Crême en boutons dans vôtre pâte, pas beaucoup à la fois, & sur le champ dans la friture. Vous continuërez de même, jusqu'à ce que vous en ayez la quantité que vous soûhaitez; étant frits, poudrez-les de sucre, dressez-les dans leur plat, & les glacez avec la pêle rouge; ensuite, servez chaudement pour Entremêts.

Bignets de Sureau.

Prenez de la fleur de Sureau, environ cinq ou six bouquets, & cassez chaque bouquet en deux ou trois morceaux; mettez-les dans un plat, & les poudrez de sucre, avec un verre de vin d'Espagne, ou bien d'eau-de-vie; laissez-les mariner pendant deux heures, en les tenant couverts, & en les remuant de tems en tems. Prenez une bonne poignée de farine, mettez-là dans une casserole, avec trois jaunes d'œufs; & faites foüetter les blancs en nége. Détrempez vôtre farine avec du vin blanc, ou bien de la biére; mettez-y un grain de sel: étant délayée, mettez-y vos blancs d'œufs; ayez de la friture toute prête sur le feu; tirez vos fleurs de Sureau, mettez-les dans vôtre pâte, & sur le champ dans la friture. Etant frits, dressez-les dans leur plat; mettez-y par-dessus un peu d'eau de fleurs-d'orange, & servez chaudement pour Entremêts.

Bi-

Bignets de feüilles de Vigne.

Prenez de petites feüilles de Vigne, les plus tendres que vous pouvez trouver; ôtez la grosse côte, & les mettez dans un plat, avec un peu d'eau-de-vie, du sucre, & du citron verds rapé. Ensuite, faites une petite pâte; prenez une bonne poignée de farine, mettez-la dans une casserole, & la détrempez avec du vin blanc, ou de la biére. Mettez-y après cela, vos feüilles de Vigne, & les faites frire sur le champ; mettez-les une à une dans vôtre friture, en prenant garde qu'elles ne s'attachent l'une à l'autre; observez qu'elles ayent une belle couleur; étant frites, tirez-les, poudrez-les de sucre, & les glacez avec la pêle rouge; dressez-les dans leur plat, & servez chaudement pour Entremêts.

Bignets de Pourpier.

Prenez du petit Pourpier nouveau; faites-en de petits bouquets de trois à quatre brins chacun. Mettez-les dans un plat avec un peu d'eau-de-vie, du sucre, & du citron rapé. Laissez-les mariner pendant un couple d'heures, & ayez soin de les retourner de tems en tems. Ensuite, prenez une bonne poignée de farine, mettez-y deux jaunes d'œufs, faites-en foüetter les blancs en nége; & les mettez dans vôtre pâte. Ayez de la friture toute prête sur le feu; tirez vos bouquets de Pourpier, mettez-les dans la pâte, & sur le champ dans la friture les uns après les autres. Observez qu'ils soient d'une belle couleur, & en les tirant de la friture, poudrez-les de sucre; dressez-les dans leur plat, & servez chaudement pour Entremêts. *Bi-*

Bignets d'Abricôts.

Ayez des Abricôts qui ne soient pas trop murs; ouvrez-les en deux, & les mettez dans une casserole avec un peu de sucre, & un verre d'eau-de-vie. Laissez-les mariner un couple d'heures, en les tournant de tems en tems. Prenez une bonne poignée de farine, & la détrempez dans une casserole ou autre vaisseau, avec du vin blanc, ou de la biére; le vin blanc est toûjours le meilleur: ayez de la friture toute prête sur le feu: mettez vos Abricôts dans la pâte, & les faites frire sur le champ; il faut que la friture soit bien chaude; observez que vos Bignets prennent une belle couleur, tirez-les, poudrez-les de sucre, & les glacez avec la pêle rouge, & servez chaudement pour Entremêts. Il est nécessaire dans ce païs-ci de faire une pâte, à cause que les Abricôts ne sont que de l'eau, au lieu qu'en France on se contente de les poudrer de farine. Les Bignets de Pêches, se font également comme ceux d'Abricôts.

Bignets de Pommes, à la Bavaroise.

Prenez des Pommes, pelez-les, coupez-les en quatre, ôtez-en les pepins, & les arrondissez; mettez-les, ensuite, dans une casserole, avec du sucre, de la canelle en bâton, & de l'eau-de-vie. Laissez-les mariner pendant un couple d'heures, & les tournez de tems en tems. Ayez de la friture toute prête sur le feu; tirez vos Pommes égoûter, mettez-les dans une serviette avec de la farine, remuez-les bien pour qu'elles se couvrent de farine; faites-les frire sur le champ: observez qu'elles ayent une belle couleur;

leur ; étant comme il faut, dreffez-les dans leur plat, poudrez-les de fucre, glacez-les avec la pêle rouge, & fervez chaudement pour Entremêts.

Autres Bignets de Pommes.

Prenez des Pommes, la quantité que vous en aurez befoin ; pelez-les, creufez-les de travers en travers, avec un coupe-paftilles ; enfuite, coupez-les par tranches, & les mettez dans une cafferole avec un peu d'eau-de-vie, ou du vin blanc, du fucre, & un peu de canelle en poudre, ou en bâton, n'importe. Faites, après cela, une pate avec une poignée de farine que vous détremperez avec de la biére. Ayez de la friture toute prête fur le feu ; mettez vos Pommes dans la pâte, & enfuite, dans la friture : obfervez qu'elles prennent une belle couleur ; étant frites, tirez-les, poudrez-les de fucre, & les glacez avec la pêle rouge ; dreffez-les dans leur plat, & fervez chaudement pour Entremêts.

Autres Bignets de Pommes fourées.

Ayez des Pommes pelées, & percées, tout comme celles-ci-deffus ; coupez-les en tranches de l'épaiffeur du doigt ; creufez-les dans les côtez de diftance en diftance, pour y pouvoir fourrer une marmelade d'abricôts, ou autre ; enfuite, mettez-les dans un plat avec de l'eau-de-vie, du fucre, de la canelle en poudre, & du citron rapé ; laiffez-les mariner pendant quelques tems : faites une pâte avec une poignée de farine, & la détrempez avec du vin ou de la biére. Ayez de la friture toute prête fur le feu ; tirez vos

Pommes de leur marinade, & les farcissez dans les côtez d'une marmelade d'abricôts, ou autre, comme il est dit ci-dessus; mettez-les dans la pâte les unes après les autres, & de même, dans la friture: observez qu'elles prennent une belle couleur; étant frites, poudrez-les de sucre, & les glacez avec la pêle rouge; dressez-les dans leur plat, & servez chaudement pour Entremêts.

Bignets dans du Pain à chanter.

Ayez de bons abricôts confits, ou de bonnes marmelades; une petite poignée de farine détrempée avec un peu de biére. Mettez dans chaque Pain à chanter, un abricôt, ou une marmelade d'abricôts, & ensuite, un autre Pain à chanter par-dessus. Etant joints ensemble, trempez-les dans vôtre pâte tout le long du bord; ayez de la friture toute prête sur le feu, & les faites frire sur le champ: observez qu'ils prennent une belle couleur; tirez-les, poudrez-les de sucre, glacez-les avec la pêle rouge, & servez chaudement pour Entremêts.

Entremêts des Bignets Seringuez.

Mettez dans une casserole environ une chopine d'eau, gros comme la moitié d'un œuf de bon beurre, de l'écorces de citron verds rapé, de l'écorces de citron confit, de la fleurs-d'orange pralinée; mettez-là dessus un fourneau, & quand elle boüillira, mettez-y de la farine, en remuant sans cesse avec une cuillere de bois; en continuant d'y mettre de la farine, jusqu'à ce que vôtre pâte devienne ferme, & qu'elle quitte la casserole; ensuite, mettez-là dans un mortier, avec

un

un peu d'amandes pilées, ou de biscuit d'amande amére; & vous y mettrez deux œufs à la fois, blancs & jaunes, & bien pilés; vous continuerez à y mettre des œufs, jusqu'à ce que vous voyez que vôtre pâte ne soit pas trop claire, & que vous puissiez la manier, pour la mettre dans la Seringue: observez cependant qu'elle soit ferme, car si elle étoit trop délicate, vos Bignets ne pourroient pas se soûtenir; remplissez-en vôtre Seringue, & mettez du sain-doux dans une casserole sur le feu, & vôtre friture étant chaude, poussez-y vôtre Bignet, qu'il sorte fort fin, & lassé comme un las d'amour, sans confusion: étant frit d'un côté, vous le tournerez de l'autre côté: étant frit d'une belle couleur, tirez-le, & le poudrez de sucre, & le servez chaudement pour Entremêts. Selon la grandeur de vôtre plat, vous ferez des Bignets. Une autrefois, beurrez une feüille de papier, & formez vos Bignets dessus, de la grandeur que vous jugerez à propos, de telle figure que vous voudrez les avoir, & aussi petits que vous les soûhaiterez. Vôtre friture étant chaude, renversez-y le papier dont les Bignets se détacheront. Etant frits, vous les poudrerez de sucre, & les glacerez avec la pêle rouge.

CHAPITRE XXII.

Des Champignons, Moufferons, & Morilles.

Champignons en ragout.

VOus coupez les Champignons par tranches, & les passez avec du lard ou beurre, dans une casserole; assaisonnez de sel, & poivre; vous les mouillez de bon bouillon de poisson, ou de jus gras; liez d'un bon coulis gras ou maigre, & les servez chaudement.

Champignons farcis.

Ayez des Champignons entiers, épluchez-les bien, & en ôtez les queues; ensuite, faites une farce avec du blanc de poulets ou de veau, moelle de bœuf, lard, une mie de pain cuite dans de la crême, avec deux jaunes d'œufs; assaisonnez de sel, poivre, & muscade; farcissez-en vos Champignons: étant farcis, mettez-les dans une tourtiére; & les faites cuire au four; étant cuits, vous les dressez dans un plat, & les servez avec une petite essence de jambon, ou un jus lié dessous; si c'est en maigre, vous les farcissez d'une bonne farce de poisson bien assaisonnée, & les faites cuire de même, & servez pour Entremêts avec un jus de citron dessous.

Cham-

Manière de conserver les Champignons.

Il faut bien éplucher vos Champignons, & les bien laver; ensuite, passez-les tant-soit-peu dans une casserole, avec de bon beurre, & les assaisonnez de toutes sortes d'épiceries. Etant passés, mettez-les dans un pot avec un peu de saumure, & de vinaigre, & beaucoup de beurre par-dessus, & couvrez-les bien. Avant que de les employer, il faut les bien dessaler; ils vous serviront pour toutes choses. On en peut aussi faire de la poudre quand ils sont bien secs, & de même des mousserons. Pour conserver ces derniers en leur entier, faites-les sécher au four, ou au soleil; étant secs, mettez-les dans un lieu où il n'y ait point d'humidité; & pour les employer, faites-les tremper dans de l'eau tiéde.

Autres Champignons.

Etant épluchez, vous les mettez dans de l'eau boüillante, & leur faites faire un boüillon: ensuite, vous les tirez sur un clayon pour les laisser refroidir; & vous les mettez dans un pot de terre, avec de petits ognons blanchis, des feüilles de laurier, de basilic, de clous, de fleurs de muscade, de macis, d'un morceau de canelle en bâton, & vous faites une saumure avec de l'eau, & du sel, que vous laissez réposer un couple d'heures, & la coulez dans vôtre pot, où il faut que vos Champignons baignent bien. Ensuite, vous les couvrez de beurre rafiné, ou bonne huile, & les couvrez bien, & les mettez en un lieu frais; & lorsqu'on veut s'en servir, on les met dessaler dans plusieurs eaux tiédes, ou fraiches, & on s'en sert pour tous les ragoûts dont on a besoin.

Vous pouvez conserver du pourpier de la même manière, de la criste marine, de la corne de cerf, de la passepierre; le tout dépend de la bien blanchir.

Poudre Universelle.

Ayez une demi-livre de bons champignons, demi-livre de truffes, & une livre ou cinq quarterons de mousserons; épluchez bien le tout, & le faites sécher au soleil, ou dans le four, quand le pain est tiré. Ensuite, vous pilerez le tout ensemble dans un mortier, & le passerez au tamis, puis vous le mettrez dans une boëte bien fermée, afin qu'il ne s'évente pas: cela vous servira à mettre dans des farces, sauces hachées, sauces à l'Italienne, ou autres sauces qu'on jugera à propos. Cette poudre est merveilleuse dans les gros lardons que vous assaisonnez, pour piquer toutes sortes de viandes ou poissons. Elle est aussi d'une grande utilité, dans les saisons où l'on ne trouve ni champignons, ni mousserons, & sur-tout, pour ceux qui sont à l'Armée, ou qui voyagent.

Champignons à l'Italienne.

Il faut avoir de petits Champignons bien blancs, en couper les piés, & les bien laver; ensuite les mettre dans une casserole avec deux jus de citrons, une pincée de poivre concassé, un verre de vin blanc, autant de bonne huile, un bouquet; mettez le tout sur le feu; laissez-le bouillir deux ou trois bouillons, ôtez-le du feu, & le laissez refroidir, & le servez pour l'entremets. Ces sortes de Champignons se peuvent

con-

MODERNE. 307

conserver plus d'un an, en les tenant dans un lieu frais qu'ils baignent dans de l'huile.

Autres Champignons à l'Italienne.

Prenez de petits Champignons, comme ceux ci-dessus, & les épluchez de même; ensuite, mettez-les dans une casserole avec du jus de citron, une pincée de poivre concassé, un demi verre de vin blanc, un demi verre de bonne huile, & un bouquet; mettez-y un peu de ciboule hachée; ensuite, mettez-les sur le feu trois ou quatre minutes, & en mettant une pincée de persil haché, ôtez-les du feu, & les laissez refroidir: étant froids, prenez de petits croûtons de pain, & les passez dans la casserole, avec un morceau de beurre, ou bien de bonne huile; lavez une douzaine d'anchois, & les coupez en filets; mettez vos croûtons de pain dans vos Champignons, & les dressez dans leur plat, & vos filets d'anchois rangés par-dessus. Ces sortes d'Entremêts se servent froids.

Autres Champignons à l'Italienne.

Prenez des Champignons qui soient bien épluchez; coupez-les par quartier: mettez-les dans une casserole, avec un demi verre d'huile, un jus de citron; mettez-les sur le feu, & leur faites faire quelques tours; ensuite, liez-les d'un peu d'essence, un demi verre de vin blanc, une petite pointe d'ail: observez qu'ils soient d'un bon goût, & les dégraissez, & y mettez quelques croûtons de pain frits, & les dressez dans leur plat, & les servez chaudement pour Entremêts.

V 2 *Autres*

Autres Champignons à l'Italienne, au blanc.

Prenez des Champignons, & les epluchez bien, & les lavez, coupez-les par morceaux, mettez-les dans une casserole avec un demi verre d'huile, & un bouquet; passez-les quelques tours sur le feu; ensuite, poudrez-les d'une pincée de farine, & les moüillez de boüillon, & d'un peu de vin blanc, avec une petite pointe d'ail: observez qu'ils soient d'un bon goût, & les dégraissez; faites une liaison de trois jaunes d'œufs, delayez avec le jus d'un citron, un peu de persil haché, & un peu de muscade; liez votre ragoût, & les mettez sur un croûton sec, dans votre plat, & servez chaudement pour Entremêts.

Autres Champignons.

Prenez de petits Champignons, & les epluchez bien, lavez-les, & les égoûtez; vuidez-les dans une casserole avec un peu de lard fondu, & un bouquet; assaisonnez de sel, poivre, & les passer sur un fourneau; étant passés, moüillez-les d'un jus de veau, & les laissez mitonner à petit feu; dégraissez-les bien, & les liez d'un coulis; voyez que le ragoût soit d'un bon goût, dressez-les dans leur plat proprement pour Entremêts.

Champignons à la Crême, & autrement.

Coupez vos Champignons par morceaux, & les passez sur un fourneau, avec du beurre; assaisonnez de sel, poivre, & un bouquet. Poudrez-les d'un peu de farine; après que vous les avez passez,

passez, mouillez-les avec un peu de bouillon ou d'eau. Quand ils sont cuits, faites une liaison de cette maniére. Prenez deux ou trois jaunes d'œufs, avec de la créme douce, assaisonnez d'un peu de muscade. Mettez cette liaison dans vos Champignons, & remuez toujours votre casserole, de peur qu'elle ne tourne, ajoutez-y un jus de citron, & servez chaudement.

Autres Champignons à l'Italienne.

Ayez de moyens Champignons, les épluchez, & lavez bien ; ensuite, ôtez-en les piés, & mettez la quantité de Champignons que vous jugerez à propos, pour votre plat, & hachez-en les queues, avec d'autres Champignons. Étant hachés, mettez-les avec vos autres Champignons, avec persil, ciboules, sel, poivre, basilic, pointe d'ail, un verre de vin blanc, & un demi verre d'huile. Mettez-les sur le feu, & les faites cuire, jusqu'à ce qu'ils rendent leur jus ; ensuite, dressez-les dans leur plat, & mettez dessus le restant de l'assaisonnement, & les panez d'une mie de pain bien fine, & leur faites prendre couleur au four, ou sous un couvercle de tourtiére. Une autrefois, vous le pouvez faire de même, avec du beurre sans huile, n'y ail, & servez chaudement pour Entremets.

Entremêts de Mousserons.

Prenez des Mousserons, & après les avoir nettoyez, & lavez en plusieurs eaux, vous les mettez égoûter, & les passez dans une casserole, avec un peu de lard fondu, ou beurre, & un bouquet ; assaisonnez de sel & de poi-

poivre, les mouillez de jus, & les laissez mitonner à petit feu, & les dégraissez, & les liez de coulis: voyez que le ragoût soit d'un bon goût, & le servez chaudement pour Entremets. L'on sert des croûtes aux Mousserons: pour cet effet, il n'y a qu'à avoir une croûte de pain bien chapelée, & seche, que vous mettez au fond d'un plat, & vuidez le ragoût par-dessus, & servez chaudement. Cet Entremets se nomme, une croûte aux Mousserons.

Entremets de Mousserons, au blanc.

Prenez des Mousserons, épluchez-les & lavez bien. Étant lavez, mettez-les dans une casserole avec un morceau de beurre, & un bouquet, & les passez quelques tours sur le feu. Ensuite, poudrez-les d'une pincée de farine, & les mouillez de boüillon, en les assaisonnant de sel, & de poivre; laissez-les mitonner: faites une liaison de quatre jaunes d'œufs, avec un peu de muscade, & délayez avec de la crême. Votre ragoût de Mousserons étant de bon goût, liez-le, & le dressez dans son plat, en y mettant dans le fond une croûte de pain, & servez chaudement pour Entremets.

Autres Mousserons.

Lorsque vous n'avez point de Mousserons frais, il faut se servir de Mousserons secs, & les mettre dans une casserole avec un bouquet, un peu de jus de veau, & les mettez à mitonner à petit feu; étant mitonnés, y mettez un peu d'essence de jambon, achevez-les de lier de coulis: voyez que le ragoût soit d'un bon goût, &

MODERNE. 311

& les dressez proprement dans un plat, & les servez pour Entremets.

Autres Mousserons à l'Italienne.

Prenez des Mousserons, les épluchez, & lavez bien, étant lavez, mettez-les dans une casserole, avec une cuillere à dégraisser de bonne huile, & un bouquet, & les passez quelques tours sur le feu; ensuite, mettez-y un verre de vin de Champagne, & les assaisonnez de sel, poivre, & les laissez mitonner: observez qu'ils soient de bon goût; votre ragoût de Mousserons étant cuit, mettez-y un jus de citron; dressez-les dans leur plat, & servez chaudement pour Entremets, avec une croûte de pain dessous. Une autrefois, vous mettez vos Mousserons dans une casserole, avec de l'huile, de la ciboule, & persil haché, avec du sel, poivre, deux jus de citrons, & les passez un moment sur le feu, pour jetter leurs eaux, & qu'ils cuisent, & y mettez un verre de vin de Champagne, & les laissez refroidir, & les servez avec de petits croûtons de pain frit.

Morilles à la Créme.

Après les avoir coupées en long, & bien lavées à plusieurs eaux, vous les passez dans une casserole, avec un peu de lard ou beurre frais, un bouquet, & les poudrez de tant soit-peu de farine, & les mouillez d'un peu de bouillon, & assaisonnez de sel, & de poivre, & les laissez mitonner, & y ajoutez deux fois plein une cuillere à bouche, de coulis blanc, si vous en avez & les achevez de lier d'une liaison, de jaunes

V 4   nes

nes d'œufs, avec de la Crême douce, & un peu de muscade, un peu de persil haché. Voyez que vôtre ragoût soit d'un bon goût; ayez un crouton de pain rond, que vous frottez avec de bon beurre, & vous le ferez prendre couleur à l'air du feu; ayant pris couleur, mettez-le dans vôtre plat, & mettez vôtre ragoût par-dessus, & servez chaudement pour Entremêts.

Morilles farcies.

Prenez des Morilles, les mieux faites, qui ne soient pas trop grosses, coupez-leur le bout de la queuë, & les faites tremper dans de l'eau pour en ôter le sable, faites une petite farce, avec un peu de blanc de volailles, un peu de jambon cuit, quelques champignons, & ciboules hachées, un peu de lard blanchi, & de la graisse de bœuf, des jaunes d'œufs cruds, un peu de mie de pain cuite dans de la crême, assaisonnez de sel, & de poivre, hachez le tout ensemble, & pilez dans le mortier ; farcissez-en vos Morilles du côté de la queuë : prenez une casserole, garnissez-en le fond de bardes de lard, & de tranches de veau minces, & assaisonnez de sel, poivre, fines herbes, fines épices, & ognons par tranches, & arrangez-y vos Morilles farcies, & assaisonnez-les par-dessus, comme dessous, le tout médiocrement, & les couvrez de tranches de veau, & de bardes de lard, & les mettez cuire au four, ou bien sous un couvercle, feu dessus, & dessous ; étant cuites, vous les ôtez, & les mettez égouter ; dressez-les dans le plat que vous voulez servir, & mettez une essence de jambon, par-dessus, & les servez chaudement pour Entremêts. Une autrefois,

Morilles à l'Italienne.

Prenez des Morilles, coupez-en les piés, & les mettez dans l'eau, & les lavez bien, afin qu'il n'y reste point de sable, ensuite, coupez-les en quartiers, & toûjours dans l'eau; tirez-les égoûter sur un tamis, prenez une casserole; mettez-y un morceau de beurre, & un bouquet; ensuite, passez vos Morilles sur le feu; étant passées, poudrez-les d'une pincée de farine, & les moüillez de jus, avec un verre de vin de Champagne, ou vin blanc, & une pointe d'ail: étant prêt à servir, achevez de les lier d'un peu de coulis, d'une cuillerée à bouche de bonne huile, & un jus de citron qui domine : observez qu'il soit de bon goût, & les servez dans leur plat, avec un croûton de pain dessous, & les servez chaudement pour Entremets.

TABLE DES MATIERES

Contenuës en ce

QUATRIEME VOLUME

CHAPITRE PREMIER

Des Potages Maigres.

MIttonnage pour toutes fortes de Potages Maigres. Pag. 1
Potage aux Nouilles, à la Provençale, à l'huile, 2
Potage aux Choux à l'Huile, à la Provençale. 3
Potage de Soles. ibid.
Croûtes aux Nouilles. 4
Potage de Lait d'Amandes. 5
Pour un Potage de fanté, Bourgeois. 6
Potage d'Ognons, au blanc. ibid.
Potage de Nouilles. 7
Potage d'Ecrevices. 8
Potage à la Purée verte. ibid.
Potage aux Choux. 9
Potage de Cardes. ibid.
Potage au Lait. 10

Pag.

TABLE DES MATIERES

Contenuës en ce

QUATRIÈME VOLUME.

CHAPITRE PREMIER.

Des Potages Maigres.

Mitonnage pour toutes sortes de Potages Maigres, Pag. 1
Potage aux Nentilles, à la Provençale, à l'huile, 2
Potage aux Choux à l'Huile, à la Provençale, 3
Patage de Soles, 4
Croûtes aux Nentilles, ibid.
Potage de Lait d'Amandes. 5
Pour un Potage de santé, Bourgeois, 6
Potage d'Ognons, au blanc, ibid.
Potage de Nentilles, 7
Potage d'Ecrevices, 8
Potage à la Purée verte, ibid.
Potage aux Choux, 9
Potage de Cardes, ibid.
Potage au Lait, 10

Po-

TABLE DES

Potage de Citrouille au Lait, 11
Potage de Perches, au blanc, ibid.
Potage de Carpes farcies, 12
Potage de Barbottes, autrement, apellées Lotes, 13
Potage de Brochets aux Huitres, ibid.
Potage de Macreuses, aux Choux, 15
Potage de Macreuses, aux Navets, ibid.
Potage aux Moules, 16
Potage à l'Eau, 17
Potage de Macreuses, au Coulis d'Ecrevices, 18
Potage de Moules, au Coulis verd, 19
Potage à l'Angloise, 20
Potage aux Pois en purée, à l'Angloise, 21
Potage d'Ecrevices, ibid.
Potage de Melon, 22
Autre manière, ibid.
Potage de cus d'Artichaux, ibid.
Potage de Tortuës, 23
Potage aux Profitroles, 25
Potage de Croutes, au blanc, ibid.
Potage d'Ognons, 26
Autre Potage d'Ognons, ibid.
Potage d'Houblons, 27
Potage de Julienne, ibid.
Potage de Pourpier, 28

CHAPITRE II.
Des Coulis Maigres.

Manière de faire le Jus d'Ognons, Pag. 29
Autre Jus d'Ognons. ibid.
Coulis Général, 30
Coulis d'Ecrevices, 31

Cou-

MATIERES.

Coulis d'Ecrevices, pour des Potages, 32
Coulis de Moûles, pour des Potages, ibid.
Coulis d'une autre façon, pour des Potages de Moûles 33
Coulis verds, de Pois, 34
Coulis verds, de Pois nouveaux, 35
Coulis de Soles, pour des Potages, 36
Coulis de Nentilles, 37
Coulis de Perches, ibid.
Coulis de Carpes, 38
Coulis de Brochets, 39
Boüillon de Poisson, ibid.
Sauſſe aigre, 40
Sauſſe au Perſil, 41
Sauſſe aux Huitres, ibid.
Sauſſe hachée, ibid.
Sauſſe à l'Eſpagnole, 42
Sauſſe à l'Italienne, 43

CHAPITRE III.

Des Saumons.

Saumon en Surprise, en gras, Pag. 44
Saumon en Surprise, en maigre, 45
Saumon en gras, au Coulis d'Ecrevices, 46
Saumon en gras, d'une autre façon, 47
Hure de Saumon, à la Hollandoiſe, 48
Saumon au court-boüillon, au bleu, 49
Saumon au court-boüillon, à la Hollandoise, ibid.
Fricandeaux de Saumon, piqués & glacés, 50
Tranches de Saumon grillées, 51
Saumon en quaiſſe, ibid.

Au-

TABLE DES

Autres tranches de Saumon grillées, 52
Saumon à l'Espagnole, ibid.

CHAPITRE IV.
Des Truites.

Truites au court-bouillon, Pag. 54
Truites grillées, ibid.
Truites grillées, aux Champignons, 55
Truites grillées, aux Concombres, ibid.
Truites grillées, aux Ecrevices, 56
Entrée de Truites, piquées, & glacées, ibid.
Truites à la Genevoise, 57
Entrée de Truites à la Perigord, ibid.
Filets de Truites, au vin de Champagne, 58
Truites à la sainte Menoux, ibid.
Truites farcies sur l'arrête, 59
Filets de Truites marinées, frites, ibid.
Truites frites, ibid.
Truites à l'Italienne, 60

CHAPITRE V.
Des Esturgeons.

Esturgeon, en gras, Pag. 61
Fricandeaux d'Esturgeon, piqués, ibid.
Esturgeon à la broche, 62
Tranches d'Esturgeon, aux fines herbes, ibid.
Esturgeon à la Hollandoise, 63

Estur-

MATIERES.

Esturgeon à la Françoise, au court-boüillon, 63
Esturgeon à l'Espagnole, 64
Esturgeon à l'Italienne, 65

CHAPITRE VI.
Des Turbôts.

Turbôt en gras, Pag. 66
Turbôt aux Ecrevices, en gras, ibid.
Turbôt à l'Italienne, 67
Turbôt au court-boüillon, ibid.
Turbôt glacé, 68
Autre Turbôt piqué, ibid.
Turbôt grillé, en maigre, à l'Italienne, 69
Autre Turbôt, sausse à l'Italienne, 70
Autre Turbôt, ibid.
Autre Turbôt, sausse au Persil, ibid.
Turbôt aux fines herbes, 71
Turbôt en filets, à la Ste. Menoux, ibid.
Turbôt mariné & frit, 72
Turbôt pour Entrée, en maigre, ibid.
Turbôt aux Ecrevices, en maigre, 73
Turbôt en casserole, 74
Turbôt à la sausse aux Anchois, ibid.
Turbôt à la bechamelle, 75
Turbôt à la Hollandoise, 76

CHAPITRE VII.
Des Macreuses.

Macreuse, Pag. 77
Macreuse, ibid.
Macreuse en ragoût, au Marrons, 78

Ma-

TABLE DES

Macreuse en haricôt, 78
Macreuse farcie, ibid.
Autres Macreuses à la braise, 79
Macreuse rôtie, 80

CHAPITRE VIII.

Des Moruës.

Moruës, Pag. 81
 Moruë en ragoût, ibid.
Queuë de Moruë en casserole, & autrement, ibid.
Moruë frite, d'une autre manière, 82
Moruë à la sausse Robert, ibid.
Queuë de Moruë en Surprise, 83
Moruë à la Sainte Menoux, 84
Moruë à l'Italienne, 85
Moruë séche, 86
Moruë à la Provençale, ibid.
Moruë à la Hollandoise, ibid.
Moruë à l'Angloise, 87

CHAPITRE IX.

Des Perches.

Perches à l'Armenienne. Pag. 88
 Perches à la Hollandoise, sausse aux Oeufs, ibid.
Perches d'une autre façon, 89
Perches grillées, ibid.
Omgekeerde Armeniaan, 90

MATIERES.

Perches, apellées Doopvis,	90
Le Pietercely Baars,	ibid.
Autres Perches, à la Françoise,	91
Water-Vis,	ibid.
Schelvis,	92
Schelvis grillés,	93

CHAPITRE X.

Des Merlans, Eperlans, & Maqueraux.

Merlans frits,	Pag. 94
Merlans grillés,	ibid.
Merlans, d'une autre façon,	95
Eperlans frits,	ibid.
Eperlans à la Provençale,	96
Eperlans grillés,	97
Eperlans à l'Espagnole,	ibid.
Maqueraux à l'Angloise, aux Ecrevices,	98
Maqueraux grillés, à la sauffe au pauvre homme	99
Autres Maqueraux, à la sauffe rouffe,	ibid.
Autres Maqueraux au fenoüil & grozeilles dans la saifon,	100
Autres Maqueraux, à l'Angloise,	ibid.
Maqueraux en gras,	101

CHAPITRE XI.

Des Barbues, Plies & Limandes.

Filets de Barbuë, piquez,	Pag. 102
Autre Barbuë, en gras,	103

Tome IV.   X   *Bar-*

TABLE DES

Barbuë aux Ecrevices, en gras,	103
Barbuë à l'Italienne,	ibid.
Autre Barbuë piquée,	104
Barbuë grillée, à l'Italienne, en maigre,	ibid.
Autre Barbuë, à la sauſſe à l'Italienne,	105
Autre Barbuë,	ibid.
Autre Barbuë, à la sauſſe au Perſil,	106
Barbuë aux fines herbes,	ibid.
Barbuë en filets, à la Ste. Menoux,	107
Barbues marinées, & frites,	ibid.
Barbuë au court-boüillon,	108
Barbuë, à la sauſſe aux Anchois,	ibid.
Plies, Quarlets & Limandes,	109
Matelote de Plics, Limandes, ou Quarlets,	ibid.
Autres Plies,	110
Plies au coulis d'Ecrevices,	ibid.
Plies aux sauſſes aux Anchois, & aux Câpres,	111
Salade de Barbuë,	ibid.
Salade de Vives,	112

CHAPITRE XII.

Des Thons & Tanches.

THon,	Pag. 113
Thon à la broche,	ibid.
Tanches, à l'Italienne,	114
Tanches frites,	115
Fricaſſée de Tanches, au blanc,	ibid.
Fricaſſée de Tanches, au roux,	116
Tanches farcies,	ibid.
Tanches en Caſſerole,	117
Tanches farcies & grillées,	118
Tanches en filets marinés,	ibid.
	Muges,

MATIERES.

Muges, autrement dit, *Mulets*, 119
Entrée de Cabillau à la Hollandoise, qui veut dire, en François, *Moruë fraiche*, ibid.
Entrée d'une Hure de Cabillau, 120
Autre Entrée de Cabillau, 121
Entrée de Cabillau, aux fines herbes, ibid.
Fricassée de Cabillau, 122
Fricassée de Cabillau, à l'Italienne, ibid.

CHAPITRE XIII.

Des Carpes.

Carpes à la Chambor, Page 124
Autre Carpe, à la petite Chambor, 125
Entrée de Carpe, à l'Angloise, 127
Autre Carpe, à l'Angloise, étuvée, ibid.
Entrée de Carpe à la Matelote, 128
Autre Entrée de Carpe en étuvée, 129
Entrée d'une Carpe grillée, ibid.
Carpe farcie dans le corps, 130
Autre Entrée de Carpes, ibid.
Carpe lardée d'Anguille, en ragoût, 131
Carpe farcies dans le corps, 132
Carpes en hachis, ibid.
Autre Carpe en hachis, 133
Carpes en filets, aux Concombres, ibid.
Carpe au demi-court-boüillon, 134
Carpe au court-boüillon, ibid.
Autre Carpe sur le gril, ibid.
Carpe accompagnée, 135
Autre Carpe accompagnée, 136
Carpe rôtie à la broche, 137
Entrée de Carpes, à l'Angloise, 138

Car-

TABLE DES

Carpe à la Bohême, 138
Entrée de Carpe, à l'Angloise, 139

CHAPITRE XIV.

Des Entremêts d'Ecrevices, d'Huitres, & autres Coquillages.

Entremêts d'Ecrevices, à l'Angloise, Pag. 140
Entremêts d'Ecrevices, à l'Italienne, 141
Autre Entremêts d'Ecrevices, à l'Italienne, ibid.
Entremêts d'Ecrevices, à la sainte Menoux, 142
Entremêts d'Ecrevices en bâtons, pour des buissons, 143
Houmars, autrement, Langousts, pour Entremêts, 144
Houmars à l'Italienne, ibid.
Houmars d'une autre façon, 145
Entremêts de Crapes, ibid.
Crapes à l'Italienne, 146
Autres Crapes, à l'Angloise, ibid.
Huitres, du Ragoût à la Bourgeoise, 147
Entremêts de Moûles en Ragoût, en maigre, 148
Moûles à la Matelote, ibid.
Ragoût de Moûles, à l'Italienne, 149
Autres Moûles, 150
Moûles au blanc, ibid.
Huitres en Ragoût, en gras, ibid.
Huitres en Ragoût, 151
Autre Ragoût d'Huitres, ibid.
Huitres grillées, 152
Huitres, en Casserôle, ibid.
Autres manières d'Huitres, ibid.

Hui-

MATIERES.

Huîtres frites,	153
Huîtres à la Moscovite,	154
Coquilles à la farce d'Huîtres,	ibid.
Huîtres en hâtelet,	ibid.
Huîtres en Coquilles,	155
Petit Pain aux Huîtres,	ibid.

CHAPITRE XV.

Des Artichaux, Asperges, petits Pois, Concombres, & Choux.

Artichaux à l'Italienne,	Pag. 157
Artichaux à la Brigoule,	ibid.
Artichaux à l'Estoufade,	158
Artichaux en surprise,	ibid.
Artichaux à la Sauſſe blanche,	159
Artichaux au beurre,	ibid.
Artichaux frits,	ibid.
Manière de conserver les Artichaux,	160
Artichaux en feüilles,	ibid.
Manières de bien acccommoder des Cardes,	161
Artichaux en Bignets,	163
Artichaux à l'Huile,	ibid.
Asperges à la Crême,	164
Autres Asperges au jus,	165
Asperges au beurre,	ibid.
Manière de conserver les Asperges,	ibid.
Asperges à l'Huile,	166
Asperges en petits Pois,	ibid.
Entremets de petits Pois, à la Portugaise,	167
Petits Pois, à la Crême,	ibid.
Autres petits Pois,	168
Manière de conserver des petits Pois verds,	ibid.

X 3 *Autres*

TABLE DES

Autres petits Pois, 169
Petits Pois à l'Angloise, 170
Entremêts de petites Féves de marais, ibid.
Autre Entremêts de moyennes Féves, ibid.
Entremêts de Féves, à l'Italienne, 171
Haricôts, en maigre, ibid.
Haricôts en gras, 172
Concombres farcis, ibid.
Concombres farcis, en maigre, 173
Concombres à la Matelote, 174
Pour conserver des Concombres, ibid.
Choux farcis pour Entrée, 175
Choux-fleurs au jus, pour Entremêts, 176

CHAPITRE XVI.

Des Oeufs.

Des Oeufs, Pag. 178
Oeufs au jus d'Oranges, ibid.
Oeufs en Crépine, ibid.
Oeufs à la Chicorée, 179
Oeufs aux Laitues, 180
Oeufs au Céleri, ibid.
Oeufs aux Ecrevices, 181
Oeufs aux Ecrevices, pour Entremêts, en maigre, ibid.
Oeufs à l'Allemande, 182
Oeufs à la Bourguignonne, ibid.
Oeufs à la Suisse, 183
Oeufs à la Portugaise, ibid.
Oeufs à la Portugaise, d'une autre manière, ibid.
Oeufs aux Pistaches, 184
Petits Oeufs aux Pistaches, ibid.
Pain aux Oeufs, 185

Oeufs

MATIERES.

Oeufs à l'eau de fleurs-d'orange, 185
Oeufs à l'Italienne, 186
Oeufs au jus d'Ozeille, ibid.
Oeufs à la Tripe, ibid.
Oeufs à la Tripe, à l'Italienne, 187
Oeufs à la Tripe, au roux, ibid.
Petits Oeufs à l'Italienne, 188
Oeufs au verjus, ibid.
Oeufs au blanc de Perdrix, ibid.
Oeufs au jus glacez, 189
Oeufs au jus, ibid.
Oeufs au jus broüillez, 190
Oeufs aux Amandes glacées, ibid.
Oeufs pochez, aux Concombres, ibid.
Oeufs aux Ecrevices, en gras, pour Entremêts, 191
Oeufs aux Truffes, 192
Oeufs artificiels, au miroir, ibid.
Oeufs falsifiez, ou artificiels, 193
Autres Petis Oeufs artificiels, 194
Oeufs convenables pour des Galantines marbrées, Gâteaux de viandes, &c. ibid.
Entrée d'Oeufs farcis, 195
Autre Entrée d'Oeufs farcis aux Concombres, ibid.
Oeufs pochez au beurre, à la Chicorée. 196
Autre Entrée d'Oeufs pochez à l'eau, à la Chicorée, 197
Entrée d'Oeufs, glacez, aux Concombres, 198
Oeufs à l'Oseille, 199
Oeufs aux Champignons, 200
Oeufs à la Grand-Mere, 201
Oeufs à la Huguenotte, ibid.
Oeufs à la Huguenotte, à l'essence de jambon, 202
Oeufs à la Huguenotte, au coulis d'Ecrevices, ibid.
Petits Oeufs mignons, ibid.
Oeufs au Lait, 203
Oeufs au Lard, ibid.

TABLE DES

Oeufs au petit Lard, à l'Angloise,	204
Oeufs à l'Angloise,	205
Oeufs au Miroir,	ibid.
Oeufs à la Crême, à la Piémontoise,	206
Oeufs à la Lombardie,	ibid.
Oeufs à l'Antidame,	ibid.
Oeufs piquez & glacez,	207
Omelette au Jambon,	208
Omelette de Rognon de Veau,	ibid.
Omelette souflée, au Rognon de Veau,	209
Oeufs à la Tripe, à la Bourgeoise,	ibid.
Omelette fourrée,	210
Oeufs au miroir,	ibid.
Omelette au Sucre,	211
Omelette de Féves vertes, & autres choses, à la Crême,	ibid.
Omelette à la Noaille,	212
Omelette à la moëlle,	ibid.
Omelette roulée, aux Croutons de pain,	213
Omelette aux Huitres,	214
Omelette en Galantines,	ibid.
Omelette au Sang,	215
Omelette en Surprise,	216
Omelette de foie de Chevreüil,	217
Omelette en Poupiette,	ibid.
Omelette d'Anguilles,	218
Oeufs broüillez, aux Anchois,	219
Autres Oeufs broüillez, aux Truffes,	220
Fondüe de Fromage, aux Truffes fraîches,	ibid.
Oufs en surprise,	221
Oeufs au beurre noir,	ibid.
Oeufs à la Sultane,	222
Autre maniere d'Oeufs, à la Sultane,	ibid.
Omelette à la Savoyarde,	223

CHA-

MATIERES.

CHAPITRE XVII.
Des Soles & Lotes.

Soles piquées, & glacées,	Pag. 224
Filets de Soles piqués,	225
Soles à la Sauſſe aux Rois,	ibid.
Soles en Filets, aux fines herbes,	226
Soles en Filets, au Vin de Champagne,	227
Soles à la Hollandoiſe,	ibid.
Soles au vin de Champagne,	228
Soles à la Bourgeoiſe,	ibid.
Soles aux Concombres,	229
Soles farcies aux Ecrevices,	230
Soles farcies aux Anchois,	ibid.
Soles à la Sainte Menoux, grillées,	231
Soles au Fenoüil,	232
Soles aux fines herbes,	233
Soles aux Laituës,	ibid.
Autres Soles à la Hollandoiſe,	234
Barbottes, ce que l'on apelle Lotes, piquées & glacées,	ibid.
Lotes au vin de Champagne,	236
Lotes au vin de Champagne, à l'Italienne,	ibid.
Lotes aux fines herbes, en gras,	237
Lotes à la Périgord,	238
Lotes à l'Italienne,	ibid.
Lotes en maigre, à la Sauſſe à l'Eſpagnole,	239
Lotes à la ſauſſe blanche,	240
Lotes au Coulis d'Ecrevices,	ibid.
Autres Lotes en maigre, au Coulis d'Ecrevices,	241

TABLE DES

CHAPITRE XVIII.

Des Entrées de Vives.

Vives frites,	Pag. 242
Vives aux Câpres,	ibid.
Vives aux Concombres,	243
Vives aux Laitues,	ibid.
Vives à la Périgord,	244
Vives à la sauſſe aux Anchois,	245
Vives au Coulis d'Ecrevices,	ibid.
Vives aux Huitres,	246
Vives aux Ecrevices,	247
Vives aux Moûles,	ibid.
Vives au vin de Champagne,	ibid.
Vives en Fricaſſée blanche,	248
Vives en Filets,	ibid.
Vives farcies dans le corps,	249
Vives en Filets, au jus d'orange,	250
Vives au Jambon,	ibid.
Vives en Filets frits,	251
Vives à la broche, en maigre,	252
Vives piquées & glacées,	ibid.
Vives en Filets piqués,	253
Vives à l'Italienne,	254
Vives à la broche, en gras,	255
Vives en gras, aux Ecrevices,	ibid.
Vives en gras, aux Huitres,	ibid.
Vives à la braiſe,	256
Filets de Vives, en gras,	ibid.
Vives farcies en gras, aux Mouſſerons,	257
Vives en gras, aux Cardons d'Eſpagne,	ibid.
Vives en gras, au Coulis de Perdrix,	258

CHA-

MATIERES.

CHAPITRE XIX.

Des Brochets, Brêmes, Alose, Lubines, Bars, Lieus, Vaudreüils, & Tontines.

Brochets glacez,	Pag. 259
Brochet en Fricandeaux,	260
Brochet à la Matelote,	261
Brochet à l'Allemande,	262
Brochet à la Broche,	263
Autre Brochet à la Broche, en gras,	264
Brochet à l'Electorale,	265
Brochet à l'Espagnole,	267
Brochets à l'Italienne,	268
Brochet au Parmesan,	269
Brochet mariné, frit,	270
Brochet en Vives grillées,	ibid.
Brochets à la Sauſſe Robert,	271
Brochets Farcis,	272
Brochets en Casserole,	274
Brochets frits, aux Anchois,	ibid.
Autre Brochet à la broche,	275
Brochet à la Polonoise,	ibid.
Autre Brochet à la Polonoise, au Safran,	276
Autre Brochet à la Polonoise, au limon,	ibid.
Autre Brochet à la Polonoise, au gris bleu,	277
Brochet d'une autre façon,	ibid.
Brochet à la Civita-vecchia,	279
Brochet à la Hollandoise,	ibid.
Brochet au court-boüillon, ou au bleu,	280
Manière d'accommoder les Brêmes, Aloses Lubines, Bars, Lieus, Vaudreüils, & Tontines,	281

CHA-

TABLE DES

CHAPITRE XX

Des Lamproyes & Anguilles.

Lamproyes à la sauße douce, Pag.	283
Lamproyes grillées,	ibid.
Lamproyes à la Portugaise,	284
La Matelote à la Portugaise, & de toutes sortes de Poißons,	285
Anguilles à la broche,	ibid.
Anguilles à la Ste. Menoux,	286
Anguilles à la Bavaroise,	ibid.
Anguilles en Fricandeaux,	287
Anguilles farcies,	288
Anguilles au blanc,	289
Anguilles à la Sauße rouße, pour Entrée,	ibid.
Anguille frite,	ibid.
Anguille sur le gril,	290
Anguille à l'Angloise,	ibid.
Anguilles en saucißon,	291

CHAPITRE XXI

Des Entremêts de Bignets.

Benoiles, autrement, Pets de Putains, Pag.	292
Entremêts de Bignets, au blanc-manger.	293
Autres Bignets.	294
Bignets en Pavôts.	ibid.

Bignets

MATIERES.

Bignets au point du jour, perlez.	296
Bignets en Bilboquets.	297
Bignets à la Crême.	ibid.
Bignets de Sureau.	298
Bignets de feüilles de Vigne,	299
Bignets de Pourpier,	ibid.
Bignets d'Abricôts,	300
Bignets de Pommes, à la Bavaroise,	ibid.
Autres Bignets de Pommes,	301
Autres Bignets de Pommes fourées,	ibid.
Bignets dans du Pain à chanter.	302
Entremèts de Bignets Seringuez,	ibid.

CHAPITRE XXII.

Des Champignons, Mousserons & Morilles.

Champignons en ragoût, Pag.	304
Champignons farcis.	ibid.
Maniére de conserver les Champignons,	305
Autres Champignons.	ibid.
Poudre Universelle.	306
Champignons à l'Italienne,	ibid.
Autres Champignons, à l'Italienne,	307
Autres Champignons, à l'Italienne,	ibid.
Autres Champignons, à l'Italienne, au blanc,	308
Autres Champignons,	309
Champignons, à la Crême & autrement.	ibid.
Autres Champignons à l'Italienne,	ibid.
Entremèts de Mousserons.	ibid.

En-

TABLE DES MATIERES.

Entremêts de Mousserons, au blanc, 310
Autres Mousserons, ibid.
Autres Mousserons, à l'Italienne, 311
Morilles à la Crême, ibid.
Morilles farcies, 312
Morilles à l'Italienne, 315

F I N.

(VII.)
Table de douze à quinze Couverts

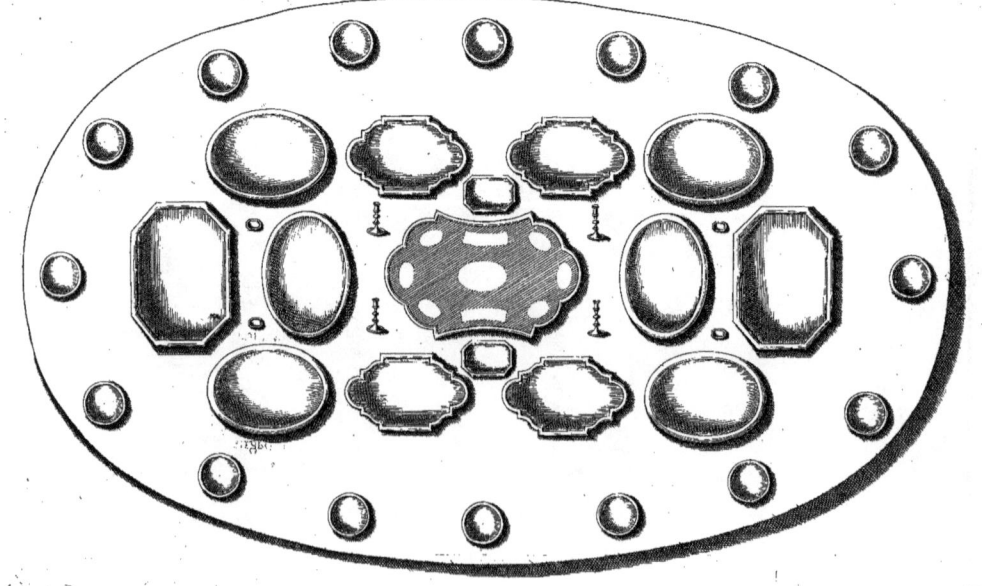

(VII)

Menu d'une Table de quinze à seize Couverts, pour un Souper; servie d'un grand Plat, deux moyens, quatre petits, & huit Hors-d'œuvres.

Pour le milieu.

1 Quartier de Veau en Crêpine.

2. Pots à Oilles, pour les deux bouts.

1 A la Jambe de bois.
1 Au Ris, Coulis d'Ecrevices.

Quatre Entrées.

1 De Poulets à la Montmorenci.
1 De Perdreaux à l'Espagnole.
1 De Cannetons au jus d'Orange.
1 De Pigeons à la d'Huxelles.

Huit Hors-d'œuvres; sçavoir,

1 De Filets de Poulardes au blanc.
1 De Côtelettes de Mouton glacées à la Chicorée.
1 De Noix de Veau glacée au Celeri.
1 De petits Pâtés à l'Espagnol, 2. Perdrix.
1 De Popiettes à l'Italienne.
1 De Hachis de Poulardes, à l'Angloise.
1 De Filets de Soles au vin de Champagne.
1 D'Anguilles glacées, sauffe à l'Italienne dessous.

Relevez les deux Pots à Oilles.

1 De Turbot glacé.
1 De Hure de Saumon boüillie, à la Hollandoise.

Sauffe blanche avec des Grenades.

Entremêts.

1 Jambon à la broche pour le milieu.

Pour les deux bouts de la Table.

1 De Gâteau de Savoie.
1 De Gateau de mille feüilles.

Quatre Plats de Rôt; sçavoir,

1 De Dindons.
1 De Poulardes.
1 De Perdreaux.
1 De petits Pigeons en Ortolans.

Quatre Salades, & deux Sauffes.

Dix petits Entremêts chauds, pour relever les Sauffes, Salades & le Rôt.

1 D'Ecrevices à l'Italienne.
1 De Ris de Veau à la Dauphine.
1 D'Artichaux à l'Italienne.
1 De petits Pois.
1 D'Alimelles.
1 De Canapée.
1 De Crêtes.
1 De Langues de Canards.
1 De Peaux d'Espagne.
1 D'Oeufs au jus.

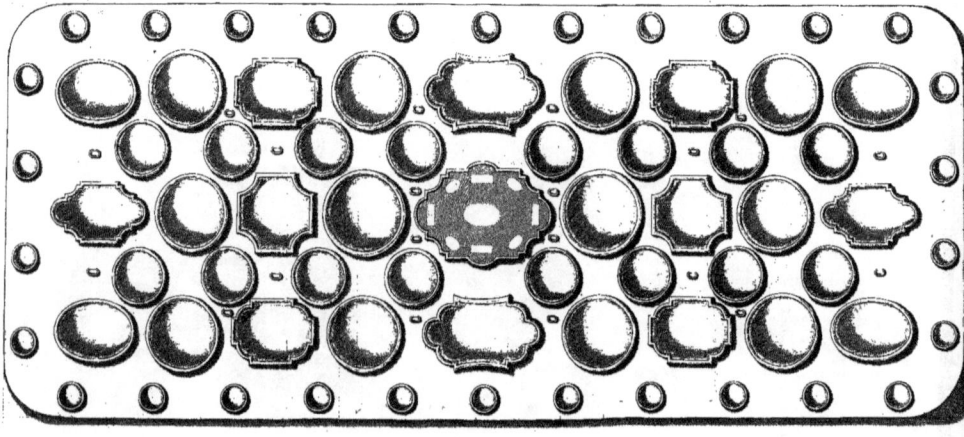

Table de Trante Couverts.

Menu d'une Table de trente Couverts, servie à quarante-trois pour un Diner.

Sçavoir,

1 Sur-tout au milieu.
2 Grandes Entrées à côté du Sur-tout.
1 Quartier de Veau à la Crême, chopine de Crême, 6. pintes de Lait.
1 Rôt-de-Bif de Mouton a. l'Angloise, & aux Navets.
2. Oilles à côté de deux grandes Entrées.
1 Oille au Ris aux Ecrevices, cent d'Ecrevices.
1 Oille au Naturel.
2. Entrées à côté des Pots à Oilles.
1 Aloyau aux Choux à la broche.
1 Quartier de Sanglier mariné, piqué de petit lard fur le Roignon.
2. Pâtés à la broche de deux Gigots de Mouton pour fermer le petit filet de la Table.
16. Hors d'œuvres fur 16. Colliers;

fçavoir,

2 De Pâtés à l'Espagnole, 4. Perdrix, 2. Quarrez de Mouton.
2 De Pâtés en Baraquilles, 2. Perdrix, 2. Poulets & Crêtes, 2. Ris de Veau.
4 De Melons.
4 De Figues.
4 D'Huitres.

Pour les seconds filets de la Table.

Pour les flancs de la Table.

2. Oilles à la Jambe de bois pour les a. filets, 4. Plats ronds pour 4. moyennes Entrées ; *fçavoir,*

1 Grenade, moitié Jambon, & bardes de Veau.
1 Entrée de 4. Grenadins, 2. piquez & 2. bardez aux Cardes.
1 De Pain à la côte de Melon, 6. Cailles, 8. Queues de Mouton, 6. Artichauxcu.
1 De Filets d'Aloyau, 1. piqué & 1. bardé à la Chicorée.

4. Entrées fur 4. Plats octogones.

1 De deux Dindons à la broche aux Concombres, 2. Dindons.
1 D'un Oison à la Gafconne.
1 De deux Poulardes à la Montmorency, Salpicon, 1. piquez, 1. bardez.
1 De cinq Pigeons aux œufs, aux fines herbes, & aux cus d'Ecrevices.

4. Potages.

1 Bisque d'Ecrevices, 6. Pigeons de volière, 50. Ecrevices moyennes.
1 Potage d'une Poularde en Julienne, garni de Concombres.
1 Potage au Chou, de .3. Perdrix & petit lard, 3. Perdrix.
1 Potage au Mouton à la Reyne, 2. Poulets gras, garni d'une bordure de feuilletage.

4. Entrées fur 4. Plats ovales, pour fermer les deux seconds filets.

1 De deux Langues de Bœuf à la Polonoise.
1 De douze Langues de Mouton, à la sauffe au Miroton.
1 De dix Queues de Mouton panées & grilées au four, avec un jus lié dessous.
1 De Popiettes à l'Italienne, à la broche, essence de jambon.

24. Entrées & Hors d'œuvres, pour relever les 8. Potages ; & les 16. Hors-d'œuvres de Figues, de Melons, de petits Pâtés, & d'Huitres.

2. Moyennes Entrées, pour relever les deux Pots à Oilles du premier filet.

1 Pâté Royal, Gigot de Mouton, 3. Perdrix, 1. filet d'Aloyau au coulis de jambon.
1 Pâté de deux Liévres hachez, 8. livres de Tranches de Bœuf.
1 De Gigot de Mouton au fang de Cochon.

Suite de la Marche.

2. Moyennes Entrées pour relever les deux Pots à Oilles, des deux flancs de la Table.

1 Jambon à la broche aux Epinards, 1. bouteille de vin d'Espagne.
1 D'un Esturgeon à la broche, sauffe à l'Espagnole, 4. bons verres de vin de Tonnerre.

4. Moyennes Entrées, pour relever les 4. Potages.

1 D'Esturgeon grillé, au jus d'Orange.
1 De Saumon grillé, aux fines herbes.
1 D'une Barbue glacée, sauffe aux Anchois, grillée au four, & un jus de Citron.
1 De Soles à la Ste. Menoux, au jus d'Orange de même.

16. Hors d'œuvres, pour relever les Melons, Figues, & autres.

1 De cinq Perdreaux, sauffe à l'Espagnole, 1. bouteille de vin de Champagne.
1 De petits Pigeons de volière aux filets de Soles.
1 De huit Cailles au Laurier, petite farce au jus d'Orange.
1 De Faisans, sauffe à la Carpe, 1. Carpe & 2. Faisandeaux.
1 De deux Poulets à la Cendre, essence de Jambon.
1 De Pigeons au Soleil aux Pigeons.
1 De Poulets gras marinez, au verjus, 6. Poulets.
1 D'Ecrevices accompagnées, 12. Ecrevices, 2. Ris de Veau.
1 De Pigeons en fricandeaux, farce dans lesquels, 6. Pigeons.
1 De deux Poulardes en filets à la Crême.
1 De files de Langues de Mouton aux Concombres, 6. Languesdebc.
1 De Concombres farci à la Matelote, 2. Perdrix, essence de Jambon.
1 De Ris de Veau à la Dauphine, farcis, piqué de Jambon, un jus lié dessous.
1 De Perdreaux & Salmi, au jus d'Orange.

Troisiéme Service.

Huit grands Plats d'Entremêts pour le filet du milieu.

1 Pâté de Jambon, pour relever le Quartier de Veau, à côté du Sur-tout.
1 Pâté de Sanglier ou de Perdrix, 10. Perdrix.
2 De grosses Ecrevices dressées en Dôme, un cent & demi d'Ecrevices.
1 D'un Gâteau de Compiègne.
1 Croquante.

2. Plats de Rôt, pour fermer le premier filet.

18. Plats de Rôt, pour relever les Entrées & les fix Potages.

1 De Marcassin.
1 D'un Fan de Chevreuil, pour les 2. flancs de la Table.
2 De Faisants, 4. piquez & 4. bardez.
2 Cailleteaux bardez de feuilles de vigne ; 30. Cailleteaux.
2 Cannetons de Rouen, 4. Cannetons.
2 De Dindons gras, 2. bardez & 2. piquez.
2 De Poulardes, 2. piquées & 2. bardées.
2 De Poulets gras, 4. piquez & 4. bardez.

Suite de la Marche.

2 De Pigeons aux œufs, 10. Pigeons, 5. piquez, 5. bardez.
2 De Rammereaux, 10. Ramiers, 5. piquez, 5. bardez.
2 De 16. Tourterelles, 8. piquées & 8. bardées.

16. Salades & Citrons, pour relever les 16. Hors-d'œuvres.

2 Salades de Celeri.
2 De Concombres.
2 Salades cuites.
2 De Laituës.
8 De Citrons & Oranges, qui font les 16. Hors-d'œuvres.
8 Sauffes qui doublent.
2 De Poivrades.
2 De Verjus de Grain.
2 Sauffes au Pauvre-homme.
2 De Remoulade.

Quatriéme Service.

32. Plats d'Entremêts, pour relever les 18. Plats de Rôt.
2 Citrons, Salades, Oranges & Sauffes.

16. Hors d'œuvres d'Entremêts froids, pour les 16. Colliers.

2 Tourtes de Pêches, Crême de Piftaches à la glace.
2 Tourtes d'Abricots à la glace.
2 De Truffes au Cours-bouillon.
2 De Langues de Bœuf & autres.
2 De Galantines, 2. Cochons de lait, 2. Perdrix & Jambons, Piftaches & petits œufs.
2 De Crême à l'Italienne, 2. pots de Crême.
2 D'Artichaux en cu, en Salade.
2 De petits Choux.

18. Plats d'Entremêts chauds & froids, du second filet.

Pour les 2. flancs de la Table.

2 De Gelée & blanc-manger, dressez en criftaux.
2 De petit Pois, garnis de Croûtons de pain, passé au lard.
2 De Cardes au jus.
2 D'Artichaux à l'etduffade.
2 D'Ecrevices à l'Angloife, bon.
2 De Rammequins, 4. Fromages de Marolles, une livre de Gruère & Parmefan.
2 De Peaux d'Espagne, 2. Perdrix, une demi livre de Piftaches & autres.
2 De Champions & Genoises.

(VI)

Menu d'une Table de vingt à vingt-cinq Couverts, servie à vingt-neuf.

Fil de la Table.

Un Sur-tout pour le milieu.
1 Piéce de Bœuf garnie.
1 Quartier de Veau de Rivière.

2. Terrines.

1 De Filets de Brochets aux Ecrevices (2 Brochets carau.
1 De Matelote (une Anguille, 4 Carpes de pié.

2 Pôts à Oilles.

1 A l'Eau.
1 A l'Huile aux Racines, pour les flancs de la Table.

2 Terrines.

1 De Filets de Soles.
1 De Filets d'Anguilles.

4 Potages.

1 De Moules.
1 Potage de Santé.
1 Potage à la St. Cloux (Pigeons, 2 piéces de Crêtes.

8. Entrées, 4. Grasses, & 4. Maigres.

1 De Poulets gras.
1 De Dindon gras aux Truffes.
1 De Noix de Veau glacées.
1 De Faisants, fauffe à la Carpe (une Carpe.

Les 4. Maigres.

1 De Boudins à la Merluche, à la Moscovite.
1 De Carpes farcie, à la Dauphine (trois Carpes.
1 D'Anguilles roulées (une Anguille.
1 De Tanches à la Ste. Menoux.

8. Hors-d'œuvres, de Melons, Figues & Radis.

4. Relevées pour les Potages.

1 De Brochets à la Civita-Vecchia.
1 De Perches à la Hollandoise.
1 De Truites à la Genevoise.
1 De Turbot grillé, fauffe à l'Echalote & à l'Huile.

Deuxième Service.

Pour relever les 8. Hors-d'œuvres, de Melons, Figues & Radis.
1 De Lottes, au vin de Champagne.
1 De Soles, à l'Italienne.
1 D'Esturgeon, à la broche, fauffe piquante.
1 De Filets de Brochets, fauffe à l'Italienne.

4. Grasses.

1 De Cailles à l'Huile.
1 De Perdreaux à l'Espagnole.
1 De Pigeons, à la d'Huxelles.
1 De Filets de Poulardes, aux Ecrevices.

Pour les gros Entremêts, fil de la Table.

1 Pâté de Jambon.
1 Pâté de Dindon.
1 Saumon.
1 Turbot.
1 De Buissons d'Ecrevices.

Pour les flancs de la Table.

1 Gâteau de Savoie.
1 Croquante.

Troisième Service.

4. Plats de Rôt, 4. maigres, 4. gras, sçavoir,

1 De six petits Poulets à la Reine.
1 De Poules de Cau.
1 De six Perdreaux.
1 De quatre Rameteaux.

4. Maigres.   **4 Salades.**
                              4 Sauffes.
1 De Soles.
1 De Barbuës.
1 De Truites Saumonées.
1 De Brochets frits.

8. Entremêts pour relever les 8. Plats de Rôt.

1 De petits Pains de Pistaches.
1 De Puis d'Amour.
2 Tourtes à la glace.
1 De Bonnets de Turquie.
1 De Crême soufflée.
1 De Crême veloutée.

8. Entremêts chauds, pour relever les Salades & les Saufles.

2 De Truffes à l'Italienne.
2 D'Alimelles.
2 De petits Artichaux en Surprise.
2 De Quiffelles.

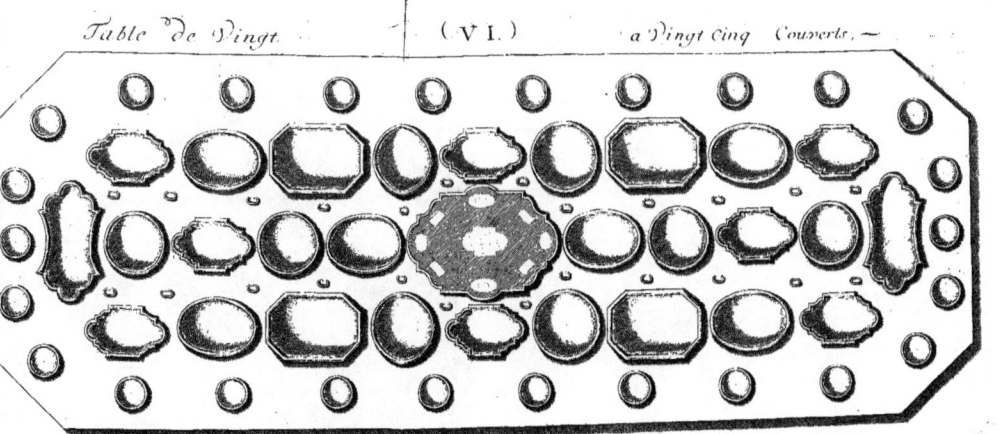

Table de Vingt. (VI.) a Vingt Cinq Couverts.

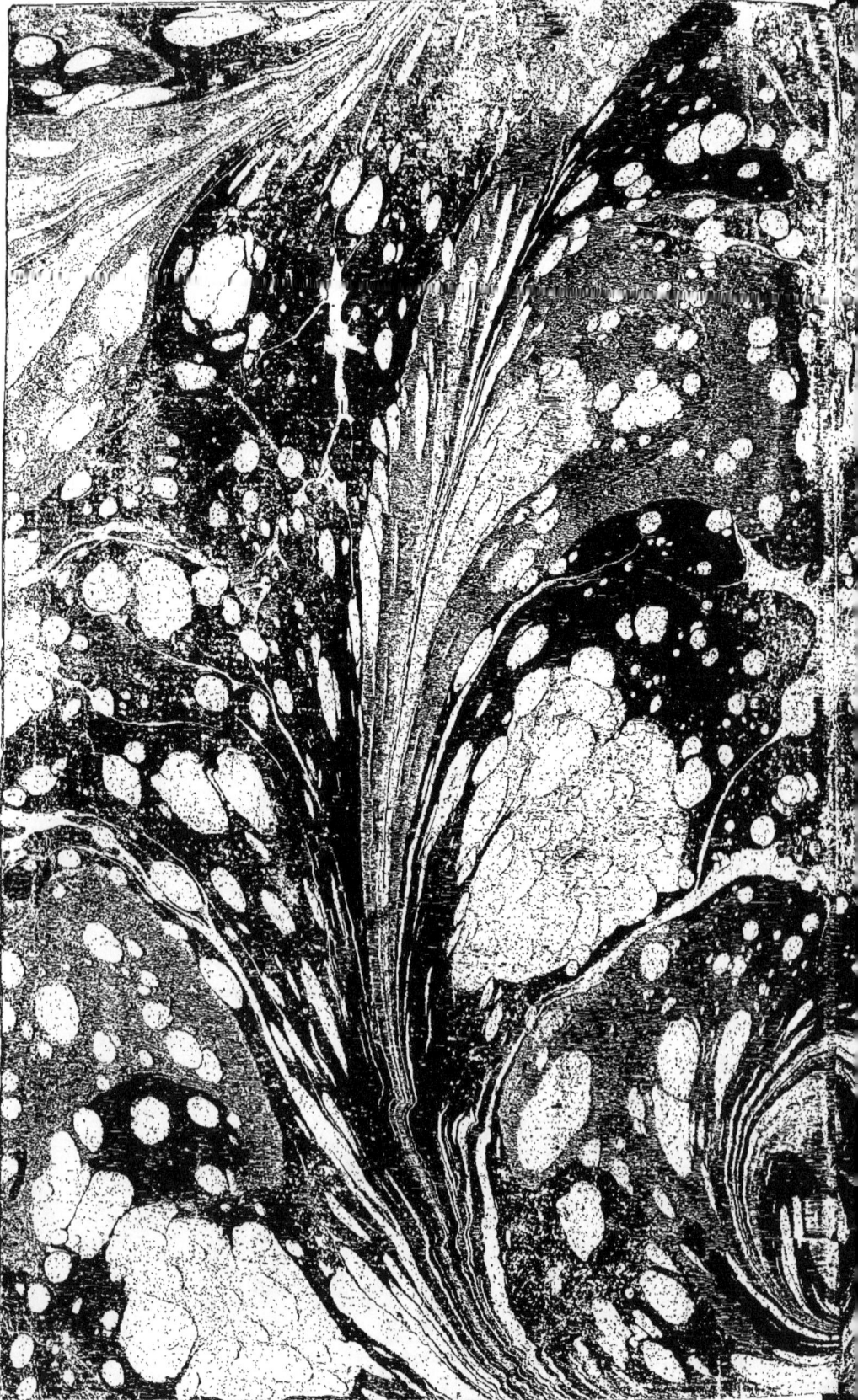

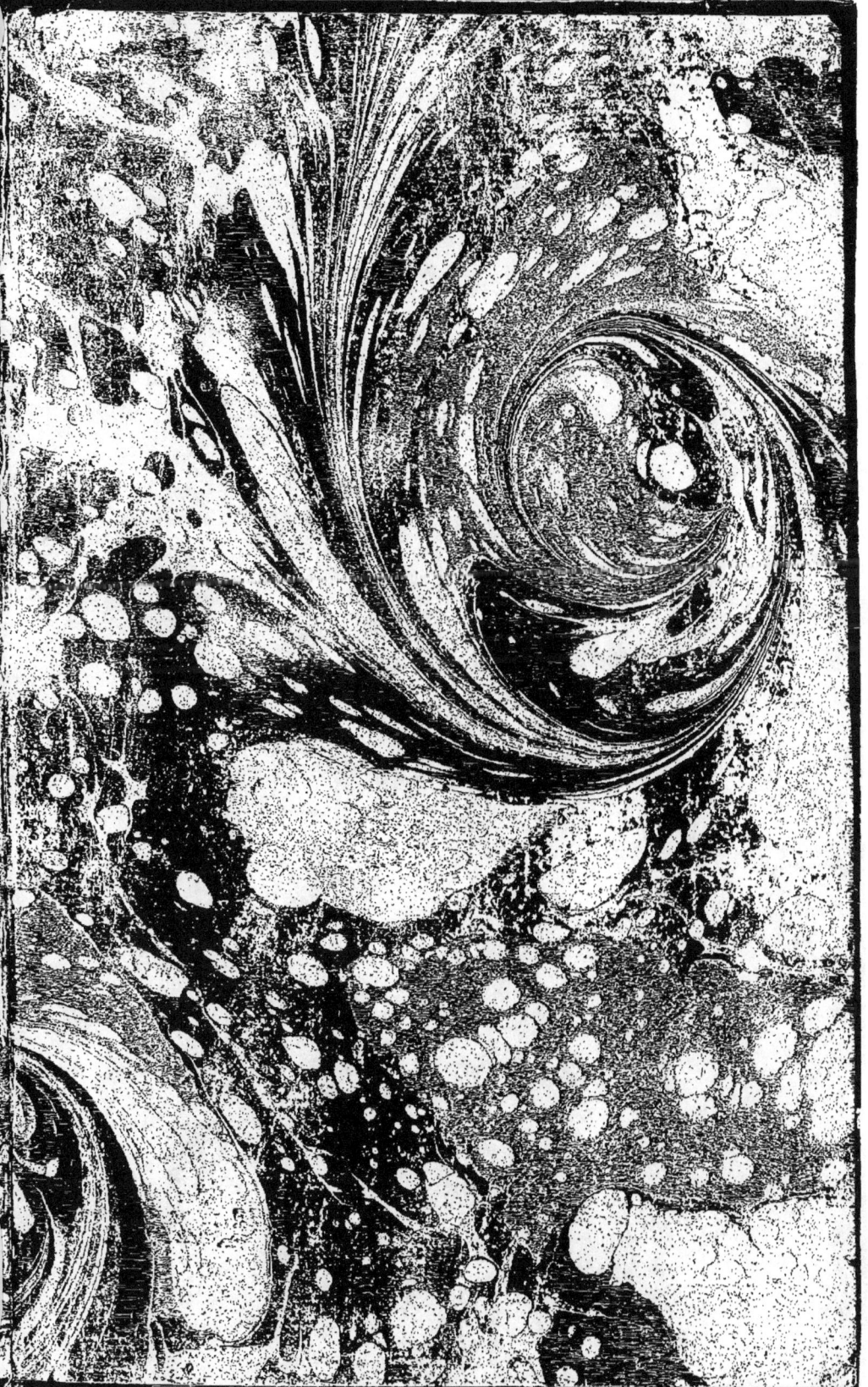

www.ingramcontent.com/pod-product-compliance
Lightning Source LLC
Chambersburg PA
CBHW050749170426
43202CB00013B/2360